JÖRG HAUSTEIN (HG.)

Philipp Melanchthon

Ein Wegbereiter für die Ökumene

V&R

VANDENHOECK & RUPRECHT
IN GÖTTINGEN

BENSHEIMER HEFTE
Herausgegeben vom Evangelischen Bund
Heft 82

FÜR JOLA UND SANDRA

aus den Melanchthonstädten
Pforzheim und Heidelberg

Die Deutsche Bibliothek – CIP-Einheitsaufnahme

Philipp Melanchthon: ein Wegbereiter für die Ökumene / Jörg Haustein (Hg.). – Göttingen: Vanderhoeck & Ruprecht, 1997
(Bensheimer Hefte; H. 82)
ISBN 3-525-87171-6
NE: Haustein, Jörg [Hrsg.]; GT

Göttingen · Vandenhoeck & Ruprecht · 1997
Umschlaggestaltung: Jörg Haustein nach einem Ausschnitt aus dem „Dessauer Altar“ von Lucas Cranach d. J. 1565
Herstellung: Ph. Reinheimer, Darmstadt
ISSN-Nr. 0522-9014
ISBN 3-525-87171-6

INHALT

VORWORT

Wenn der Evangelische Bund im Melanchthonjahr 1997 dem Praeceptor Germaniae ein Bensheimer Heft widmet, so folgt er der Tradition. Zum vierten Mal wird so eines Reformationsjubiläums gedacht. Heinrich Bornkamm machte 1960 mit einem kleinen Bändchen zum damaligen 400. Todestag Melanchthons den Anfang. Es folgten die beiden Lutherbüchlein aus der Feder von Gottfried Maron, Das katholische Lutherbild der Gegenwart (1982) und Hans Jochen Genthe, Martin Luther. Sein Leben und Denken (1996).

Es ist abzusehen, daß Melanchthon 1997 nicht so griffig und so gut zu vermarkten ist wie Luther 1996, auch wenn sicherlich die Tourismusbranche ein „Remake" versucht. Um wenigstens dem vorzubeugen, daß ein im Raum der Kirche stattfindendes Gedenken mit großer Unwissenheit über den Gefeierten zu Ende geht, sind einige Buchprojekte in Angriff genommen und zum Teil bereits durchgeführt, die Philipp Melanchthon, sein Leben und Werk, zum Thema haben. In diese Reihe will sich dieses Buch einfügen mit einem thematischen Schwerpunkt, der hoffentlich nicht nur den ökumenisch Tätigen einleuchtet. Umrahmt von einer Kurzbiographie, Lesestücken und – wie sollte es auch anders sein, wenn man einen großen Didaktiker zum Thema hat – Vorschlägen für eine weitere Vermittlung Melanchthons sollen sechs Studien seine „Außenbeziehungen" untersuchen. Seine Persönlichkeit, seine Arbeit, die rechtlich-diplomatische Situation der reifenden Reformation haben Melanchthon zur „größten oekumenischen Gestalt der Reformationszeit" (Jørgen Larsen 1961) gemacht. Mit nahezu allen kirchenpolitischen und theologischen Richtungen seiner Zeit in fast allen europäischen Regionen hat er Kontakt gehabt und seine Wirkungen sind kaum zu erfassen. Er hat ebenfalls die stilistisch-literarische „Klaviatur" der Ökumene beherrscht, von der diplomatischen Verhandlungsbereitschaft bis hin zur schroffen Polemik. Philipp Melanchthon ist damit ein historisches Beispiel, wie dicht Ökumene und Kontroverstheologie, ja zuweilen auch

Polemik beieinander liegen können. Doch dies ist nur ein Vermächtnis des großen Lehrers. Mögen Leserinnen und Leser in den folgenden Beiträgen noch weitere finden und gebrauchen können!

Ich möchte an dieser Stelle der Autorin und den Autoren für ihre Mitarbeit danken, in besonderer Weise dem Freund und Kollegen Pfarrer Dr. Walter Fleischmann-Bisten, der die Arbeit an diesem Band wesentlich mitgetragen hat. Herrn Dr. Stefan Rhein und Herrn Dr. Dr. h.c. Heinz Scheible danke ich für wertvolle Hinweise und Hilfen.

Jörg Haustein
Bensheim, im Advent 1996

Abkürzungen nach Siegfried Schwertner, Theologische Realenzyklopädie, Abkürzungsverzeichnis, Berlin-New York 1976
Werkausgaben Melanchthons:

CR	Philippi Melanchthonis Opera quae supersunt. Corpus Reformatorum, Bde. 1-28, Halle 1834-1860. (Nachdr. New York-Frankfurt 1963)
StA	Robert Stupperich (Hrsg.): Melanchthons Werke in Auswahl, Gütersloh 1951ff.
SupplMel	Supplementa Melanchthoniana, 5 Bde., Leipzig 1910-1928. (Nachdr. Frankfurt 1968)

Philipp Melanchthon, der Reformator neben Luther

Heinz Scheible

Keiner der Mitarbeiter Luthers, ja auch kein Reformator im Umkreis von Zwingli und Calvin, hat so oft und so lange das Gespräch mit Andersdenkenden geführt wie Melanchthon. Er hat sich nicht dazu gedrängt, und er ist zuweilen von Zeitgenossen darob gescholten und von der Nachwelt nicht immer verstanden worden. Aber es war sein Lebensschicksal, als junger Mensch ins Zentrum der beginnenden Reformation berufen zu werden, ursprünglich nur als Griechischprofessor, ohne zu wissen, vor welche existenzverändernden Entscheidungen er in dem abgelegenen Universitätsstädtchen Wittenberg gestellt würde und an welchen weltbewegenden Ereignissen er würde teilnehmen müssen. Die Begegnung mit Luther war bestimmend für die religiöse Entwicklung des Einundzwanzigjährigen. Er ist aber niemals ein „Lutheraner" geworden wie so manche, denen das Wort des Reformators gültige Weisung ist. Vielmehr hat er von Luther „das Evangelium gelernt", wie er in seinem Testament dankbar bekannte. Nicht Luther wurde das Zentrum seines Lebens, sondern die biblische Botschaft, die er fortan mit all seiner klassischen Bildung verständlich zu machen suchte. Luthers Ächtung in Worms 1521 verhinderte weitere Auftritte außerhalb des Schutzes evangelischer Fürsten. Deshalb wurde Melanchthon als der zweifellos beste nach ihm auf die Reichsversammlungen entsandt. Wahrscheinlich war er für diese Aufgabe sogar der bessere, denn er besaß die Fähigkeit zum Kompromiß. Die Grenze zwischen Kompromiß und Selbstaufgabe ist messerscharf und wird von Außenstehenden oft nicht erkannt. Deshalb wurde und wird Melanchthon, der nie das Wesentliche der evangelischen Botschaft preisgegeben hat, immer wieder des Verrats bezichtigt. Wir werden bei dem folgenden Lebensbild besonders auf die Gesprächssituationen achten. Daß Melanchthon die vielen Reisen und Verhandlungen neben einem reichen Lebenswerk als Universitätslehrer und Autor wissenschaftlicher Werke in fast allen Disziplinen durchgeführt hat, muß mehr als billig in den Hintergrund treten. Deshalb soll hier nachdrücklich daran erinnert werden.

Melanchthon kam aus dem bürgerlichen Mittelstand. Geboren wurde er in der kurpfälzischen Amtsstadt Bretten am 16. Februar 1497 als erstes Kind des aus Heidelberg stammenden kurfürstlichen Rüstmeisters Georg Schwartzerdt und der Barbara Reuter, Tochter des wohlhabenden Brettener Kaufherrn und Schultheißen Hans Reuter, dessen Ehefrau mit dem aus Pforzheim stammenden Humanisten Reuchlin weitläufig verschwägert war. Den Vornamen erhielt er nach dem Dienstherrn seines Vaters, Philipp dem Aufrichtigen von der Pfalz. Im großelterlichen Haus am Marktplatz in Bretten verbrachte er die ersten elf Jahre seines Lebens im Kreise seiner Geschwister, des vier Jahre jüngeren Georg und dreier Schwestern. Als Siebenjähriger erlebte er die Belagerung seiner Heimatstadt im Landshuter Erbfolgekrieg, aus dem sein Vater als kranker Mann heimkehrte. Dessen ernste Frömmigkeit hat den Sohn nachhaltig beeindruckt. Für die Ausbildung in der lateinischen Sprache sorgte der Hauslehrer Johannes Unger, der später evangelischer Prediger in Pforzheim wurde.

Als im Oktober 1508 nacheinander der Großvater und der Vater starben, wurden Philipp und sein Bruder nach Pforzheim gebracht, wo durch den Rektor Georg Simler und seinen Kollegen Johannes Hiltebrant die Lateinschule überregionale Bedeutung erlangt hatte. Sie wohnten bei Reuchlins Schwester Elisabeth, bei der sich Philipp überaus wohl fühlte. Seine Mutter Barbara schloß eine neue Ehe. Ihr Ältester besuchte seine Heimatstadt nur noch selten.

In Pforzheim lernte er auch Griechisch. Nun wurde der in und bei Stuttgart lebende Reuchlin auf den Hochbegabten aufmerksam. Er förderte ihn durch Buchgeschenke und verlieh ihm am 15. März 1509 die griechische Form seines Namens.

Nach knapp einem Jahr konnte der Zwölfjährige die Universität Heidelberg beziehen. Hier lebte er bei dem Theologen Pallas Spangel, der als letzter die von Celtis gegründete Gelehrtengesellschaft verkörperte und Melanchthon viel von den Humanisten und ihren historischen Arbeiten erzählte. Spangel war auch Gastfreund Wimpfelings, wodurch in dessen Schriften zwei Gedichte des vierzehnjährigen Bretteners gedruckt wurden. Mühelos bewältigte er den vorgeschriebenen scholastischen Studiengang und wurde im Juni 1511 Baccalaureus artium. Von den beiden möglichen Fachrichtungen wählte er die „via antiqua“, den philosophischen „Realismus“, der den Allgemeinbegriffen metaphysische Realität beimißt.

Nachdem im Sommer 1512 Spangel gestorben war, setzte Melanchthon sein Studium in Tübingen fort, wo er am 17. September 1512 eingeschrieben wurde. Sein Heidelberger Grad wurde anerkannt. Also konnte er am 25. Januar 1514 den Grad des Magister artium erwerben. Auch in Tübingen wurden beide „Wege“ angeboten. Melanchthon wechselte das Fach und ließ sich „in via moderna“ prüfen, im Nominalismus, der die Allgemeinbegriffe für Abstraktionen des menschlichen Geistes hält. Dies blieb Melanchthons philosophische Überzeugung.

Aus Pforzheim waren seine Lehrer Simler und Hiltebrant, einige Mitschüler und der Drucker Thomas Anshelm nach Tübingen übergesiedelt. Heinrich Bebel lehrte humanistische Stilkunst. Wichtiger wurden für Melanchthons Entwicklung die neuen, älteren Freunde Johannes Oekolampad und Ambrosius Blarer, mit denen er klassische und humanistische Autoren las. Beim alten Johannes Stöffler lernte er gründlich die Sternkunde. Die 1515 erschienene Dialektik des Rudolf Agricola, ein Geschenk Oekolampads, gab eine wichtige Weichenstellung zur Überwindung der scholastischen Logik. Zu Reuchlin in Stuttgart und Ditzingen bestanden rege Kontakte. Zur Verteidigung des von den Dunkelmännern mit einem Prozeß überzogenen Humanisten wurden im März 1514 mit Vorreden von Melanchthon und Hiltebrant die Clarorum virorum epistolae publiziert. Die erste große Leistung Melanchthons war seine literaturgeschichtliche Einleitung zu der Terenzausgabe, die Thomas Anshelm im März 1516 herausbrachte. Nun nahm auch Erasmus von Rotterdam öffentlich Notiz von dem Neunzehnjährigen.

Lehrbücher der griechischen Grammatik, der Rhetorik und der Dialektik waren die nächsten größeren Projekte Melanchthons. Gegen Ende 1517 hielt er anläßlich einer Universitätsfeier eine Rede über die Studienfächer; dabei erweiterte er das mittelalterliche Trivium und Quadrivium um Geschichte und Poesie. Der Ruf auf den Lehrstuhl für griechische Sprache, den Kurfürst Friedrich der Weise von Sachsen zur humanistischen Reform seiner Universität Wittenberg stiftete, folgte dank der Fürsprache Reuchlins alsbald.

Seine Antrittsrede hielt er am 28. August 1518. Sie handelt von der Studienreform. Der noch knabenhafte Professor fand den richtigen Ton: nicht besserwisserisch und doch anregend. Er war ja mit den Reformern in Wittenberg einig in der Suche nach den Quellen der Religion und der Bildung. Daß dafür die Kenntnis der griechischen und der hebräischen Sprache nötig ist, war durch die Stiftung der neuen Lehrstühle deutlich gemacht worden. Melanchthon progagierte noch zwei weitere Fächer: Mathematik und Geschichte.

Mit seinem ersten Auftritt gewann er die Achtung und Sympathie seiner neuen Kollegen und Schüler. Luther war begeistert. Sofort entstand eine tiefe Zuneigung der beiden in Alter und Art so verschiedenen Männer. Luthers Ablaßthesen lagen keine zehn Monate zurück, als Melanchthon nach Wittenberg kam. Seine Berufung hatte damit überhaupt nichts zu tun. Aber nun geriet er ganz in den Sog der Persönlichkeit Luthers. Er hörte seine Vorlesungen, begann ein ordentliches Theologiestudium und erwarb nach einem Jahr den Grad eines Baccalaureus biblicus, womit die Pflicht zu exegetischen Vorlesungen nach der Vulgata verbunden war. Griechische Texte des Neuen Testaments hatte er sofort kraft seines Lehrauftrags behandelt.

Er begleitete Luther zur Leipziger Disputation (27. Juni bis 16. Juli 1519) und schilderte ihren Verlauf in einem offenen Brief an Oekolampad vom 21. Juli 1519. Die Folge war ein Flugschriftenkrieg mit Eck, danach auch mit dem italienischen Theologen Tommaso Radini und mit der Pariser theologischen Fakultät. Seine Parteinahme für Luther führte zum Bruch mit Reuchlin, der ihn vergeblich nach Ingolstadt holen wollte; die kostbare Bibliothek Reuchlins, die ihm versprochen war, erbte deshalb statt seiner das Michaelsstift in Pforzheim.

Auch familiär band sich Melanchthon nun an seinen Wirkungsort; sanft gedrängt von Luther und anderen Freunden heiratete er im November 1520 die gleichaltrige Katharina Krapp, Tochter eines schon verstorbenen Wittenberger Tuchhändlers und zeitweiligen Bürgermeisters.

Melanchthons Lehrtätigkeit war überaus erfolgreich. Da seine Interpretationskunst vom Sprachlichen zum Inhaltlichen und dessen Nutzanwendung für das Leben vorstieß, drängten sich die Studenten zu Hunderten in seine Kollegs über das Matthäusevangelium und mehrere Paulusbriefe. Daneben behandelte er immer wieder klassische griechische Autoren mit ganz wenigen fortgeschrittenen Schülern. Zeitweilig mußte er auch den vakanten Lehrstuhl für Hebräisch versehen.

Um sich und seinen Hörern den Inhalt der vornehmlich im Römerbrief dargestellten evangelischen Heilsbotschaft klarzumachen, zog er die zentralen Begriffe („Loci") heraus und brachte sie in eine ebenfalls aus dem Text gewonnene Systematik mit den Hauptartikeln Sünde, Gesetz, Gnade. Nachdem Kurzfassungen im privaten Schülerkreis großen Anklang gefunden hatten, erweiterte Melanchthon den Umfang durch Erläuterungen der Begriffe erheblich und ließ das Werk von August bis Dezember 1521 in Lieferungen erscheinen. Er hat damit die biblische Botschaft, wie sie von der Wittenberger Reformation neu verstanden wurde, erstmals systematisch zusammengefaßt und damit zugleich eine neue Methode der wissenschaftlichen Darstellung entwickelt, die in der evangelischen und katholischen Dogmatik, vereinzelt auch in der Jurisprudenz und Historiographie, Schule machen sollte. Melanchthon griff dabei Anregungen von Erasmus, Rudolf Agricola und Cicero auf; durch die wirkungsmächtige Realisierung aber wurde er der Bahnbrecher. In ausdrücklicher Ablehnung der scholastischen Spekulation über das Wesen Christi will er nur die Heilstaten darstellen; er sieht sich dabei vom Apostel Paulus angeleitet und gedeckt. Der sündige Mensch, die Forderung Gottes an ihn, das aus Gnade geschenkte Heil und seine Mittel sowie das Leben im bürgerlichen Bereich sind also die Themen. Das Buch wurde schon während der Erscheinungszeit nachgedruckt. Luther hat es immer wieder überschwenglich gelobt.

Als es erschien, befand sich der Reformator auf der Wartburg, jedoch in ständigem Kontakt mit den Freunden in Wittenberg, vornehmlich mit Melanchthon. Dort begann man seine literarischen Angriffe gegen Messe und Mönchtum in die Tat umzusetzen. Luthers Klosterbruder Gabriel Zwilling bereitete durch seine wortgewaltigen Predigten den Boden dafür. Seit Melanchthon und einige seiner Schüler am 29. September 1521 in der Stadtkirche bei der Eucharistie zum ersten Mal auch den Kelch empfangen hatten, konnte man in Wittenberg das evangelische Abendmahl feiern. Die Stillmessen wurden zuerst den Augustinern zum Problem, und ab November begann sich deren Kloster zu leeren. Das Nebeneinander alter und neuer Formen in der Stadt wurde von ungeduldigen Bürgern und Studenten als unerträglich empfunden; vereinzelt wurden konservative Priester und Mönche belästigt, Kircheninventar wurde zerschlagen. Luther kam Anfang Dezember incognito nach Wittenberg, kehrte aber beruhigt zur Wartburg zurück. Am Weihnachtstag spendete in der überfüllten Stadtkirche der Archidiakon und angesehene Theologieprofessor Andreas Karlstadt jedem, der es wollte, das vollständige Abendmahl, ohne Ornat und unter Mißachtung der traditionellen sakralen Reverenz. Am Heiligen Abend hatten einige Randalierer in der Stadtkirche Lampen zertrümmert und in der Schloßkirche den Gottesdienst gestört.

Auch in anderen Städten gärte es damals, vor allem in Zwickau. Von dort kamen am 27. Dezember die Tuchmacher Nikolaus Storch und Thomas Drechsel sowie der Wittenberger Bakkalar Markus Thomae alias Stübner nach Wittenberg. Sie bezeichneten sich als Propheten und Apostel. Melanchthon unterhielt sich drei Tage lang mit seinem ehemaligen Schüler Stübner und auch mit dessen Freunden. Zunächst war er von ihrer Ausstrahlung beeindruckt. Theologisch durfte er das Wirken des Heiligen Geistes keineswegs ausschließen; er mußte sich durch die Diskussion mit diesen bibelkundigen Männern Klarheit über ihren Anspruch verschaffen. Unverzüglich, noch am ersten Tag, informierte er die Regierung und regte dabei an, Luther kommen zu lassen – ein alter Wunsch der Wittenberger. Doch der Preis eines Konflikts mit dem Kaiser war dem Kurfürsten zu hoch; die Wittenberger Theologen sollten selbst mit den ungebetenen Gästen fertigwerden. Gegen deren Offenbarungsanspruch wurde Melanchthon bald immun; Storch blieb ihm zeitlebens das Urbild eines Schwärmers. Was ihn wirklich irritierte, war die Behauptung, daß die Kindertaufe aus der Bibel nicht zu begründen sei. Dies ist ein echtes theologisches Problem. Melanchthon kam mit Hilfe Luthers zu der Überzeugung, daß dieses heilsnotwendige Sakrament den Kindern nicht vorenthalten werden darf und daß der erforderliche Glaube wie bei den Erwachsenen so auch bei den Kindern von Gott hervorgerufen wird. Die durch Erfahrungen mit Storch und später mit Thomas Müntzer entstandene Verurteilung der Wiedertäufer, mit denen er sich immer wieder befassen mußte, ist aber nicht so sehr in deren Kritik an der Kindertaufe begründet, sondern in ihrer Ablehnung der bürgerlichen Ordnungen, was leicht zu Aufruhr führen konnte, wie bei Müntzer und dann beim Täuferreich von Münster zu erkennen war.

Indessen trieb Karlstadt den Lauf der Dinge vorwärts. Er heiratete spektakulär. Liturgische und soziale Reformen wurden schneller und rigoroser durchgeführt, als es der Regierung recht schien. Fasten und Beichte wurden mißachtet. Karlstadt propagierte die Beseitigung aller religiösen Bildwerke, nicht nur der inhaltlich anstößigen. Im nahezu leeren Augustinerkloster war dies bereits am 10. Januar 1522 geschehen. Schon riefen einige Fürsten ihre Studenten nach Hause. Melanchthon distanzierte sich vor seinen Studenten von den Ausschreitungen. In den Kommissionen zur Fixierung der Reformen arbeitete er jedoch eifrig mit. Noch Anfang Februar hielten die Gemäßigten in Stadtrat und Universität die Entwicklung für steuerbar. Karlstadt und Zwilling mußten sich kritisieren lassen. Da erreichte Karlstadt doch noch seinen Bildersturm, wobei auch Privatpersonen sich Übergriffe erlaubten. Sie wurden danach vom – grundsätzlich bilderfeindlichen – Rat bestraft, soweit sie nicht flohen. Darauf griffen die kurfürstlichen Räte ein und bestellten die Vertreter der Universität Wittenberg – außer dem Rektor Eisermann die Professoren Jonas, Karlstadt, Melanchthon und Amsdorf – nach Eilenburg, wo am 13. Februar eine gemäßigt reformatorische Gottesdienstordnung ausgearbeitet wurde, die der Kurfürst jedoch nicht bestätigte. Drei Wochen später kam Luther, anscheinend gerufen von Melanchthon und anderen Anhängern, nach Wittenberg und setzte seinen Zeitplan der Reformation gegen Karlstadt durch. Rückgängig gemacht hat er nichts.

Melanchthon arbeitete seine Erfahrungen aus diesen bewegten Monaten in den 1522 erschienenen revidierten Neudruck seiner Loci ein. Vor allem die Willenslehre und das Verhältnis von Altem und Neuem Testament vermochte er nun klarer darzustellen. Die christliche Freiheit steht über dem Gesetz und respektiert doch die bürgerliche Ordnung. Adiaphora wie Fasten und Gewänder haben keine Heilsbedeutung. Doch dürfen sie nicht mutwillig verletzt werden, damit nicht Ärgernis entsteht, denn menschliche Sitten sind gute Schöpfungen Gottes.

Luther brachte von der Wartburg seine deutsche Übersetzung des Neuen Testaments mit. Er hatte schon vorher unter Melanchthons Anleitung seine Griechischkenntnisse verbessert. Als er im Dezember 1521 heimlich in Wittenberg war, drängte ihn Melanchthon, die Übersetzung vorzunehmen. Die endgültige Rückkehr nach Wittenberg war auch für die Vollendung dieser Arbeit notwendig geworden. Bis zur Drucklegung im September 1522 wurde das Manuskript in Zusammenarbeit mit Melanchthon und anderen Kollegen am Urtext gründlich überprüft. Auch in den späteren Jahren war Melanchthon einer der wichtigsten Helfer Luthers bei der Bibelübersetzung und ihrer Revision.

Bildungsreformer

Während Luthers Abwesenheit las Melanchthon mehr biblische Exegese, als sein Rang in der theologischen Fakultät verlangte. Im März 1523 brachte er die Vorlesung über das Johannesevangelium zum Abschluß. Dann wendete er seine Kraft wieder verstärkt der philosophischen Fakultät zu. Luthers Versuchen, ihn ganz für die theologische Fakultät zu gewinnen, widerstand er beharrlich. Er sah seine Hauptaufgabe zeitlebens in der Förderung der griechischen und römischen Bildung und in der pädagogischen Betreuung der Studienanfänger. Zur Arbeit mit Fortgeschrittenen an den höheren Fakultäten fanden sich immer genügend gute Dozenten bereit. Die artistische Fakultät hingegen wurde durch den Zerfall der traditionellen scholastischen Fächer in ihrer Struktur viel stärker verändert als die theologische und bedurfte dringend des planmäßigen Aufbaus. Neue Lehrangebote mußten dotiert und angemessen besetzt werden.

Wie sehr man die Ereignisse in Wittenberg in anderen Städten beobachtete, zeigt eine besorgte Anfrage, die der Erfurter Professor Helius Eobanus Hessus, ein bedeutender humanistischer Dichter, an Luther und Melanchthon richtete, als der Zusammenbruch der traditionellen Universität ruchbar wurde. Eobanus machte sich Sorgen um die Zukunft der Bildung. Doch damals konnten Luther und Melanchthon schon von ihren Gegenmaßnahmen berichten, und Eobanus publizierte diesen Briefwechsel unter dem Titel: De non contemnendis studiis humanioribus futuro theologo maximis necessariis. „Daß die humanistischen Studien, die für zukünftige Theologen höchst notwendig sind, nicht vernachlässigt werden dürfen."

Melanchthon wurde jetzt die treibende Kraft der Wittenberger Universitätsreform. Sein langjähriger Einsatz sollte von einem vollen Erfolg gekrönt werden. Sein Rektorat im Wintersemester 1523/24 war nur ein erster Höhepunkt. Damals setzte er eine neue Studienordnung in Kraft, wodurch als Ergänzung und teilweise als Ersatz der Disputationen die Deklamationen eingeführt wurden, Abhandlungen eines Themas in Gestalt einer humanistischen Rede zur sprachlichen Ausbildung der angehenden Lehrer und Prediger. Auch wird für jeden Studenten ein geordneter Studiengang vorgeschrieben, der auf seine individuellen Bedürfnisse abgestellt sein und von einem Präzeptor überwacht werden sollte.

Seit 1523 wurden also in Wittenberg monatlich zwei Deklamationen und zwei Disputationen veranstaltet. Melanchthon selbst hat bis an sein Lebensende eine große Zahl glänzender akademischer Reden verfaßt und gelegentlich selbst gehalten, zumeist aber von seinen Schülern und Kollegen vortragen lassen. Er griff dabei die unterschiedlichsten Themen aus Geschichte und Gegenwart auf. Nicht zuletzt waren sie ihm ein wirkungsvolles Instrument der Universitätspolitik.

Mit einer Abwendung von der Theologie hat dies überhaupt nichts zu tun. Gleich nach seinem Rektorat trug er auch wieder biblische Exegese vor, und seine reifen theologischen Leistungen lagen überhaupt noch in der Zukunft.

Sechs Jahre geistiger Anspannung mit einem Höchstmaß an inneren Entscheidungen in grundlegenden Lebensfragen, verbunden mit immenser Produktivität, brachten Melanchthon an den Rand seiner Kräfte. Der Hof genehmigte dem Schlafgestörten eine Erholungsreise in die Heimat, die er mit einigen Freunden vom 19. April bis 8. Juni 1524 zu Pferde unternahm. In Bretten ehrte ihn eine Gesandtschaft der Universität Heidelberg, und Kardinal Lorenzo Campeggio schickte seinen Sekretär Friedrich Nausea zu ihm, um ihn von der Partei Luthers abzuziehen; Melanchthon wies dies in einem dann auch gedruckten Brief würdig zurück. Auf der Rückreise begegnete er dem zwanzigjährigen Landgrafen Philipp von Hessen. Ein Gespräch legte den Grund für eine lebenslange gegenseitige

Zuneigung, eine knappe Darlegung der reformatorischen Grundanliegen in deutscher Sprache war die populäre Frucht dieser Begegnung.

Im gleichen Jahr bemühte sich die Reichsstadt Nürnberg um den Wittenberger Professor. Er sollte Gründungsrektor eines akademischen Gymnasiums werden. Melanchthon kam im Herbst 1525 zu Beratungen. Als Rektor vermittelte er seinen Freund Joachim Camerarius, als Lehrer den Dichter Eobanus Hessus und andere. Er entwarf die Schulordnung und kam noch einmal im Mai 1526 zur feierlichen Eröffnung. Eine lebenslange Verbindung zu dieser Stadt und einigen hervorragenden Bürgern war die Folge. Er lernte aber auch den Kampf eines so integren Konventes wie der Klarissen mit der Äbtissin Caritas Pirckheimer gegen den Umschwung in der Bewertung religiöser Lebensweisen kennen. Hier wie auch später setzte er sich unbeschadet seiner Ablehnung der Möncherei für die Wahrung des Rechts ein. Eine Stadt darf nur dort reformieren, wo sie die Obrigkeit hat, und man soll die Gewissen nicht zwingen.

Kirchenvisitator

Die Unruhen des Bauernkriegs lernte Melanchthon hautnah kennen, als er mit Luther ab Mitte April 1525 eine große Rundreise durch Thüringen machte. Von den Pfälzer Aufständischen als Gutachter gewünscht und von dem Kurfürsten Ludwig V. von der Pfalz um ein Gutachten gebeten, stellte er ähnlich wie Luther fest, daß die Aufständischen „wider Gott fechten unterm Schein des Evangelii".

Bald nach dem Bauernkrieg ordnete der neue Kurfürst Johann der Beständige umfassende Visitationen der Pfarreien an. Die Kommissionen bestanden aus Theologen, Juristen und fürstlichen Räten. Melanchthon wurde mit der Durchführung in Thüringen beauftragt, wozu er einerseits eine Instruktion des Landesherrn erhielt, andererseits die theologischen Unterlagen in Form von Artikeln selbst verfassen mußte. Mit zwei kurfürstlichen Räten und zeitweilig dem Wittenberger Rechtsprofessor Hieronymus Schurff zog er von Weida über Neustadt an der Orla, Pößneck nach Saalfeld und die Saale abwärts nach Kahla. An den größeren Orten machte man Station und bestellte die benachbarten Pfarrer herbei. Deren Bildungsstand und theologische Einstellung wurde geprüft. Die Einkommensverhältnisse der Pfarreien wurden neu geordnet und auf eine auskömmliche Höhe gebracht. Während dieser ersten Visitationsreise brach in Wittenberg eine Seuche aus. Die Studenten wurden nach Jena in Sicherheit gebracht und hier von Melanchthon unterrichtet. Von Jena aus visitierte er weiterhin im Amt Leuchtenburg, das sind die Städte Kahla, Orlamünde, Stadtroda, Jena, Bürgel und Eisenberg, und bis nach Altenburg. Dies alles war notwendig und erfolgreich.

Alarmiert wurde Melanchthon jedoch durch die Einseitigkeit, mit der manche Prediger, die sich für evangelisch hielten, Luthers Lehre wiedergaben. Daß die Seligkeit allein durch den Glauben aus Gnade und ohne Werke geschenkt wird, wurde so verstanden, als seien gute Werke überflüssig, ja sogar schädlich. Der Vorwurf der Katholiken, Luthers Lehre verderbe die Sittlichkeit, war in diesen Fällen nicht unbegründet. Melanchthon ging energisch dagegen vor, indem er den Pfarrern einschärfte, daß ihre Predigt nicht nur die Vergebung der Sünden, sondern als deren Voraussetzung die Buße zu behandeln habe. Weil im Lukasevangelium Jesus seine Jünger bei der Aussendung beauftragt, Buße und Vergebung der Sünden zu predigen, definierte Melanchthon schon seit 1523 die Evangeliumspredigt nicht nur als Verkündigung der Vergebung, sondern auch als Bußpredigt. Dies blieb nicht unkritisiert und wird auch heute nicht immer verstanden, denn man hält die Buße für eine Funktion des Gesetzes. Nach Melanchthon fordert das Gesetz zwar gutes Handeln, und bis zu einem gewissen Grad kann der Mensch dies tun, aber daß er die Tragweite dieser Forderung erkennt und merkt, daß er sie niemals vollkommen erfüllen kann, daß er darüber erschrickt und Reue empfindet, dies ist ein Werk des Heiligen Geistes, das durch das zugesprochene Wort der Evangeliumspredigt in Gang gesetzt wird. Damit wird gleichzeitig die Vergebung zugesprochen. In der Buße fügen sich die Forderung des Gesetzes und die durch den Heiligen Geist bewirkte Reue und Vergebung also ineinander.

Einige der thüringischen Theologen waren damit nicht einverstanden. Den meisten konnte Melanchthon sich erklären, aber einer zeigte ihn bei Luther an, nämlich sein alter Freund Agricola, der Schulmeister in Eisleben war. In der Residenzstadt Torgau trafen sich Luther und der Stadtpfarrer Bugenhagen aus Wittenberg mit dem aus Jena anreisenden Melanchthon. Zu einem zweiten Treffen kurz danach wurde auch Agricola geladen. Man verständigte sich intern. Melanchthon bekam gegen Agricola recht, und sein „Unterricht der Visitatoren", der Melanchthons Bußlehre vertritt, wurde 1528 mit einer Vorrede Luthers als offizielles Lehrbuch gedruckt.

Im Jahr danach schrieb er für die deutsche Fassung von Melanchthons Kolosserkommentar ein Vorwort, worin er sich mit dem Kollegen vergleicht und dessen Bücher über die Maßen lobt. Melanchthon hat in diesem erstmals 1527 erschienen Werk seine Auffassung von Philosophie und freiem Willen dargelegt. In Luthers Streit mit Erasmus hatte er sich von Anfang an zurückgehalten und zeitlebens zu dem Humanisten eine lockere, respektvolle Verbindung gepflegt. Mit Luther war er sich einig, daß jeder Mensch die Freiheit zu verantwortlichem Handeln hat, aber nicht zum wirklich Guten. Sie ist auf das äußerlich Gute beschränkt und scheitert am Absoluten. Anders als Luther wollte Melanchthon nicht von einem „unfreien Willen" sprechen, sondern appellierte mit Erasmus an die Freiheit als Verpflichtung im menschlichen Bereich. Luther erhob dagegen keinen Einspruch. Melanchthons behutsam differenzierte Lehre vom freien Willen ist in das Augsburger Bekenntnis eingegangen und damit für das Luthertum verbindlich geworden.

Im Abendmahlsstreit hielt sich Melanchthon ebenfalls betont zurück. Er hat zwar immer an der lutherischen Lehre von der wirklichen Gegenwart Christi im Abendmahl festgehalten und die Zwinglianer verabscheut. Doch hatte er ein starkes Empfinden für das Geheimnis dieser Gegenwart. Er war dadurch einer Verständigung mit reformierten Anschauungen offen. Die Entwicklung besonders seiner Abendmahlslehre macht deutlich, wie sehr theologisches Denken unbeschadet aller Treue zu bestimmten Grundpositionen in seiner Entfaltung von den Erfordernissen kirchenpolitischer Tagesfragen beeinflußt wird.

Der Aristoteliker

Die Wiederentdeckung des Evangeliums, nämlich der Botschaft von der Annahme des glaubenden Sünders allein aus

Gnade um Christi willen, ist das zentrale Anliegen der Reformation. Es richtet sich gegen alle Versuche, durch menschliche Leistungen dieses Heil auch nur teilweise oder vorbereitend zu erlangen. Nur die geschenkte Gnade bietet Gewißheit; jede menschliche Komponente bringt Zweifel mit sich und führt letztlich in die Verzweiflung. Deshalb wurde das Evangelium in scharfem Gegensatz zum Gesetz verkündigt; polemisiert wurde gegen alle, die diese Unterscheidung nicht vollzogen, die durch Elemente des Gesetzes die Gnade schmälerten. Das waren die Scholastiker und mit ihnen ihr philosophischer Hintergrund, Aristoteles. Er stand für das ganze System der scholastischen Theologie und Philosophie, das schon vor Luther und Melanchthon von humanistischen Denkern angegriffen wurde. Im Kampf gegen Aristoteles verband sich die humanistische Abneigung gegen die dialektisch hochgezüchtete Schulphilosophie mit der reformatorischen Befreiung des Glaubens vom Gesetz. Als dieser Kampf gewonnen war, als die scholastischen Vorlesungen durch einfachere, humanistische ersetzt waren und in der Theologie die Rechtfertigung des Sünders allein aus Gnade ohne menschliche sittliche Leistung deutlich gemacht war, konnten auch das Gesetz und der Philosoph der Gerechtigkeit wieder ohne emotionale Abneigung studiert werden. Den Schlüssel bot die Unterscheidung von Gesetz und Evangelium. Für Melanchthon wurde sie zur zentralen Formel für die reformatorische Erkenntnis Luthers. Die Scholastiker, aber auch manche Richtungen der Reformation, unterschieden nicht die Forderungen des Gesetzes und die Gabe des Evangeliums und gefährdeten damit nach Melanchthons Meinung die Heilsgewißheit, die sich allein im Glauben an die geschenkte Gnade hält. Wenn also die „Rechtfertigung des Sünders“ allein durch das Urteil Gottes geschieht, das nur glaubend angenommen werden muß, so bleibt dennoch neben diesem „Evangelium“ das „Gesetz“ und bedarf der Untersuchung und näheren Bestimmung. Melanchthon fand dabei drei Wirkungsweisen, Funktionen (usus, officium) des Gesetzes. Seine theologische Dimension ist die letztlich unerfüllbare Forderung des Guten, die den Menschen zur Erkenntnis seines Scheiterns führt und bereit macht für den Glauben an die durch Christus geschenkte Vergebung der schuldhaften Unzulänglichkeit. Es hat aber auch und für jeden einsehbar eine allgemein menschliche Dimension, die das Zusammenleben der Menschen regelt (usus civilis), und es ist für alle verbindlich, auch für die Christen, die das Gute kraft der geschenkten Erneuerung von selber tun. Denn auch sie bedürfen der Hinweise und Anleitungen des Gesetzes (tertius usus legis). Überhaupt gilt laut Melanchthon, daß das Evangelium die bürgerlichen Gesetze nicht aufhebt. Inhaltlich ist das „Gesetz", das als „Naturgesetz" allen Menschen vom Schöpfer ins Herz gegeben ist, in den Schriften des Alten und Neuen Testaments zu finden, wobei freilich die zeitgebundenen Zeremonien der Juden nicht zu dem allgemein verbindlichen Sittengesetz gehören. Als Naturgesetz wird es auch in den Weisheitslehren aller Völker entfaltet, hier am vollkommensten durch den Philosophen Aristoteles. Die frühreformatorische Polemik gegen ihn meinte eigentlich nur die mißbräuchliche Anwendung seiner Ethik mit dem Begriff der Gerechtigkeit auf die Theologie. Die logisch-rhetorischen und naturwissenschaftlichen Schriften blieben ohnehin davon ausgenommen.

Ab 1527 behandelte Melanchthon in seinen Vorlesungen die ethischen und politischen Schriften des Aristoteles. Das Verständnis des griechischen Urtexts bereitete wegen der dunklen Kürze seines Stils erhebliche Schwierigkeiten. Eine komplette Übersetzung hat Melanchthon nicht zustande gebracht. Was er als Kommentare ab 1529 in rascher Folge publizierte, sind knappe, interpretierende Zusammenfassungen des Inhalts, Anleitungen zum rechten Gebrauch dieser philosophischen Texte durch Christen. Das wissenschaftliche Ergebnis dieser Quellenstudien ist die eigene systematische Darstellung einer christlich-philosophischen Ethik. Sie erschien erstmals 1538 unter dem Titel „Philosophiae moralis epitome" und wurde wie alle Lehrbücher Melanchthons mehrfach überarbeitet.

Damals beschäftigte sich Melanchthon schon jahrelang mit aristotelischer Physik. Hier verzichtete er auf die Vorarbeit der Kommentierung und strebte sofort eine systematische Darstellung auf dem Stand der Zeit an, ein mühevolles Unternehmen, zu dem er den Rat mancher Fachleute, namentlich des Tübinger Mediziners und Botanikers Leonhard Fuchs und des Wittenberger Mediziners Jakob Milichius, einholte. Mitautor wurde sein Schüler Paul Eber, Professor in Wittenberg und später der Nachfolger Bugenhagens. Als erster Teil erschien 1540 die Anthropologie „De anima", die 1553 ihre endgültige

Gestalt erhielt. 1549 war die Physik vollendet. Beide Bücher zusammen bieten die Lehre vom Menschen und von der unbelebten Natur einschließlich der Sterne. Melanchthon folgt den klassischen und zeitgenössischen Autoren bis dahin, wo ihm die christliche Lehre eine Abweichung zu verlangen schien: Die Welt ist nicht unendlich, und die Seele ist unsterblich. Aber schon die rein philosophische Betrachtung widerlegt nach Melanchthons fester Überzeugung den Atomismus Demokrits: Die Welt ist nicht aus Zufall entstanden, sondern ein sinnvolles Werk, das auf einen vernünftigen Schöpfer hinweist.

Der Augsburger Reichstag

Auf dem Speyrer Reichstag von 1529 lernte Melanchthon zum ersten Mal die große Politik aus eigener Anschauung kennen, ohne noch selbst aktiv werden zu müssen. Was er von den Bündnisplänen des Landgrafen und der Reichsstadt Straßburg mit der separatistischen Eidgenossenschaft mitbekam, genügte, seine schon vorhandene Abneigung zu verstärken. Er befand sich damit im Einklang mit seiner reichstreuen kursächsischen Obrigkeit. Daß die Reichsfeinde auch gottlose Sakramentierer waren, stand für ihn damals noch fest. Das vom Landgrafen einberufene Marburger Religionsgespräch mit den Zwinglianern war von vornherein zum Scheitern verurteilt. Daß man immerhin vierzehnmal Übereinstimmung in zentralen Glaubensfragen der Reformation feststellte, war angesichts der emotionalen Gegensätze ein relativer Erfolg.

Nachdem ein politisches Bündnis aller Protestanten an der Uneinigkeit in der Bekenntnisfrage gescheitert war, mußten die evangelischen Fürsten und Städte auf getrennten Wegen die vom Kaiser verlangte Verantwortung der durchgeführten Reformen vorbereiten. Auf den 8. April 1530 hatte Karl V. einen Reichstag nach Augsburg einberufen und eine gütliche Erörterung aller Fragen in Aussicht gestellt. Kursachsen (wie andere Stände) versuchte, schon vorher mit ihm zu verhandeln. Dabei wurden die im wesentlichen von Luther stammenden sogenannten Schwabacher Artikel (in einer schlechten lateinischen Übersetzung) eingereicht. Sie sollten die Übereinstimmung der reformatorischen Lehre mit der katholischen Kirche beweisen. Dies interessierte den Kaiser überhaupt nicht, ging es doch um die Begründung der eigenmächtig durchgeführten reformatorischen Maßnahmen: Priesterehe, Laienkelch, Meßpraxis, Beichte, bischöfliche Jurisdiktion, Ordination, Mönchtum, Heiligenverehrung, deutsche Liturgie. In Torgau wurde von Melanchthon und anderen ein entsprechendes Gutachten verfaßt. Als man in Augsburg angekommen war, zeigte sich alsbald, daß auch die Lehre verteidigt werden mußte. Melanchthon schrieb nun in Anlehnung an die Schwabacher und Torgauer Artikel eine kursächsische Verteidigungsschrift, die am 11. Mai dem auf der Coburg weilenden Luther unterbreitet wurde. Dieser billigte sie sachlich ohne Einschränkung; eine leichte Ironie bezieht sich nur auf den verbindlichen Ton. In Augsburg wurde inzwischen weitergearbeitet, wobei die deutschen und lateinischen Fassungen parallel redigiert wurden. Die sächsische Verteidigungsschrift sollte zum Bekenntnis möglichst vieler Anhänger der Reformation werden. Von größter Bedeutung war, daß sich schließlich der Landgraf zur Mitunterzeichnung bereit fand. Am 25. Juni 1530 wurde das Augsburgische Bekenntnis in deutscher Sprache vor dem Reichstag verlesen und dem Kaiser in beiden Fassungen überreicht.

Schon vor dieser Übergabe und verstärkt danach verhandelte Melanchthon mit zahlreichen Vertretern der Gegenpartei, sogar mit dem Kardinallegaten Lorenzo Campeggio. Er bot nichts Geringeres als die Wiederherstellung und Bewahrung der bischöflichen Kirchenverfassung gegen das scheinbar geringfügige Zugeständnis des Laienkelchs und damit verbunden der evangelischen Messe sowie der Priesterehe. Die Predigt der Rechtfertigung allein aus Gnade bot keinen Anlaß zu disziplinarischem Vorgehen gegen reformatorische Geistliche; hierfür bedurfte es des Rechtstitels eines Verstoßes gegen das Kirchengesetz des Zölibats oder des Nachweises eigenmächtiger Änderungen der Liturgie. Wenn solches nicht mehr bestraft und verhindert wurde, dann war der reformatischen Predigt freie Bahn gegeben, und daß sie sich in bezug auf Mönchtum, Heiligenkult u. a. m. durchsetzen würde, durfte man als gewiß annehmen. Das vollständige Abendmahl und der verheiratete Pfarrer waren der sichtbare Ausdruck der Reformation. Ein Bischof, der dies erlaubte, konnte schon fast als evangelischer Bischof gelten. Politisch war das Wagnis für Kursachsen gering. Die zuständigen Bischöfe von Naumburg, Merseburg, Meißen und Brandenburg waren so schwach, daß sie kaum ihre Reichsstandschaft verteidigen konnten, und auch dem Erzbischof von Magdeburg vermochte der Kurfürst von Sachsen die Stirn zu bieten, etwa im Streit um den Einfluß in dessen eigener Residenz Halle. In einer ganz anderen Lage befanden sich die Reichsstädte wie Nürnberg. Sie standen in einem schon vorreformatorischen Kampf mit ihren Bischöfen um die Kirchenhoheit in ihren Mauern. Die Rückkehr in die Obödienz hätte die mühsam errungene einheitliche Befehlsgewalt der städtischen Obrigkeiten zunichte gemacht. Deshalb stieß Melanchthons Verhandlungsangebot an die Gegenpartei, das aus verschiedenen Gründen zu keinem Erfolg führte, bei den eigenen Glaubensgenossen und sogar bei dem persönlichen Freund Hieronymus Baumgartner, einem Nürnberger Ratsherrn, auf Unverständnis und herbe Kritik. Daß aber Melanchthon, der als Ratgeber seines Kurfürsten nach Augsburg gekommen war, im Gegensatz zur eigenen Obrigkeit stand und seine Vorschläge, die sogar aus Venedig eine besorgte Anfrage auslösten, vor den sächsischen Räten geheimhalten konnte, ist undenkbar. Melanchthon sondierte zumindest grundsätzlich im Auftrag seiner Vorgesetzten. Jedenfalls bot er nicht mehr, als man schon zu Hause im Beisein Luthers erwogen hatte. Dessen Kritik richtete sich nicht gegen den Kompromiß als solchen, sondern gegen die falsche Hoffnung, er könne realisiert werden.

Die Confessio Augustana versteht sich in ihren Lehraussagen als übereinstimmend mit der katholischen, d.i. der allgemeinen Kirche. Dies ist keine unlautere Schutzbehauptung, sondern folgt notwendig aus dem Selbstverständnis reformatorischer Ekklesiologie. Die biblische Wahrheit ist in der Kirche niemals untergegangen. Die semipelagianischen und papalistischen Richtungen in der Gegenpartei sind deshalb keine legitimen Vertreter der katholischen Kirche. Die römische Partei hingegen mußte versuchen, von der Kritik an den Mißständen des zweiten Teils, die auf breite Zustimmung hoffen konnte, abzulenken, indem sie den ersten Teil der Confessio Augustana zu widerlegen suchte, um dadurch deren Bekenner von reformerischen Schismatikern zu verdammenswürdigen Häretikern zu stempeln. Doch die Politiker suchten weiterhin eine Verständigung. Die Widerlegung der Confessio mußte abgemildert werden, und nach Verlesung dieser Confutatio am 3. August – der Melanchthon nicht beiwohnen durfte – fanden intensive Ausschußberatungen statt. Vom 16. bis zum 29. August saßen sich Melanchthon und Eck als die gelehrtesten Theologen ihrer Parteien in den Ausschüssen der Vierzehn und der Sechs gegenüber. Die Diskussion der Confessio Augustana erreichte ein beachtliches Niveau. Doch sowohl das gegenseitige Mißtrauen wie auch die sachlichen Unterschiede verhinderten eine Verständigung. Unter den protestantischen Fürsten und Städten wuchs die Unzufriedenheit mit der kursächsischen Friedenspolitik, deren engagiertester Vertreter Melanchthon war. Die im September noch einmal unternommenen privaten Vermittlungsversuche blieben ebenfalls erfolglos. Melanchthon schrieb nun gegen die Confutatio, deren Wortlaut ihm aber immer noch vorenthalten wurde, eine Apologie der Confessio. Die Übergabe an den Kaiser am 22. September mißglückte. Am 23. reiste Melanchthon im Gefolge seines Kurfürsten ab. Der Kaiser hatte Unterwerfung bis zum 15. April verlangt.

Nun galt es zu handeln. Unmittelbar vor dem Reichstag hatten die Wittenberger Theologen erneut den bewaffneten Widerstand gegen den Kaiser für unzulässig erklärt. Ende Oktober wurden sie in Torgau von den juristischen Räten zu der Einsicht gebracht, daß auf Grund der geltenden Gesetze im gegebenen Fall Widerstand gegen den Kaiser erlaubt ist. Der Weg zu einem Bündnis zur Verteidigung der Reformation war damit freigegeben. Die Reichsstadt Nürnberg, der das mögliche Zugeständnis der bischöflichen Jurisdiktion zuwider war, konnte allerdings nun ihrerseits nicht folgen, denn kaisertreu war sie und wollte sie bleiben. Die Unterzeichnerin der Confessio Augustana blieb dem Schmalkaldischen Bund fern.

Luther und Melanchthon waren zu ihrer Torgauer Kehre gezwungen worden durch den eigenen Grundsatz, daß das Evangelium die weltlichen Gesetze nicht aufhebe. Dies ist ein grundlegender Satz des Luthertums. Er richtet sich gegen die Versuche, das Zusammenleben der Menschen ganz vom Evangelium her zu gestalten. Luther und Melanchthon hielten es für Schwärmerei, wenn ein Karlstadt mit jesuanischen Verhaltensmustern Universitätsreform betrieb, wenn die Bauern ihre berechtigten politisch-sozialen Forderungen unter Berufung auf das Evangelium erhoben, wenn Täufer sich von bürgerlicher Verantwortung zurückzogen, wenn reformierte Prediger und lutherische Pastoren ihre Kirchenzucht auf bürgerliche Bereiche ausdehnen wollten. Die Eigenständigkeit der bürgerlichen Gerechtigkeit wurde dabei als eingebettet in die Schöpfungsordnung gesehen; eine diabolische Korrumpierung der Wertvorstellungen war nicht im Blickfeld.

Reife Früchte

Im Winter 1530/31 erweiterte Melanchthon seine schon auf dem Reichstag entworfene Apologie. Eine gültige Darstellung der evangelischen Rechtfertigungslehre war ihm dabei besonders wichtig. Er ließ sogar sechs bereits gedruckte Bogen wieder vernichten, um den Artikel 4 neu zu formulieren. Anfang Mai 1531 erschien die Apologie zusammen mit der Confessio Augustana. Die gleich danach begonnene zweite Ausgabe wurde weiterhin verbessert. Ganz zufrieden war Melanchthon mit der Formulierung der Rechtfertigungslehre aber erst in seinem Römerbriefkommentar vom Sommer 1532. Sein religiöses Hauptanliegen war die zweifelsfreie Gewährleistung der Heilsgewißheit. Deshalb durfte die Rechtfertigung von keiner Qualität des Menschen abhängen; sie mußte ausschließlich als Richterspruch Gottes verstanden werden. Noch in der Apologie hatte Melanchthon versucht, wie Luther die Erneuerung des gerechtgesprochenen Sünders in die Rechtfertigung einzubeziehen. Doch nach einem Briefwechsel mit Brenz schien ihm die Gefahr eines katholisierenden Mißverständnisses zu groß. Seit 1532 definierte er deshalb die Rechtfertigung rein forensisch. Um das gegenteilige Mißverständnis eines sittlichen Libertinismus auszuschließen, war er nun aber gezwungen, die Notwendigkeit der aus der Rechtfertigung folgenden guten Werke so stark zu betonen, daß die Frage aufbrach, ob die Werke dann nicht doch eine Bedingung des Heils seien, womit die Werkgerechtigkeit und die damit verbundenen Zweifel wieder zur Hintertür in das theologische System hineinkamen. Melanchthon selbst hat die labile Dialektik von göttlicher Heilsgabe und menschlichem Wirken denkerisch durchgehalten. Doch bei einigen seiner Schüler gab es Gewichtsverschiebungen, die zu innerprotestantischen Lehrstreitigkeiten führen sollten.

Der Römerbriefkommentar ist Kardinal Albrecht von Mainz gewidmet, dem ranghöchsten deutschen Erzbischof und Kurfürsten, als Dank für dessen Verdienste um den Abschluß des Nürnberger Religionsfriedens und als Appell zu weiteren Friedensbemühungen. Dieser befristete Friedensschluß öffnete die Möglichkeit zur Festigung der Reformation nach innen und außen.

Der 1532 im Alter von dreiundzwanzig Jahren zur Regierung gelangte sächsische Kurfürst Johann Friedrich, mit der Reformation großgeworden und schon unter seinem Vater Johann dem Beständigen in die Regierungsgeschäfte hineingewachsen, ließ erneute und umfassende Kirchenvisitationen durchführen (Melanchthon war im Kurkreis tätig), wobei auch die vermögensrechtliche Seite der Pfarrer- und Lehrerbesoldung besser geregelt wurde. Er zog die überschüssigen Kirchengüter ein und ordnete das Stipendiatenwesen. Die Universität Wittenberg wurde auf eine solide wirtschaftliche Basis gestellt. Melanchthon bezog wie Luther seit 1525 ein Spitzengehalt und war wie dieser von allen regulären Lehrverpflichtungen befreit; er durfte lesen, was und wie er wollte. Der Kurfürst schenkte dem mit Frau und drei Kindern, dem Famulus Johannes Koch, Mägden und wohl auch Studenten recht beengt Wohnenden ein repräsentatives Renaissancehaus, das in den Jahren 1536 bis 1539 errichtet wurde.

Die innere Reform der Universität brachte die Erneuerung der regelmäßigen Disputationen, die in den oberen Fakultäten vierteljährlich, in der philosophischen vierzehntägig im Wechsel mit den 1523 eingeführten Deklamationen stattfanden. Es gab wieder theologische Doktorpromotionen. Kirchenrecht wurde wieder gelehrt. Bald fanden auch Ordinationen statt. Ein Konsistorium wurde errichtet. Melanchthon war bei alledem maßgeblich beteiligt. Er verfaßte Universitäts- und Fakultätsstatuten, Ordinationsformulare, viele Deklamationen und Disputationsthesen. Den Doktorgrad hat er selbst nicht erlangt. Man schreibt dies gemeinhin seiner Bescheidenheit zu. Ausschlaggebend dürfte jedoch gewesen sein, daß er als Doktor nicht mehr der philosophischen Fakultät angehören konnte, in der er nach wie vor eine unausweichliche, gern erfüllte Aufgabe sah und mehrmals das Dekanat verwaltete. Hier dominierte er wie Luther in der theologischen, in der Melanchthon auch so noch genügend persönlichen Einfluß hatte und ja auch ständig über theologische Stoffe las. Sein Hauptwerk, die Loci, gewannen, wie immer zuerst in Vorlesungen, eine völlig neue Gestalt, in der sie 1535 publiziert wurden. Die rein soteriologische Thematik der ersten Fassung ist darin ergänzt durch die Trinitätslehre und die Christologie. Melanchthon wollte damit die paulinische Theologie durch die johanneische ergänzen. Veranlaßt wurde er dazu durch die seit 1532 wirkenden Antitrinitarier Servet und Campanus. Aber auch sonst ist alles neu geschrieben, vieles auch inhaltlich anders geworden. Die rein forensisch verstandene Rechtfertigungslehre verlangte eine Absicherung gegen den Libertinismus durch die Betonung des verpflichtenden Charakters des Gesetzes für die Wiedergeborenen; zu der bürgerlichen und der strafenden Funktion wurde dem Gesetz deshalb der sogenannte tertius usus zugewiesen. Auch die Funktion des freien Willens beim Heilsempfang mußte definiert werden. Behutsam wird die Abendmahlslehre den neuen Erkenntnissen Melanchthons angepaßt. Die Kirche wird als sichtbare definiert. Der Konsensus über die wahre Lehre und damit der Glaubensinhalt erhalten ein größeres Gewicht. Schriftprinzip und Hermeneutik werden klar formuliert. In den Hintergrund tritt alles Geheimnisvolle am Glauben, die unsichtbare Kirche, das Verhältnis von Elementen und Heilsgaben bei den Sakramenten, die Geheimnisse der Gotteslehre und Christologie. All das wird von Melanchthon nicht übersehen, geschweige bestritten, jedoch überlagert durch die Einsicht, daß sich solche intimen Glaubensfragen der schulmäßigen Definition entziehen. Melanchthon hat bei allem Streben nach rationaler Klarheit, vielleicht dank diesem Streben, die bei Theologen seltene Einsicht, daß sich vieles und gerade das Wichtigste in Fragen des Glaubens und der Existenz nicht formulieren und definieren läßt.

Melanchthon hat seine Loci 1543/44 ein weiteres Mal umgeschrieben und auch danach noch verbessert. Aber sein theologisches System hatte 1535 die endgültige Gestalt erreicht, zu der er sich auch testamentarisch bekannte. Er war sich dabei völlig im klaren und hat dies auch gegenüber Freunden ausgesprochen, daß er gewisse Lehrpunkte anders formulierte als Luther, meinte allerdings mit diesem letztlich eine gemeinsame Basis zu haben. Es geht dabei vornehmlich um den Themenkreis freier Wille bzw. Prädestination und gute Werke. Bei Humanisten und Katholiken erregten manche Äußerungen

Luthers Anstoß. Sie werden tatsächlich unvertretbar, wenn doxologisch gemeinte Aussagen systematisiert werden, wie das manche Schüler Luthers taten. Einige hat Luther selbst noch zu Lebzeiten zurechtgewiesen und Melanchthons Theologie ungeachtet zeitweiliger persönlicher und sachlicher Spannungen gebilligt. Dem Systematiker Melanchthon mußte mehr als dem Exegeten Luther daran liegen, göttliche Allmacht und Verantwortlichkeit des Menschen, geschenktes Heil und sittliche Pflichten in eine formulierbare, lehr- und lernbare Relation zu bringen. Daß er dabei auch bewußt die Verbindungen zum Humanismus nicht abreißen lassen wollte, zeigt sein sporadischer, aber treu durchgehaltener Briefwechsel mit dem alten Erasmus.

Auch im reformatorischen Lager war Melanchthons Fähigkeit zum Brückenschlag gefragt. Treibende Kraft war jedoch der unermüdliche Vermittler Martin Bucer. Nach Zwinglis Tod waren die oberdeutschen Protestanten ganz auf den Schutz des Schmalkaldischen Bundes angewiesen. Das Hindernis des Abendmahlsstreits mußte also beseitigt werden. Schon in Augsburg 1530 hatte Bucer deswegen mit Melanchthon konferiert und Luther auf der Coburg aufgesucht, wenn auch ohne unmittelbaren Erfolg. Der Durchbruch wurde um die Jahreswende 1534/35 in Kassel erzielt, wo sich Melanchthon und Bucer mitten im Winter trafen. Melanchthon, durch seine patristischen Studien schon an der lutherischen Realpräsenz irregeworden, verstand sich dabei nur noch als Vertreter einer fremden Meinung. Nach weiteren Korrespondenzen kam es dann am 29. Mai 1536 zu der denkwürdigen Unterzeichnung der Wittenberger Konkordie: Keine Union, sondern die Respektierung des Standpunkts der anderen, sofern er noch innerhalb einer gewissen Bandbreite liegt. Das Gemeinsame war die wirkliche Gegenwart des ganzen Christus beim Abendmahl. Über das Verhältnis dieser Gegenwart zu den sakramentalen Gaben mußten die Glaubensmeinungen nicht übereinstimmen. Melanchthon hat diese Veränderung der Abendmahlslehre in die 1540 stark erweiterte Confessio Augustana eingearbeitet und die Lehre von der Aktualpräsenz, der wirksamen Gegenwart Christi im Vollzug der Handlung, hinfort kontroverstheologisch gegen das statisch substantielle Sakramentsverständnis der Scholastiker ins Feld geführt.

Keine Brücken baute Melanchthon zum „linken Flügel" der Reformation. Er sah keinen Grund, das geltende positive Recht der Todesstrafe für Antitrinitarier und Wiedertäufer in Frage zu stellen. Sein Urteil über die Täufer war von den Erfahrungen mit den Zwickauer Propheten, Thomas Müntzer, dem Täuferreich in Münster und den Verhören gefangener thüringischer Täufer geprägt. Sie waren für ihn in der Regel zugleich Aufrührer. Doch auch die friedlichen Täufer wollte er bei Unbelehrbarkeit beseitigt sehen, weil sie in ihrer Andersartigkeit als unerträglicher Fremdkörper in der Gesellschaft angesehen wurden und weil er die Einhaltung des rechten Gottesdienstes als Aufgabe der Obrigkeit betrachtete. Melanchthon hatte einen ausgeprägten Sinn für gesellschaftliche Ordnungen. Seine wissenschaftliche Tätigkeit kreiste immer wieder um die ethischen und politischen Schriften von Aristoteles und Cicero. Menschliches Zusammenleben wird in der sündhaften Welt nur durch solche Ordnungen ermöglicht. Die Ablehnung politischer Ämter war ihm deshalb ein Angriff auf die gottgewollte Schöpfungsordnung.

International fand Melanchthon immer größere Beachtung. Der päpstliche Legat Campeggio wiederholte seine Abwerbungsaktion von 1524 auf dem Augsburger Reichstag durch einen plumpen Bestechungsversuch. Vornehmer war die Einladung des polnischen Bischofs Andreas Cricius. Mit evangelischen Fürsten wie König Christian III. von Dänemark und Herzog Albrecht von Preußen verband ihn eine fast freundschaftliche Berater- und Berichterstatterkorrespondenz. Vom französischen Hof wurde er 1534 als theologischer Gutachter begehrt und sogar eingeladen. Den Besuch beim Erbfeind Habsburgs verbot Kurfürst Johann Friedrich, der gerade nach der Restitution des Herzogs von Württemberg durch Landgraf Philipp den Vertrag von Kaaden aushandeln mußte. So schickte Melanchthon am 1. August 1534 nur ein Gutachten über eine mögliche Reformation in Frankreich. Es ist das konservativste Schriftstück seiner Feder und dennoch keine Verleugnung seiner Theologie: Die hierarchische Kirchenverfassung und adiaphorische Traditionen können erhalten bleiben. Wichtig ist ihm die Befreiung der Beichte vom Gewissenszwang und die Rechtfertigungslehre, über die er eine Verständigung für möglich hält. Das einzige Problem erblickt er in der Messe (mit Sakramenten, Opfergedanken und Priestertum).

Bezüglich Laienkelch, Heiligendienst, Mönchsgelübden und Priesterehe erwartet er ein Entgegenkommen von Rom. Die so skizzierte evangelische gallikanische Kirche kam bekanntlich nicht zustande. Erfolgreicher verlief die Entwicklung in England, wo nach einigen Rückschlägen schließlich unter Elisabeth I. ein Staatskirchentum entstand, das Melanchthons Billigung finden konnte. Die Anfänge liegen in König Heinrichs VIII. Wunsch nach Scheidung seiner Ehe mit Katharina von Aragon. 1531 waren auch die Wittenberger Theologen um Rat gefragt worden und hatten sich zur Vermeidung der Ehescheidung für das Eingehen einer Doppelehe ausgesprochen. Als dann Heinrich von England 1535/36 den politischen Anschluß an den Schmalkaldischen Bund suchte, wurde von den deutschen Protestanten die Annahme der evangelischen Lehre zur Bedingung gemacht. Das Ergebnis der von Februar bis April 1536 geführten Religionsverhandlungen wurde von Melanchthon formuliert. Obgleich die Bündnisverhandlungen schließlich scheiterten, wirkten diese sogenannten Wittenberger Artikel in der Folge auf die Lehrbildung der anglikanischen Kirche ein.

Melanchthon lernte bei all diesen Verhandlungen die Vielfalt kennen, in der evangelisches Kirchentum möglich ist. Entscheidend war für ihn nur die Mitte der evangelischen Botschaft, die Rechtfertigung des Sünders allein aus Gnaden. Wenn diese für sein eigenes Leben richtungweisende Lehre unverfälscht blieb, konnte er sogar ein freundliches Wort über den geistesmächtigen Zölibat finden und die Einheit der abendländischen Kirche unter der kollegialen Leitung von Bischöfen, ja sogar ein Ehrenprimat des Papstes war für ihn dann denkbar oder sogar erstrebenswert. Denn das Notbischofsamt der Landesherren war ihm suspekt. Statt des Kirchenregiments der Hofräte wünschte er die größere Selbständigkeit einer eigenverfaßten Kirche. Sie konnte sogar eine monarchische Spitze haben, allerdings nur nach menschlichem Recht. Als zur Vorbereitung auf das angekündigte Konzil Luthers Schmalkaldische Artikel zu unterzeichnen waren, tat dies Melanchthon mit dem Vorbehalt, einen Papst, der das Evangelium nicht behindert, nach menschlichem Recht als Haupt der Kirche anerkennen zu wollen. Wie er aber das tatsächlich bestehende Papsttum einschätzte, schrieb er in seinem gleichzeitigen „Tractatus de potestate papae“: als zum

Reich des Antichristen gehörend. Melanchthon besaß die Fähigkeit, in einer Gemeinschaft zu leben, mit der er sich zwar nicht völlig, aber doch in den Grundlagen einig wußte. Dies war in den evangelischen Territorien der Fall. Unerträglich waren ihm die Mißstände bei den Katholiken, insbesondere der übertriebene Heiligenkult, die abgöttische Verehrung der Hostie und der Gewissenszwang in der Bußdisziplin, die dennoch keine Heilsgewißheit geben konnte.

Religionsgespräche

Die Fähigkeit, unter Verzicht auf unnötige Polemik die entscheidenden Probleme zu erfassen und deutlich zu formulieren, machte Melanchthon zum unentbehrlichen Vertreter der evangelischen Seite bei den verschiedenen Religionsgesprächen mit der römisch-katholischen Partei. Schon bei den regionalen Verhandlungen in Leipzig am 29. und 30. April 1534 und Anfang Januar 1539 war er beteiligt. Beim Frankfurter Fürstentag März bis April 1539, an dem er als Berater seines Kurfürsten teilnahm, wurde ein Religionsgespräch auf Reichsebene als Veranstaltung des Kaisers in Aussicht gestellt. Auf der Rückreise wurde das Herzogtum Sachsen visitiert, wo gerade der evangelische Herzog Heinrich der Fromme die Nachfolge seines entschieden katholischen Bruders Georg des Bärtigen angetreten hatte. Melanchthon erteilte seinen Rat für die personelle Besetzung der wichtigsten Pfarrstellen und für die Reform der Landesuniversität Leipzig. In der Folge entwickelten sich gute Beziehungen zwischen Wittenberg und Leipzig, die für Melanchthon persönlich eine Krönung dadurch erfuhren, daß sein bester Freund Joachim Camerarius im Oktober 1541 von Tübingen nach Leipzig übersiedelte.

Das bevorstehende Religionsgespräch verlangte Reflexionen über mögliche Zugeständnisse und eine Abstimmung der evangelischen Theologen und Reichsstände untereinander. Die Wittenberger schrieben im Januar 1540 ein großes Gutachten, dem sich die anderen evangelischen Theologen im März in Schmalkalden anschlossen. Bemerkenswert an dieser Denkschrift ist die klare Unterscheidung von Lehre, nötigen äußeren Dingen und den Adiaphora. Nur letztere können zum Gegenstand von Verhandlungen gemacht werden und selbst dies nur unter bestimmten günstigen Voraussetzungen, die für unwahrscheinlich gehalten werden. Die in Schmalkalden versammelten Theologen äußerten sich auch gegen den Spiritualismus eines Sebastian Franck und Kaspar von Schwenckfeld. Sie wandten sich aber auch an ihre eigenen Obrigkeiten und verlangten nachdrücklich die Verwendung der eingezogenen Kirchengüter für kirchliche und schulische Zwecke.

Vor Beginn der Verhandlungen mußte Melanchthon noch zwei Tagereisen weiter in das hessische Amtsstädtchen Rotenburg an der Fulda ziehen. Dort wurde er wie auch Bucer Zeuge bei der Trauung des Landgrafen Philipp – der weiterhin mit Christina von Sachsen verheiratet blieb – mit Margarete von der Sale. Schon im Dezember 1539 hatten die Wittenberger Theologen auf eine durch Bucer überbrachte Anfrage Philipps unter dem Zwang biblizistischer Vorstellungen wie auch schon 1531 bei Heinrich von England Bigamie für nicht absolut verboten erklärt und in dem Falle des Landgrafen eine zusätzliche Ehe zur Befreiung von Gewissensnot als Beichtrat und mit der Auflage der Geheimhaltung erlaubt. Schon damals war die politische Seite dieser zunächst als Privatsache behandelten Angelegenheit deutlich geworden: Der Landgraf drohte offen mit Anschluß an den Kaiser zwecks Erlangung eines Dispenses im Falle der Verweigerung durch die evangelischen Theologen. Natürlich konnte nicht geheim bleiben, was so viele Leute wußten und schriftlich fixiert war, und so ist der Landgraf schließlich doch noch durch den Kaiser erpreßbar geworden. Als Melanchthon sich im Juni 1540 auf den Weg zu dem nach Speyer, dann nach Hagenau einberufenen Religionsgespräch machte, lag dieser Skandal schon in der Luft und wurde von Tag zu Tag ruchbarer. Melanchthon war im Winter zuvor durch Arbeitsüberlastung und wohl auch die Epidemie, die Todesopfer im eigenen Hause forderte, gesundheitlich so angeschlagen gewesen, daß der Zweiundvierzigjährige sein Testament machte. Nun in Weimar angekommen und vom Hof über die sich anbahnenden Verwicklungen informiert, brach er völlig zusammen. Drei Wochen lag er auf Leben und Tod, so daß sogar Luther herbeieilte und ihm durch seinen glaubensstarken Zuspruch über die Krise hinweghalf. Als aber Melanchthon im Oktober aus Wittenberg zu dem nach Worms verlegten Religionsgespräch aufbrach, war er wieder voll hergestellt und hat in dem folgenden Jahr ein Übermaß an Strapazen bewältigt.

In Worms erkannte Melanchthon rasch, daß von der Gegenseite wenig Entgegenkommen zu erwarten war. Nach wochenlangem Warten und Streit um Verfahrensfragen (hinter dem die Angst der Altgläubigen vor dem Verlust der Mehrheit durch den „Abfall" von Kurmark, Kurpfalz und Jülich stand), konnte doch noch vom 14. bis 17. Januar 1541 eine Disputation zwischen Johannes Eck und Melanchthon über die beiden ersten Artikel der Confessio Augustana stattfinden. Die Protestanten hatten die neueste Ausgabe verteilt, worin zum ersten Mal der von Melanchthon stark erweiterte und im Abendmahlsartikel der Wittenberger Konkordie angepaßte Text der später sogenannten Variata geboten wurde. Eck bezeichnete die Unterschiede der beiden Fassungen als relevant, wogegen Melanchthon keinen sachlichen Unterschied sehen wollte. Bei diesen Feststellungen ließ man es damals bewenden. Da über die Gotteslehre keine Differenz bestand, weil Melanchthon sich zu den altkirchlichen Symbolen bekannte, bewegte sich die Diskussion um das Verständnis der Erbsünde, insbesondere um die theologische Bewertung der in den Gerechtfertigten verbliebenen Begierde. Eck formulierte schließlich einen Kompromiß, der aber von den Evangelischen nur unter dem Vorbehalt der eigenen Interpretation angenommen wurde. Da war das Religionsgespräch schon auf den Regensburger Reichstag verlegt worden. Vier Tage Disputation sind zwar ein dürftiges Resultat einer Reise von mehr als drei Monaten Dauer. Dennoch war die Zeit für Melanchthon nicht verloren. Er begegnete wieder einmal den führenden Reformationstheologen; man vertrieb sich die Wartezeit durch theologische Gespräche von hohem Niveau.

Was aber der Vertreter des Kaisers, Nikolaus Granvella, und der Landgraf im geheimen zur Vorbereitung des Regensburger Kompromisses verhandeln ließen, wurde ihm erst bekannt, als er wieder zu Hause war und das Buch durch den ebenfalls beteiligten Kurfürsten Joachim II. von Brandenburg nach Wittenberg geschickt wurde. Melanchthon war alarmiert. Er hatte schon zwei Jahre zuvor in Frankfurt Groppers Kölner Reformation kennengelernt und auch von Reformkatholiken in England und Frankreich gehört, die ein Höchstmaß an liturgischem Traditionsgut durch rationale Interpretationen verteidigen wollten. Für Melanchthon war das platter Synkretismus. Er ließ in der akademischen Festrede vom 22. Februar 1541 vor „sophistischen" Einigungsversuchen warnen. Das in Worms mit Eck erörterte Problem der Sünde in den Heiligen vertiefte er durch eine Disputation.

Keine sechs Wochen durfte er zu Hause bleiben. Dann mußte er nach Regensburg zur Fortsetzung des Religionsgesprächs abreisen. Unterwegs erlitt er einen Verkehrsunfall, wodurch für viele Wochen seine Schreibhand gelähmt und dann behindert war.

Hinter den Kulissen wurde rasch entschieden, daß man das Wormser Streitgespräch über die Confessio Augustana vor einem größeren Publikum nicht fortsetzen wollte, sondern je drei (später zwei) Theologen beider Parteien in Gegenwart von acht Politikern einen zunächst geheimgehaltenen Kompromiß, das sogenannte Regensburger Buch, beraten sollten. Über Anthropologie und Sündenlehre kam man dank der Wormser Vorarbeit rasch hinweg. Doch die vorgelegte Rechtfertigungsformel wurde von Melanchthon abgelehnt. Der von ihm angebotene Ersatz gefiel der Gegenseite nicht. Schließlich erarbeitete man gemeinsam einen Artikel. Er bringt Melanchthons Verständnis der Rechtfertigung als eines Urteils Gottes ohne Vorleistung des Menschen ebenso wie das katholische Anliegen einer wirklichen Erneuerung des Gerechtfertigten zum Ausdruck und enthält das „allein aus Glauben". Als Luther diesen Text zur Beurteilung vorgelegt bekam, urteilte er, dem Wortlaut nach sei er akzeptabel. Er verlangte aber von den Gegnern als Beweis ihrer Aufrichtigkeit die Verurteilung ihrer bisherigen Lehre. Die römische Kurie lehnte das ganze Unternehmen ab.

Mit dem Rechtfertigungsartikel war auf beiden Seiten die Kompromißbereitschaft erschöpft. Melanchthon war sogar die schroffere Haltung Ecks sympathischer als die Bemühungen der Vermittler Bucer und Gropper, hinter denen er den durch die Doppelehe erpreßbaren Landgrafen im Schlepptau der kaiserlichen Politik Granvellas ahnte. Über das Verständnis der Kirche kam es zum Streit. Melanchthon war bereit, die bischöfliche Verfassung und manche Zeremonien anzunehmen, nicht aber die Irrtumslosigkeit der Konzile zuzugestehen. Die evangelischen Kolloquenten reichten ein Gegenvotum ein. Ebenso geschah es bei dem Artikel über die Beichte, wo die Aufzählung der Sünden unannehmbar war. Um das Altarsakrament wurde lange gerungen. Melanchthon machte gegen die Transsubstantiationslehre den Grundsatz geltend, daß nur im Vollzug der Handlung das Sakrament bestehe. Damit waren auch die Fronleichnamsprozessionen getroffen. Über die Gewalt der Bischöfe, das Gebet zu den Heiligen, Meßopfer und Zuwendung der Messe an Verstorbene gab es ebenfalls Streit. Nachdem man sich ans Vertagen und an Gegenartikel gewöhnt hatte, kam man schnell zum Ende. Dennoch mußte Melanchthon noch ganze zwei Monate in der Reichsstadt aushalten. Gesandtschaften gingen nach Wittenberg und Rom und kamen mit Ablehnungen zurück. Unterdessen versuchte Kurfürst Joachim II. von Brandenburg, über Kirche und Abendmahl eine Einigung herbeizuführen, was ebenfalls scheiterte. Die als „verglichen" bezeichneten Artikel wurden im Kreis der Protestanten noch einmal ausgiebig beraten mit dem Ziel einer Denkschrift an den Kaiser. Melanchthon mußte sich hierbei nicht so sehr zurückhalten wie in den Kompromißverhandlungen, sondern setzte ganze Listen von Mißständen auf. Er war sich dabei des Rückhalts von Hessen und Straßburg nicht sicher, denen er zutraute, das Regensburger Buch annehmen zu wollen. Dies hätte zum Bruch der evangelischen Fraktion geführt. In der Sitzung der Protestanten vom 25. Juni gab es offene Differenzen zwischen Bucer und Melanchthon in der Beurteilung der Verhandlungsergebnisse.

Die verschiedenen Vorlagen und Voten wurden bald nach Ende des Reichstags von Bucer, danach auch von Melanchthon publiziert. Als Fazit konnten sich schon die Zeitgenossen klarmachen, daß bei sehr gutem Willen und etwas äußerem Druck dogmatische Sätze über Sünde und Rechtfertigung formulierbar waren, denen theologische Antipoden wie Eck und Melanchthon dem Wortlaut nach zustimmen konnten, daß aber im Verständnis von Kirche und Sakramenten unüberwindliche Gegensätze bestanden, deren Realität zur Folge hatte, daß auch die labile Einigung über die Rechtfertigung auseinanderbrach, indem jede Seite ihre zurückgestellten Anliegen wieder zur Geltung brachte.

Spannungen

Nach dem Scheitern des Religionsgesprächs verdüsterte sich die politische Lage. Zunächst dehnte der Kurfürst von Sachsen seinen Einfluß auf das vakante Bistum Naumburg-Zeitz stärker aus, als den Wittenberger Theologen ratsam schien. Eine akute Kriegsgefahr entstand im April 1542 zwischen den protestantischen Fürsten von Sachsen, Kurfürst Johann Friedrich und Herzog Moritz. Es ging um den Einfluß im bischöflich meißnischen Stiftsgebiet Wurzen. Der Landgraf vermittelte, und auch Luther und Melanchthon schalteten sich durch eindringliche Appelle ein. Im August 1542 wurde der aktivste Feind der Protestanten, Herzog Heinrich von Braunschweig-Wolfenbüttel, vom Schmalkaldischen Bund aus seinem Land vertrieben und dort die Reformation eingeführt. Melanchthons Freude an diesem Sieg des Evangeliums war nur gedämpft. Gleichzeitig scheiterte ein Türkenfeldzug. Aus allmählich gewonnener Überzeugung wollte Hermann von Wied, Erzbischof von Köln und Kurfürst, sein Stiftsgebiet reformieren. Die Kirchenordnung ließ er von Bucer und Melanchthon verfassen. Doch während der kurkölnische Landtag darüber beriet, unterwarf Kaiser Karl den benachbarten Herzog von Jülich-Kleve und entriß ihm Geldern. Dadurch gewann in Kurköln die Opposition Oberhand. Auf Melanchthon wirkte der Heiligenkult des niederrheinischen Katholizismus besonders abstoßend.

Trotz monatelanger Abwesenheit und ständigen Anforderungen als Gutachter neben seinem akademischen Lehramt blieb Melanchthon in all diesen Jahren literarisch fruchtbar. Er war unbestritten der neben Luther führende Repräsentant der Universität Wittenberg, im internationalen Ansehen als Wissenschaftler diesem sogar noch überlegen, geschätzt von ihm wie von der Regierung, verehrt von ungezählten Schülern in den Hörsälen wie auf Kathedern und Kanzeln in Wittenberg und landauf, landab. Dennoch war er in Wittenberg selbst nicht unangefochten. Bisher hatte ihn immer Luther in Schutz genommen. Doch nun drohte durch die Kölner Reformation sogar ein Zerwürfnis mit dem Reformator.

Nikolaus von Amsdorf, evangelischer Bischof von Naumburg-Zeitz, beanstandete die – von Bucer formulierte – Abendmahlslehre der Kölner Kirchenordnung, der Melanchthon zugestimmt hatte, sowie die von Melanchthon verfaßte Willenslehre. Luther war damals erneut gegen die Schweizer aufgebracht, aber er wußte von deren Abendmahlslehre die der Wittenberger Konkordie zu unterscheiden, der die Kölner Reformation entsprach. Er redete darüber mit Melanchthon am 4. August 1544 und vielleicht noch einmal. Sonst geschah nichts. Aber es herrschte in den folgenden Wochen in Wittenberg eine solche Spannung, daß Melanchthon damit rechnete, seine Stellung würde unhaltbar, und dies auch voreilig nach auswärts meldete. Die Tatsache, daß beide Männer für die Sache der Reformation wie für die Universität Wittenberg unentbehrlich waren, bewirkte auch dieses Mal wieder ihre Zusammenarbeit im Bewußtsein der persönlichen und sachlichen Eigenheiten des anderen, aber auch in der Gewißheit, gemeinsam einer großen Sache zu dienen. In seinem Nachruf auf Luther ordnete Melanchthon ihn als den Wiederentdecker des Evangeliums in die hehre Schar der Wahrheitszeugen ein. Dennoch verschwieg er nicht seine persönlichen Ecken und Kanten, und sein eigenes Leiden darunter konnte auch an unpassendem Ort sich Ausdruck verschaffen.

Bekenntnis und Mitteldinge

Bei Ausbruch des Schmalkaldischen Krieges im Sommer 1546 vertrat Melanchthon als Gutachter und als Publizist klar das Recht und die Pflicht zur Verteidigung gegen den Kaiser, der unter politischem Vorwand das Evangelium ausrotten wollte. Als dann der evangelische Herzog Moritz von Sachsen seinem ungeliebten Vetter Johann Friedrich in den Rücken fiel und Mitte November gegen Wittenberg marschierte, wich Melanchthon mit seiner Familie ins neutrale Anhalt nach Zerbst aus. Von dort versuchte er über die Fürsten von Anhalt wie einst bei der Wurzener Fehde zu vermitteln. Nach der Schlacht von Mühlberg am 24. April 1547 schien Zerbst nicht mehr sicher. Melanchthon, einer der Vormünder von Luthers Kindern, zog mit dessen Witwe, die nach Dänemark wollte, von Magdeburg über Braunschweig nordwärts. Doch in Gifhorn mußte der Flüchtlingstreck, zu dem auch Georg Maior mit seiner großen Kinderschar gehörte, wegen der Truppenbewegungen in der Lüneburger Heide umkehren. Melanchthons

Familie fand in Nordhausen bei Michael Meienburg Zuflucht, Frau Luther in Braunschweig.

Die Rückkehr nach Wittenberg wurde von Melanchthon durch unermüdliche Reisen und Verhandlungen sorgfältig erwogen und vorbereitet. Wittenberg gehörte nun zum albertinischen Sachsen, das schon die Landesuniversität Leipzig unterhielt. Die Wiedereröffnung der Universität Wittenberg war nur erfolgversprechend, wenn weiterhin ein Melanchthon dort lehren würde. Er selbst brauchte nicht um eine Stelle besorgt zu sein. Er hatte bessere Angebote als die noch ganz ungesicherte Hochschule in Jena, die der gefangene Kurfürst durch seine Söhne als Ersatz für Wittenberg ins Leben zu rufen beschlossen hatte. Melanchthon führte intensive Gespräche mit den konkurrierenden Höfen in Weimar und Dresden. Die Entscheidung für letzteren rettete die Universität Wittenberg und damit die Arbeitsplätze seiner Schüler und Freunde. Melanchthon persönlich war durch Familie und Hausbesitz an die Stadt Wittenberg gewöhnt. Mit der ernestinischen Regierung und dem Kurfürsten Johann Friedrich war er in den vergangenen Jahren jedoch nicht sehr einverstanden gewesen. Zur Universität Leipzig und zum hochkirchlich reformierten Bistum Merseburg unter der geistlichen Leitung des Fürsten Georg von Anhalt hatte er beste persönliche Beziehungen bei sachlich theologischer Übereinstimmung. Die Zusage des neuen Landesherrn, Bekenntnis und Lehrfreiheit nicht zu verändern, ermöglichte die Rückkehr nach Wittenberg. Am 16. Oktober 1547 konnte Melanchthons Freund und Schüler Caspar Cruciger, der unter Einsatz seiner letzten Kräfte durch die Kriegszeit hindurch das Rektorat verwaltet hatte, die Wiedereröffnung bekanntgeben. Fast ein Jahr lang war der Lehrbetrieb unterbrochen gewesen. Melanchthons Dialektik in ihrer grundlegenden Neubearbeitung erschien gerade zu diesem Termin. Im Nu waren 3000 Exemplare verkauft. Die zweite Auflage wurde – wie bei Melanchthon üblich – zu weiteren Verbesserungen benutzt.

Moritz von Sachsen, seit dem Erwerb der Kurwürde ranghöchster Protestant des Reiches, war – anders als seine ernestinischen Vorgänger – mit dem Kaiser verbündet. Dies bedeutete jedoch nicht, daß er auch dessen Kirchenpolitik vorbehaltlos unterstützt hätte. In Wittenberg begann Melanchthon seine Vorlesungen mit einer Widerlegung des Trienter Konzils, insbesondere seiner Rechtfertigungs- und Bußlehre. Er konnte seine Ablehnung auch gutachterlich dem Kurfürsten mitteilen. Als seit Januar 1548 auf dem Augsburger Reichstag noch ganz vertraulich das „Interim" vorbereitet wurde, mit dessen Hilfe die Protestanten der Jurisdiktion der katholischen Bischöfe unterworfen werden sollten, machte Moritz seine Entscheidung darüber von den Fachgutachten seiner Theologen und dem Votum seiner Landstände abhängig. Melanchthon war damals einer der religionspolitisch am besten informierten evangelischen Theologen. Noch bevor das Gesetz dem Reichstag bekanntgegeben wurde, mußte es Melanchthon in der Einsamkeit des sequestrierten Klosters Altzella bei Nossen erstmals vom 30. März bis 2. April begutachten, wobei ihm auferlegt war, sich das Äußerste an Entgegenkommen abzuringen. Sogar unter diesen Voraussetzungen war sein Urteil negativ. In weiteren Beratungen, nun mit den Kollegen Cruciger, Maior und Pfeffinger, später auch Bugenhagen und anderen, wurde das Augsburger Interim einer immer genaueren Kritik unterzogen. Als am 15. Mai das Interim auf dem Reichstag bekanntgegeben war, erlosch die Pflicht zur Geheimhaltung. Die im wesentlichen von Melanchthon verfaßten Gutachten der Wittenberger vom 16. Juni und der in Meißen anwesenden Theologen vom Anfang Juli wurden alsbald gedruckt. Noch bevor das Interim durch den Augsburger Abschied am 30. Juni Gesetzeskraft erlangte, war es durch Melanchthon theologisch widerlegt. Die vielen Publizisten, die nun dagegen auftraten, konnten sich der Argumente Melanchthons bedienen.

Für Kurfürst Moritz war durch die Voten seiner Theologen und Landstände die Einführung des Interims unmöglich geworden. Statt dessen versuchte er, auf Landesebene die Kirchengesetzgebung voranzutreiben. Er konnte dabei auf Vorlagen aus der Zeit vor dem Krieg zurückgreifen. Waren damals schon Spannungen zwischen synodalen Elementen in der Pfarrerschaft und den episkopalen Bestrebungen Georgs von Anhalt aufgetreten, so hatte sich durch den Kriegsausgang die Lage kompliziert: Der neugewonnene Kurkreis mit Wittenberg als dem Kernland der Reformation hatte sich seit langem von den alten kirchlichen Traditionen weiter entfernt als das erst 1539 konservativ reformierte albertinische Sachsen. Die Abneigung gegen kirchliche Restauration verband sich hier mit politischer Anhänglichkeit an die ernestinischen Fürsten und dem Abscheu gegen den „Judas von Meißen". Andererseits war das Selbstbewußtsein der katholischen Landeskinder gewachsen; Julius von Pflug, Mitverfasser des Interims, war nun statt Amsdorf Bischof von Naumburg-Zeitz. Die Vereinheitlichung der kirchlichen Formen in den alten und neuen Gebieten schien innenpolitisch erstrebenswert. Eine Verständigung mit den katholischen Ortsbischöfen von Naumburg und Meißen konnte dem Kaiser als Ersatz für die Einführung des Interims angeboten werden.

Melanchthon mußte an diesen Beratungen als theologischer Fachmann teilnehmen. Er tat es im Bewußtsein der damit verbundenen Gefahren, und er hat die damals entstandenen problematischen Schriftstücke nicht selbst unterzeichnet. Was er bewirken konnte, war die Sicherung der evangelischen Rechtfertigungslehre. Die Entscheidung über kirchliche Gebräuche und Organisationsformen war nicht seines Amtes. Trotzdem ist ihm damals und später die theologische Hauptverantwortung für die kursächsische Kirchenpolitik aufgeladen worden. Als dann der publizistisch hochbegabte Wortführer der lutherischen Opposition Matthias Flacius Illyricus der auf dem Leipziger Landtag im Dezember 1548 beratenen Ordnung das Etikett „Interim" anhängte, geriet Melanchthon in den Verruf, gegen das unevangelische Augsburger Interim zu nachgiebig gewesen zu sein. Flacius und seine Gesinnungsgenossen verfolgten ihn auch noch, als das Interim längst nicht mehr aktuell war, und verlangten eine öffentliche Buße. Die am 4. September 1556 widerwillig gegebene briefliche Erklärung Melanchthons, seine Verfehlung habe darin bestanden, daß er sich überhaupt in diese Beratungen eingelassen habe, wurde von Flacius nicht als solche anerkannt. Flacius hielt in Zeiten der Verfolgung jedes Entgegenkommen auch bei an sich gleichgültigen Dingen wie Kirchengewändern für Abfall. Es gab für ihn keine Adiaphora, wenn es ums Bekennen ging. Die Konkordienformel hat ihm darin recht gegeben. Für Melanchthon dagegen stand die Lehre im Vordergrund. Solange deren Reinheit nicht angetastet war, konnte er über „nicht notwendige äußere Dinge" mit sich reden lassen. Hinzu kam, daß Melanchthon bezüglich Liturgie und Kirchenverfassung ohnehin konservativer eingestellt war als etwa die süddeutschen Reichsstädte und Territorien, denen das Interim mit der ganzen Härte des militärischen Siegers aufgezwungen wurde.

In einer solchen Lage hielt es Melanchthon sogar für richtig, daß ein evangelischer Prediger auf seinem Posten ausharrte und die Gemeinde mit dem reinen Wort Gottes stärkte, sofern er das durfte, obwohl in derselben Kirche ein Interimspriester auch die katholische Messe las. Solche Beharrlichkeit erforderte jedenfalls von einem einfachen Prediger mehr Standvermögen, als wenn namhafte Theologen wie Wolfgang Musculus und Andreas Osiander, die bald eine neue Stelle fanden, ihrer überzeugt evangelischen Obrigkeit beim ersten Paktieren mit dem Kaiser erzürnt den Rücken kehrten. Die mächtigen norddeutschen Städte waren ohnehin weit vom Schuß. Nur Magdeburg mußte einige Zeit nach dem Reichstag von 1548 seinen Widerstand auch militärisch durchstehen. Doch waren dabei politische Faktoren im Spiel, die sich schließlich gegen Karl V. kehrten und zum Passauer Vertrag 1552 und damit zum Ende des Interims führten.

Spaltungen und Vollendung

Melanchthon hat durch seine subjektiv konsequente, aber nach außen hin ins Zwielicht geratene Haltung in der Interimszeit bei manchen – vor allem jüngeren – Lutheranern an Autorität verloren. Diese „Gnesiolutheraner" betrachteten sich als die wahren Hüter des Erbes Luthers. Rückhalt fanden sie beim alten Fürstenhaus der Reformation, den Ernestinern in Sachsen-Weimar mit ihrer Hochschule Jena, und in der um ihre Freiheit kämpfenden Bischofsstadt Magdeburg. Doch waren sie als Pfarrer auch über ganz Deutschland und bald auch Österreich verstreut. Kein Wunder, daß die schon von Luther nur mühsam gedämpften Streitigkeiten um die rechte Bestimmung der Funktion des freien Willens und der guten Werke im Heilsvorgang, überhaupt um das Wesen der Rechtfertigung, und dann auch wieder um das Abendmahl erneut aufbrachen. Melanchthon korrigierte die ungeschützten Äußerungen seiner Anhänger über Willen und Werke, er wies Osianders Rechtfertigungslehre in einer Weise zurück, mit der auch die Gnesiolutheraner einverstanden waren. In der Abendmahlsfrage schwieg er sich aus, bis er im Herbst 1559 ein Gutachten zum Heidelberger Abendmahlsstreit abgeben mußte. Seither ist er den Lutheranern ganz suspekt.

Ernsthafte Versuche, zwischen Flacius und Melanchthon zu vermitteln, wurden im Sommer 1556 und im Januar 1557 unternommen. Damals kamen die Superintendenten von Lübeck, Braunschweig, Hamburg und Lüneburg mit je einem Amtsbruder nach Magdeburg und Wittenberg. Ihr Standquartier hatten sie dazwischen im anhaltischen Coswig; deshalb wird dieser Vermittlungsversuch nach dem Städtchen an der Elbe benannt. Trotz intensiven Formulierungsversuchen blieb er ebenso erfolglos wie ein letzter Vorstoß des Herzogs von Mecklenburg kurz danach. Also zogen die verschiedenen protestantischen Delegationen ohne vorherige Absprache nach Worms, wo im Herbst 1557 das letzte Religionsgespräch, an dem Melanchthon teilnahm, abgehalten wurde. Flacius war inzwischen Professor in Jena geworden und instruierte die Delegation des herzoglichen Sachsen, zu der seine beiden Fakultätskollegen Erhard Schnepf und Victorin Strigel gehörten, durch ein langes Schreiben, worin er forderte, daß die von ihm festgestellten Abweichungen von der reinen Lehre im eigenen Lager verurteilt werden müßten, bevor man in ein Gespräch mit den Katholiken eintreten könne. Diese Forderung wurde von der Mehrheit der protestantischen Delegierten, die Melanchthons Linie folgten, abgelehnt. Deshalb verließen die thüringischen Delegierten, denen sich auch der Braunschweiger Joachim Mörlin anschloß, den Verhandlungsort, worauf die Katholiken, die ebenfalls interne Probleme hatten, das Gespräch für gescheitert erklärten. Der verständigungsbereite Präsident Julius Pflug, Bischof von Naumburg-Zeitz, konnte dies nicht verhindern.

Die Vorstellung eines von wütenden Gegnern gehetzten alten Mannes, der sich auf die Erlösung von der „rabies theologorum“ freut, wäre jedoch einseitig. Melanchthon, durch seine Frau mit dem Wittenberger Bürgertum verschwägert, hat nach mancherlei familiären Kümmernissen und der kriegsbedingten Flucht noch zwölf glückliche Jahre verlebt, in seinem modernen Haus umsorgt vom Famulus Koch (gestorben 1553), seiner Frau, die 1557 starb, sodann von seiner jüngsten Tochter Magdalena und dem hochbegabten und loyalen Schwiegersohn Caspar Peucer, umgeben von den zahlreichen, so geliebten Enkelkindern. Sein Ansehen in ganz Europa stand auf dem Höhepunkt. Beinahe wäre er auch protestantischer Teilnehmer des Trienter Konzils geworden. Zur

Vorbereitung verfaßte er die Confessio Saxonica. Auch wer theologisch nicht ganz mit ihm einverstanden war und sogar die meisten seiner Gegner behandelten ihn mit Hochachtung und Respekt. In Kirchen und Schulen wirkten allenthalben seine ehemaligen Studenten, durch die der Aufbau der evangelischen Landeskirchen und Universitäten vollendet wurde. Die Mecklenburger Kirchenordnung von 1552 enthält die von ihm geschriebene Kurzfassung einer evangelischen Dogmatik, das Examen Ordinandorum, das seit 1554 auch separat gedruckt und in mehrere andere Kirchenordnungen übernommen wurde. Kurz vor seinem Tod erlebte er noch die von einem Verleger veranstaltete Sammlung seiner wichtigsten theologischen Lehrschriften als „Corpus Doctrinae", ein Vorbild für manche andere Corpora bis hin zum Konkordienbuch. Die von ihm früh und immer wieder geforderte, durch ein Gremium zu verfassende Normaldogmatik sah er nicht mehr. Ein Jakob Andreae war hier erfolgreicher.

Wissenschaftlich befaßte er sich in diesen letzten Jahren hauptsächlich mit Geschichte. Das Chronicon Carionis wurde völlig neu bearbeitet und dabei um ein Vielfaches erweitert. Die Zeit nach Karl dem Großen mußte allerdings Peucer vollenden. Aber auch die naturphilosophischen Bücher wurden vervollkommnet; 1549 war die Physik nach 20jährigen Vorarbeiten erschienen und wurde weiter verbessert; 1553 kam De anima in neuer Gestalt heraus. Von den Loci schuf er selbst die endgültige deutsche Fassung, die er 1555 der Frau seines Freundes Camerarius widmete. Dessen Nähe in Leipzig seit 1541 bedeutete ihm Glück und wissenschaftliche Anregung. Seit 1547 unterstanden beide derselben Regierung, hatten also mancherlei Aufgaben gemeinsam zu erfüllen. So fuhr Melanchthon auch im März 1560 wieder zur Stipendiatenprüfung nach Leipzig. Am 5. April kehrte er krank zurück. Am 19. starb er im Kreise seiner Familie und Schüler in Wittenberg. Er wurde neben Luther in der Wittenberger Schloßkirche beigesetzt.

Was er vom Tod erwartete, hatte er auf einem Zettel niedergeschrieben: „Du entkommst den Sünden. Du wirst befreit von aller Mühsal und der Wut der Theologen. Du wirst ins Licht kommen, Gott schauen, Gottes Sohn betrachten. Du wirst jene wunderbaren Geheimnisse lernen, die du in diesem Leben nicht verstehen konntest: warum wir so erschaffen sind, wie wir sind, und worin die Vereinigung der beiden Naturen in Christus besteht."

Literaturhinweise

Scheible, Heinz: Melanchthon, Philipp (1497-1560), in: TRE 22 (1992), 371-410 (umfassende Literaturangaben).

Scheible, Heinz: Philipp Melanchthon. Eine Gestalt der Reformationszeit, Karlsruhe 1995 (mit Literaturauswahl zur Einführung).

Sammelbände

Hierzuland. Sonder-Edition 500 Jahre Philipp Melanchthon. Hrsg. v. Bürgermeisteramt Bretten, Karlsruhe 1996.

Humanismus und Wittenberger Reformation. Festgabe anläßlich des 500. Geburtstages des Praeceptor Germaniae Philipp Melanchthon am 16. Februar 1997. Helmar Junghans gewidmet. Hrsg. v. Michael Beyer und Günther Wartenberg unter Mitwirkung von Hans-Peter Hasse, Leipzig 1996.

Melanchthon in seinen Schülern. Vorträge, gehalten anläßlich eines Arbeitsgesprächs vom 21. bis 23. Juni 1995 in der Herzog August Bibliothek Wolfenbüttel. Hrsg. v. Heinz Scheible, Wiesbaden 1996.

Scheible, Heinz: Melanchthon und die Reformation. Forschungsbeiträge. hrsg. v. Gerhard May und Rolf Decot, Mainz 1996 (Veröffentlichungen des Instituts für Europäische Geschichte Mainz, Beiheft 41).

700 Jahre Wittenberg, hrsg. v. Stefan Oehmig, Weimar 1995.

Neuere Untersuchungen

Bayer, Oswald: Theologie, Gütersloh 1994 (Handbuch Systematischer Theologie 1).

Classen, C. Joachim: Melanchthon's Use of Rhetorical Categories in Criticism of the Bible, in: The Passionate Intellect. Essays on the transformation of classical traditions. Presented to Prof. I. G. Kidd. Edited by Lewis Ayres (1995), 297-322.

Frank, Günter: Die theologische Philosophie Philipp Melanchthons (1497-1560), Leipzig 1995 (Erfurter theologische Studien 67).

Scheible, Heinz: Melanchthon. Eine Biographie München 1997

Frank, Günter: Die theologische Philosophie Melanchthons (1497-1560). Ein Plädoyer zur Rehabilitierung des Humanisten und Reformators, in: Kerygma und Dogma 42 (1996), 22-36.

Hammer, Wilhelm: Die Melanchthonforschung im Wandel der Jahrhunderte. Ein beschreibendes Verzeichnis. Band IV: Register. Unter Verwendung des von Alma und Wilhelm Hammer erstellten Typoskripts bearbeitet von Manfred Blankenfeld und Michael Reichert, Gütersloh 1996 (Quellen und Forschungen zur Reformationsgeschichte 65).

Himmighöfer, Traudel: „De Monarchiis" – ein Melanchthon-Autograph in der Bibliothek der Evangelischen Kirche der Pfalz in Speyer, in: Ebernburg-Hefte 29 (1995), 105-122.

Himmighöfer, Traudel: Luthers Lebensarbeit an der deutschen Bibel, in: Ebernburg-Hefte 30 (1996), 31-52.

Jung, Martin: Frömmigkeit und Theologie bei Philipp Melanchthon. Eine Untersuchung über das Gebet im Leben und in der Lehre des Reformators. Habilitationsschrift Tübingen 1994/95.

Methuen, Charlotte: The Role of the Heavens in the Thougt of Philipp Melanchthon, in: Journal of the History of Ideas 57 (1996), 385-403.

Rhein, Stefan: Weithin geachteter Humanist und Reformator. Philipp Melanchthon und Europa – eine Spurensuche, in: Beiträge zur Landeskunde. Regelmäßige Beilage zum Staatsanzeiger für Baden-Württemberg. Jg. 1996, Heft 4 (August 1996), 9-15.

Vinke, Rainer: Luther auf der Coburg, Melanchthon in Augsburg und das Augsburger Bekenntnis, in: Ebernburg-Hefte 30 (1996), 53-73.

Visser, Derk: Niets menselijks is mij vreemd. Leven en Werk van Philippus Melanchthon (1497-1560), Kampen 1995.

Melanchthon und Europa. Eine Spurensuche

Stefan Rhein

Schon die Zeitgenossen wußten, daß Melanchthons Wirkung weit über die Grenzen Deutschlands hinaus ging – durch seine in vielen Auflagen und an vielen Orten gedruckten Schriften, durch seine Schüler, die aus ganz Europa nach Wittenberg kamen und die seine Vorstellungen von Schule und Kirche in ihre Heimatländer mitnahmen, durch Übersetzungen seiner Werke in verschiedene Volkssprachen und durch seinen Briefwechsel, der ihn in Kontakt mit zahlreichen Gelehrten Europas brachte. In einer Trauerrede rühmt ihn sein Schüler Jakob Heerbrand: „Um unseren Philipp zu hören, sind von allen Gegenden Deutschlands, was sage ich Deutschlands, vielmehr von fast allen Provinzen und Königreichen ganz Europas, aus Frankreich, England, Ungarn, Siebenbürgen, Polen, Dänemark, Böhmen, auch aus Italien, ja aus Griechenland zu allen Zeiten Studenten in sehr großer Zahl nach Wittenberg zusammengeströmt, weil sie vom Ruf seines Namens angelockt wurden.“[1]

Melanchthon und Island

„Kein Reformator und kein Humanist hat seine Spuren auf so viele und verschienene Gebiete im isländischen Geistesleben des 16. und 17. Jahrhunderts ausgestrahlt wie Melanchthon.“ So hat der Literaturwissenschaftler Sigurdur Petursson aus Reykjavik Melanchthon als den in Island einflußreichsten Reformator und Humanisten gewürdigt.[2] Island war damals Teil des dänischen Königreichs; als der erste evangelische Bischof Islands 1542 in Kopenhagen ordiniert werden sollte – er hieß Gissur Einarsson –, nahm er in seinem Reisegepäck 17

[1] CR 10, 301.

[2] Sigurdur Petursson: Melanchthon und Island, in: Melanchthon in Nordeuropa, hrsg. Stefan Rhein/ Martin Treu, Sigmaringen 1997 (= Melanchthon-Schriften der Stadt Bretten) [im Druck].

Bücher mit, darunter zwei Werke Melanchthons, zwei Werke, denen wir auf unserer europäischen Spurensuche noch häufiger begegnen werden: Die 'Confessio Augustana', das zentrale evangelische Bekenntnis, und die 'Loci Communes', die erste systematische Zusammenfassung der neuen Wittenberger Theologie, die erste evangelische Dogmatik. Für den neuen Bischof, Gissur Einarsson, waren diese beiden Schriften Melanchthons also offensichtlich für die tägliche Arbeit und Lektüre so bedeutsam, daß er sie mit auf die Reise nahm. Als er nach Island, nach Skalholt, zurückfuhr, hatte er übrigens noch zwei weitere, frisch gekaufte Melanchthon-Werke bei sich, wie eine Bücherliste verrät.

In Island, wo 1550 endgültig die Reformation eingeführt wurde, herrschte Mangel an nicht-lateinischen, volkssprachlichen Büchern. 1558 wurde deshalb in Kopenhagen eine isländische Glaubensübersicht für Pfarrer in 216 Exemplaren gedruckt, die in weiten Teilen auf den schon genannten 'Loci Communes' beruht; der Übersetzer, Gisli Jónsson, preist in seiner Vorrede das Werk des „hochgelehrten Doktor und Lehrmeisters in Gott Philippus Melanton". Im ersten evangelischen Gesangbuch Islands von 1589 sind auch vertonte Gedichte Melanchthons. Daß aber das erste Buch, das für den Schulgebrauch in Island gedruckt wurde, eine lateinische Grammatik ist, die hauptsächlich auf der 'Grammatica Latina' Melanchthons beruht, das ist erstaunlich, zumal auch spätere Ausgaben die Grammatik Melanchthons weiterhin mit sich führen: Die Grammatik Melanchthons war ein wichtiger Bestandteil der grundlegenden Bücher des Lateinunterrichts in Island bis ins 18. Jahrhundert. Und nicht nur die Grammatik – laut den Schulordnungen war das Logik-Lehrbuch Melanchthons Pflichtlektüre in den zweiten Klassen.

Melanchthon und Dänemark-Norwegen

Was wir heute Skandinavien nennen und in zahlreiche Einzelstaaten differenzieren, bestand im 16. Jahrhundert aus zwei Monarchien: Schweden-Finnland auf der einen, Dänemark-Norwegen-Island auf der anderen Seite. Nach 1536 ordnete König Christian III von Dänemark die Kirche seines Herrschaftsgebiets in enger Zusammenarbeit mit den Wittenberger

Reformatoren. Hierfür stand er in Briefwechsel auch mit Melanchthon, nach dessen Ideen die Lateinschulen, die Universität Kopenhagen und die Kirchenlehre neu organisiert wurden. Melanchthons Lehrbücher avancierten zu den grundlegenden Unterrichtsmaterialien; die Lehrgrundlage der Kirche wurde fast ausschließlich auf Schriften Melanchthons ausgerichtet: neben der Bibel und der Postille Luthers auf drei theologische Melanchthon-Werke. Vor allem die Unterrichtung der Pfarrer, sei es in Dänemark oder in Norwegen, stützte sich fast ausschließlich auf die 'Loci communes', die in präzisen, verständlichen Worten und in geschicktem, übersichtlichem Aufbau die reformatorische Lehre formulierten. An der theologischen Fakultät der Universität Kopenhagen waren Vorlesungen über die 'Loci' fest vorgeschrieben. Melanchthon wurde zum maßgebenden Schultheologen des skandinavischen Luthertums, ja er war, wie der bekannte Reformationshistoriker Leif Grane auch mit Blick auf Schweden und Finnland unterstreicht, der „Praeceptor Scandinaviae".[3]

Melanchthon gebührt dieser Ehrentitel nicht nur deshalb, weil seine methodischen Vorschläge und seine Lehrbücher den Unterricht in Schule und Universität bestimmten, sondern auch durch die hohe Zahl skandinavischer Studenten, die nach Wittenberg kamen, um bei und von ihm zu lernen. So studierten beispielsweise 680 Dänen im 16. Jahrhundert an der Universität Wittenberg. Diese Bildungselite bekleidete später führende Positionen in Kirche und Verwaltung, da ein Wittenberger Studium als besonders auszeichnend galt – vor allem wenn es durch ein Empfehlungsschreiben Melanchthons gekrönt wurde. Noten, Zeugnisse gab es damals noch nicht, so daß die Empfehlung durch eine angesehene Persönlichkeit oft den Berufsweg entschied. Hunderte von Empfehlungsschreiben sind aus der Feder Melanchthons erhalten. Auch wenn die Studenten aus Dänemark und Schweden – da erfolgreich im Beruf – nicht mehr vielleicht aus taktischen Gründen ihren Lehrer ehren mußten, ist auffällig, wie sehr sie sich auch später als Melanchthon-Schüler fühlten und ihm als ihrem eigentlichen Praeceptor verbunden blieben. Luther wird

---

[3] Leif Grane: Melanchthons prägender Einfluss auf die Reformation in den skandinavischen Ländern, in: Melanchthon in Nordeuropa (wie Anm. 2) [im Druck].

mit distanzierter Verehrung erwähnt, Melanchthon als die entscheidende Lehrerpersönlichkeit in Ehren gehalten. Das verwundert nicht, wenn man bedenkt, daß Luther ausschließlich an der theologischen Fakultät unterrichtete, während Melanchthon eine weitaus größere Themenpalette anbot; sie reichte von der lateinischen und griechischen Grammatik, der Rhetorik und Dialektik über die Autoren der Antike bis hin zu Fächern wie Geographie, Geschichte, Physik und Astronomie und umfaßte darüber hinaus das gesamte theologische Gebiet. Melanchthon, ein enzyklopädischer Universalgelehrter, ein Wanderer zwischen den Fakultäten und Fächern: sein Bildungsverständnis zielte darauf, daß ohne ein sicheres Fundament in Sprache, Grammatik, Rhetorik, Logik und Sachwissenschaften das Erlernen einer Fachdisziplin nur Stückwerk bleibt. Und gegen Leute, die ohne exakte Kenntnisse der Wortbedeutung, ohne inhaltliche Kompetenz schwärmerisch, angeberisch, oberflächlich daherschwatzen, war er besonders allergisch. So war es ihm wichtig, seine Studenten in den sprachlichen und sachlichen Grundlagenfächern auszubilden. Melanchthon konnte also seine Schüler in zahlreichen Unterrichtsfächern weitaus umfassender als alle seine Kollegen – einschließlich Luther – prägen, so daß die Studenten ihn mit gutem Grund oft Zeit ihres Lebens als Praeceptor ehrten.[4]

In Wittenberg wurden die Studenten nicht nur mit der neuen Theologie und den neuen pädagogischen Methoden vertraut. Hier lernten sie – und auch dies in besonderem bei Melanchthon – die Versmaße und die lyrischen und epischen Dichter der griechischen und lateinischen Antike kennen. Für Melanchthon besaß die Dichtkunst eine zentrale didaktische Aufgabe: Studenten, die in Latein dichteten, konnten dadurch auf produktive und spielerische Weise die Grammatik, die Metrik, seltene poetische Wörter, stilistische Feinheiten einüben. Als motivierendes Vorbild dichtete Melanchthon selbst, verfaßte poetische Prologe zu Theateraufführungen seiner Schüler, dachte sich Kindergebete aus und verfaßte so über 500 lateinische und über 50 griechische Gedichte – übrigens meistens auf seinen zahlreichen Reisen zu Pferd oder im

---

[4] Vgl. etwa Heinz Scheible, Melanchthons Bildungsprogramm, in: Lebenslehren und Weltentwürfe im Übergang vom Mittelalter zur Neuzeit, hrsg. Hartmut Boockmann u.a., Göttingen 1989, 233-248.

Wagen, manchmal auch frühmorgens im Bett, eben dann, wenn der Vielbeschäftigte etwas Zeit und Muse hatte.[5] Auch zu den Hochzeiten ehemaliger Schüler griff Melanchthon bisweilen zur poetischen Feder:

„Πνεῦμα ἐὼν θεὸς ἀίδιος καθαρόν τε καὶ ἁγνόν
τῶν ἁγνῶν δέχεται ἱερὰ μοῦνα φρενῶν.
Ἁγνείαν καὶ ἔταξε νόμοις σεμνοῖσι γάμοιο,
τιμήσεις θεὸν οὖν ἐν γάμῳ εὐσεβέως.

„Da der ewige Gott reiner und keuscher Geist ist,
nimmt er nur Gaben der reinen Seelen an.
Auch hat er durch ehrwürdige Gesetze die Keuschheit der Ehe festgesetzt
Du sollst also Gott in der Ehe auf fromme Weise ehren."

Dieser etwas trockene Vierzeiler Melanchthons, ganz in der Art der humanistischen Gelehrtenpoesie geschrieben, stellt die biblische Auffassung von der untrennbaren, ausschließlichen und dadurch keuschen Ehe vor. In ihrer lateinischen Fassung haben die Verse eine ungeahnte Wirkung entfaltet: Wer die lateinischsprachige Hochzeitslyrik Dänemarks im 16. Jahrhundert durchmustert, stolpert fast bei jedem Hochzeitsdichter über Melanchthons Lob der keuschen Ehe, das oft wörtlich übernommen wird. Dieses kleine Gedicht bot den dänischen Autoren, die ja zumeist in Wittenberg studiert hatten, eine poetische Synthese, neulateinischen Humanismus und reformatorisch-biblisches Eheverständnis zu verbinden. Melanchthon war dabei nicht nur für die dänische Literatur der frühen Neuzeit das Vorbild, ja die Autorität einer reformatorisch inspirierten Dichtkunst.[6]

Wenn sogar ein auf den ersten Blick unscheinbarer Vierzeiler Melanchthons viele Nachahmer fand, dann erstaunt nicht, daß Melanchthons Universalchronik in der europäischen Geschichtsschreibung einen wichtigen Platz einnimmt. In seinem 'Chronicon', das erstmals 1532 erschien, ordnet Melanchthon die Weltgeschichte in vier Zeitalter ein und spannt den Bogen

---

[5] Ausführlich Stefan Rhein, Philologie und Dichtung. Melanchthons griechische Gedichte, Phil. Diss. Heidelberg 1987, cap. 1 („Melanchthon: Dichter, Dichtkunst und Schule").

[6] Vgl. ausführlich Pernille Harsting: Epitalami latini della riforma in Danimarca (1536-1590): imitazione classica e rappresentazione luterana, in: Studi Umanistici Piceni 12 (1992), 97-106.

von Adam bis zu Kaiser Karl dem Großen, in einer Fortsetzung bis zur unmittelbaren Gegenwart. In Dänemark, Finnland und Norwegen hat es zahlreiche Ausgaben, Übersetzungen und Bearbeitungen gegeben; später hat die nationale Geschichtsschreibung viel aus Melanchthons 'Chronicon' gelernt, hat das Geschichtsbild übernommen, dieselben Erzählstrukturen angewandt und häufig vor allem die Frühgeschichte, also die Geschichte des assyrischen, persischen, makedonischen und römischen Reichs, einfach plagiiert.[7]

Melanchthon und England

Studenten aus ganz Europa kamen an die Wittenberger Universität, die zur Zeit Luthers und Melanchthons die meistbesuchte in Deutschland war. Kein Zufall also, daß auch William Shakespeare seinen Hamlet in Wittenberg studieren läßt. Was Hamlet dort im einzelnen gelernt hat, ist natürlich für den Verlauf der Tragödie nicht relevant. Vielleicht aber ist der berühmteste Theatermonolog – „To be or not to be" – von einem Wittenberger Schulbuch beeinflußt, so daß Hamlets Studienort nicht willkürlich gewählt ist. Melanchthons auch im England der Shakespeare-Zeit benutztes Logik-Lehrbuch ('Erotemata Dialectices') bespricht nämlich ausführlich das Grundprinzip jeder Logik, daß etwas was ist, nicht gleichzeitig auch nicht ist. Sein oder Nichtsein: das ist also eine Frage, die Hamlet und Melanchthon umtreibt, oder besser gesagt: die Hamlet ohne Melanchthon vielleicht gar nicht gestellt hätte.[8]

Shakespeare konnte auf das Lehrgut Melanchthons auch in englischen Übersetzungen zurückgreifen. Im 16. Jahrhundert wurden über 20 Werke Melanchthons von verschiedenen englischen Gelehrten in die allgemeinverständliche Volkssprache gebracht, darunter die 'Confessio Augustana', die 'Loci com-

---

[7] Vgl. in dem genannten Sammelband „Melanchthon in Nordeuropa" (wie Anm. 2) die Beiträge von Inger Ekrem („Drei Versionen des Chronicon Carionis in Dänemark-Norwegen zwischen 1554 und 1606") und Karen Skovgaard-Petersen („Carion's Chronocle in 16th century Denmark").

[8] Henry Chadwick, To be or not to be, in: Times Literary Supplement Nr. 4734, 24.12.1993, 13.

munes', Schriften über die Abendmahlslehre und über das Bischofsamt, die Erklärung des alttestamentlichen Daniel-Buches, die Ethik, die Rhetorik und Dialektik. Vorlesungen über Schriften Melanchthons sind von den Universitäten in Cambridge, Eton und Oxford bekannt geworden. „Praeceptor Angliae" – auch diesen Titel legt man Melanchthon bei.[9] Gern hätte König Heinrich VIII Melanchthon nach England berufen. Jahre später, 1553, beschloß die Universität Cambridge, Melanchthon eine Professur anzubieten; es ist sogar in den königlichen Unterlagen der British Library die Anweisung überliefert, Melanchthon 100 Pfund für die Reise zukommen zu lassen.[10] All diese ehrenhaften Berufungen aus dem In- und Ausland hat Melanchthon immer abgelehnt und der Universität Wittenberg die Treue gehalten.

Durch persönliche Begegnung oder Lektüre der Bücher haben zahlreiche englische Gelehrte den Wittenberger Professor schätzen gelernt: „Ein hochgebildeter, guter, angenehmer und liebenswerter Mann", so empfand ihn der frühere Wittenberger Student John Rogers; der Bischof von London, John Aylmer, bewunderte ihn als „einen der Könige der Bildung" und John Donne, einer der berühmtesten englischen Dichter der frühen Neuzeit, preist ihn mit hymnischen Worten: „ein Mann, sehr besonnen, bar jeder Streitsucht, ein Mann von höchster Gelehrsamkeit und Toleranz, wie es in unseren verdorbenen Zeiten keinen zweiten gibt." Melanchthons Haltung des Ausgleichs, des Dialogs zwischen den sich immer weiter voneinander wegbewegenden religiösen Richtungen wurde in der frühen englischen Reformation bis in das 17. Jahrhundert intensiv rezipiert. Um die innere Reform der Kirche bemüht waren höchstwahrscheinlich auch die unbekannten Persönlichkeiten, die Hans Holbein d. J., der in England weilte, den Auftrag gaben, Philipp Melanchthon zu malen. Nach den Vorlagen von Dürer und Cranach schuf Holbein um 1535 ein beeindruckendes Portrait, zugleich ein eindrucksvolles Doku-

---

[9] Carl S. Meyer: Melanchthon's influence of English thought in the sixteenth century, in: Miscellanea Historiae Ecclesiasticae 2 (1967), in: Bibliothèque de la Revue d'Histoire Ecclésiastique 44 (1967), 163-185.

[10] Barrett L. Beer: Philip Melanchthon and the Cambridge professorship, in: Notes and queries for readers and writers, collectors and librarians 34 (1987), 185, und J. D. Alsop: Philip Melanchthon and England in 1553, in: Notes and queries [..], 37 (1990), 164f.

ment für die Existenz von Bewunderern Melanchthons in England. In der Anglikanischen Kirche des späten 16. und 17. Jahrhunderts war die Verehrung für Melanchthon weit verbreitet. Ein Mann von großer Frömmigkeit und Bildung, ein Mann der Vermittlung und des Ausgleichs – im Gegensatz zum streitsüchtigen Luther –, ein Mann, der dem menschlichen Willen einen größeren Anteil an der Erlösung beimaß als etwa Luther oder Calvin und der mit großer Behutsamkeit den überkommenen Kirchenbräuchen ihr Überlebensrecht einräumte: so sah das Melanchthonbild der Anglikanischen Kirche in jener Zeit und auch später aus.[11]

Melanchthon und Italien[12]

Am 29. August 1518 begann Melanchthon seine Lehrtätigkeit an der Universität Wittenberg, im Oktober erfolgte die Drucklegung der furiosen Rede, die überaus großen Eindruck auf alle Zuhörer gemacht hatte, und schon wenige Wochen später, im Dezember 1518, kam ein Exemplar des Drucks in Italien, und zwar in Como, an. So schnell fanden Werke Melanchthons ihren Weg nach Italien, in diesem ersten Fall im Reisegepäck des Buchhändlers Francesco Calvo, der sich eifrig um die Einfuhr reformatorischer Druckerzeugnisse bemühte. Waren solche vereinzelte Büchermitnahmen zunächst noch gefahrenlos, so wuchs mit der Zahl der Importe natürlich auch die Gegenwehr der katholischen Kircheninstitutionen. Melanchthons Werke kamen auf den Index, und ihr Besitz wurde in zahlreichen Inquisitionsprozessen als Tatbestand religiöser Häresie angezeigt. Verbote und Zensurbestimmungen sind der Nachfrage bekanntermaßen nicht unbedingt hinderlich: Melanchthon war auf dem italienischen Bücherschwarzmarkt des

[11] Dewey D. Wallace, Jr.: The Anglican Appeal to Lutheran Sources: Philipp Melanchthon's Reputation in Seventeenth-Century England, in: Historical Magazine of the protestant episcopal church 52 (1983), 355-367.
[12] Zur Rezeption Melanchthons in Italien vgl. ausführlich Stefan Rhein: „Italia magistra orbis terrarum“ – Melanchthon und der italienische Humanismus, in: Humanismus und Wittenberger Reformation, hrsg. Michael Beyer/ Günther Wartenberg, Leipzig 1996, 367-388.

16. Jahrhunderts nach Erasmus und dem Religions- und Moralzyniker Pietro Aretino der meistgefragte Autor.[13]

Reformatorische Kreise gab es vor allem in Venedig; mit ihnen wechselte Melanchthon häufig Briefe. Einmal setzte Melanchthon sogar einen Brief an den Dogen Pietro Lando und den Senat der Republik Venedig auf, um mit Unterschrift seines Landesherrn Kurfürst Johann Friedrich von Sachsen gegen die Verfolgung der Evangelischen zu protestieren und sich für die Freilassung von Inhaftierten einzusetzen. Viele der italienischen Anhänger der Reformation begegneten der Wittenberger Theologie durch Melanchthons 'Loci communes', die in Italien eine große Verbreitung fanden und sogar ins Italienische übersetzt wurden, wahrscheinlich zwischen 1530 und 1534 von Ludovico Castelvetro, und mit dem Titel „I principii de la theologia die Ippophilo da Terra Negra" herausgebracht wurden. Gelehrte und spätere Anhänger der Reformation wie Teofilo Folengo, Marcantonio Flaminio, Aonio Paleario, Lorenzo Romano, Girolamo Zanchi, Pietro Paolo Vergerio, Filippo Valentini waren von den 'Loci', der „fonte dolce e pura", also der „süßen und reinen Quelle", tief beeindruckt. Auch andere Werke Melanchthons wie z.B. der Traktat 'Über die Autorität der Kirche' und das 'Chronicon Carionis' sind ins Italienische übersetzt worden.[14]

Die Evangelischen befanden sich gerade in Italien in besonderer Gefährdung, so daß viele fliehen mußten und sich vor allem in Basel, damals ein Hort ausländischer Glaubensflüchtlinge, niederließen. Einige dieser Glaubensflüchtlinge schlugen sich sogar bis Wittenberg durch und waren Gast im Hause Melanchthons; eine italienische Zunge war gewiß auch darunter, als Melanchthon in einem Brief erzählte, heute seien bei ihm zu Hause beim Mittagstisch elf verschiedene Sprachen erklungen. Manche dieser Gäste wurden übrigens fast lästig, wie etwa ein Gast aus Konstantinopel, der auch nach neun Monaten keine Anstalten machte, das Haus wieder zu verlassen. Nur mit großer Mühe gelang es dem überaus, vielleicht sogar allzu freigebigen Melanchthon, auch diesen Gast hinauszukompli-

---

[13] Vgl. Silvana Seidel-Menchi: Erasmus als Ketzer. Reformation und Inquisition im Italien des 16. Jahrhunderts, Leiden 1993, 438.

[14] Vgl. die zahlreichen Hinweise und Belege in Salvatore Caponetto: La Riforma protestante nell'Italia del Cinquecento, Turin 1992.

mentieren.[15] Melanchthon und Italien: das ist gewiß kein ständiger Austausch, der angesichts der konfessionellen Spaltung zunehmend unterdrückt wurde, aber doch ein Kapitel, das nicht ohne Reiz ist. Wie käme sonst der Arzt Paolo Rococciolo aus Modena 1547 zu seinem Urteil: Melanchthon ist „il piu dotto homo che havesse l'Alamagna"?[16]

Melanchthon und Frankreich

Um von Modena einen Übergang nach Frankreich zu finden, müssen wir nicht lange suchen, um dort einen ebenso begeisterten Melanchthon-Bewunderer aufzuspüren: z.B. Etienne Dolet, der bekannte Drucker aus Orléans, der Melanchthon zu den unsterblichen Heroen des Geistes zählte. Melanchthons Ruhm ist auch in Frankreich offenkundig: Melanchthon stand im Briefwechsel mit Guillaume du Bellay, dem berühmten Humanisten, und dessen Bruder Jean du Bellay, Bischof von Paris, ja sogar mit Königin Marguerite de Navarre, der Schwester König Franz des Ersten. Französische Studenten besuchten die Universität Wittenberg, und einen Gast aus Orléans, den Professor Andreas Magerius, hat Melanchthon nach dessen Tod durch eine einfühlsame Trauerrede geehrt. Melanchthons Werke wurden auch in Paris, Lyon, Straßburg, Hagenau und Schlettstadt gedruckt. Noch zu Lebzeiten Melanchthons sind einige seiner Werke ins Französische übersetzt und publiziert worden, so die 'Confessio Augustana', die Schrift 'De ecclesiae autoritate', also ein Traktat über die kirchliche Autorität, die Beschreibung von Luthers Leben, die berühmten 'Loci communes', der Kommentar zum alttestamentlichen Buch Daniel und das epochale 'Chronicon', die Weltgeschichte von Adam bis zur Gegenwart.

---

[15] Zu Demetrius, den in Serbien geborenen Gastfreund aus Konstantinopel, vgl. Ernst Benz: Wittenberg und Byzanz. Zur Aneignung und Auseinandersetzung der Reformation und der östlich-orthodoxen Kirche, Marburg 1949 [Nachdruck 1971], 59-93.

[16] Zitiert nach Susanna Peyronel-Ramabaldi: Speranze e crisi nel Cinquecento Modenese. Tensioni religiose e vita cittadina ai tempi di Giovanni Morone, Mailand 1979, 257.

Was aber waren die Gründe für die hohe Wertschätzung Melanchthons in Frankreich? Die französische Reformationsforschung hat dargelegt, daß Melanchthon in Frankreich sogar weit bekannter als Luther gewesen war. „Ce fut le plus grand des Allemands connus dans la France d'alors" – ein solches Resümee ist nicht nur einmal zu lesen.[17] Renommée hatte Melanchthon zunächst als Humanist, als großer Philologe, als weithin geachteter Kommentator griechischer und lateinischer Klassiker, als Verfasser einer in vielen Auflagen verbreiteten griechischen und lateinischen Grammatik und weiterer Lehrbücher über Rhetorik, Dialektik, Philosophie etc. So hat z.B. Melanchthons lateinische Grammatik in der Druckerei Robert Estienne in Paris von 1526 bis 1532 fünf Auflagen erlebt. Ein Urteil, das Marguerite de Navarre einmal über Melanchthon gefällt hat, kann uns einen zweiten Grund für Melanchthons hohes Ansehen nennen. Die Königin schreibt: „Dieser gute und heilige Mann, ganz Gott ergeben und sehr friedliebend, der den heftigen Leidenschaften Luthers und Zwinglis abgeneigt ist und der sich nichts mehr wünscht, als den großen Streit der Konfessionen zu schlichten".[18] Dieses Urteil zeigt ganz deutlich, welche Erwartungen Melanchthon entgegengebracht wurden: Er sollte der Vermittler zwischen den verfeindeten Parteien sein, sollte das Gespräch zwischen Katholiken und Protestanten wieder in Gang setzen und das drohende Schisma, die Kirchenspaltung, abwenden. Während Luther und Zwingli auf der einen Seite und der Papst auf der anderen Seite zu Konzessionen nicht bereit waren, hat Melanchthon sich immer für Vergleichsmöglichkeiten eingesetzt. Auf vielen Religionsgesprächen hat Melanchthon mit der katholischen Gegenseite verhandelt; er wechselte Briefe mit Bischöfen und Kardinälen, um die Differenzen zu bereinigen; er war erstrangige Autorität und höchster Ansprechpartner bei allen Vermittlungsversuchen: Er war, kurz gesagt, die ökumenische Hoffnung seiner europäischen Zeitgenossen.

---

[17] Vgl. W.G. Moore, La Réforme allemande e la littérature française. Recherches sur la notorieté de Luther en France, Straßburg 1930, 237.

[18] Originalzitat in Karl Josef Seidel, Frankreich und die deutschen Protestanten. Die Bemühungen um eine religiöse Konkordie und die französische Bündnispolitik in den Jahren 1534/35, Münster 1970, 136 Anm. 1.

Die Bereitschaft, für die Einheit der Kirche auch Kompromisse einzugehen, hat Melanchthon viel Kritik eingebracht, insbesondere von seinen eigenen Glaubensbrüdern, die ihm vorwarfen, wesenliche Teile der evangelischen Lehre aufzugeben. Der Verlust der Concordia, der Einheit, erschien Melanchthon unerträglich und den Verlust jeglichen Friedens zu bedeuten. Wo Religion und Politik eng verknüpft sind, kann jeder Glaubensstreit zu einem Krieg und somit zum Ruin von Staat und Kirche führen. Die Religionskriege vom 16. Jahrhundert bis in die Gegenwart haben Melanchthon in oft schrecklicher Weise Recht gegeben. Im Falle Frankreichs zeigte sich Melanchthons herausragende Stellung im Gespräch der Glaubensparteien erstmals im Jahre 1534. König Franz der Erste bemühte sich intensiv, mit den protestantischen Fürsten Deutschlands eine Allianz zu gründen, und versuchte deswegen, auf dem Weg von Verhandlungen die religiösen Gegensätze zu überwinden.

Im Juli 1534 kam die erste französische Anfrage in Wittenberg an; überbracht wurde sie von Ulrich Geiger, einem gebürtigen Pforzheimer, der in französischen Diensten stand.[19] Melanchthon sollte – gleichsam stellvertretend für den deutschen Protestantismus – die möglichen Annäherungspunkte zwischen Katholiken und Evangelischen auflisten und darstellen. Melanchthon hat die Bitte erfüllt und ein Gutachten geschrieben, eines der umstrittensten Dokumente der Reformationszeit, das 'Consilium ad Gallos', den 'Ratschlag an die Franzosen'. Umstritten ist dieses Gutachten bis heute, weil Melanchthon darin der katholischen Kirche bis an die äußersten Grenzen entgegenkam. Er beharrt wohl auf Priesterehe und der Abschaffung der Mönchsgelübde, macht aber einige Zugeständnisse z.B. bei der Heiligenverehrung und vor allem beim Papsttum: Die Ämter des Papstes und der Bischöfe könnten weiterbestehen, wenn – und diese Einschränkung ist wichtig, wurde und wird aber oft übersehen – wenn die wahre und das heißt evangelische Lehre nicht angetastet wird. Vorbild und Richtschnur sollte nach Melanchthon die Alte Kirche sein, also die Kirche der Apostel und Kirchenväter, die nach

[19] Zu Geiger, auch Chelius genannt, vgl. Karl Greiner, Zur Umwelt des Paracelsus bei seiner Wanderung im südwestdeutschen Raum, in ZWLG 27 (1968), 142-151.

Christi Tod auf der Grundlage der Bibel in wahrhaft katholischem Geist lebten und wirkten.

Das 'Consilium ad Gallos' hat entscheidend das spätere Melanchthonbild der orthodox-lutherischen Widersacher beeinflußt: das des wankelmütigen, über die wahre evangelische Lehre hinaus konzessionsbereiten Mannes. Von der neueren Forschung wurde dieses Bild korrigiert und Melanchthons Haltung herausgearbeitet als die eines irenischen Theologen, der im Verständnis der Tradition der einen Kirche, die ihre Einheit aus der Alten Kirche herleitete, die drohende konfessionelle Spaltung mit großem Einsatz aufzuhalten suchte. Melanchthon betont außerdem ausdrücklich, daß die Konzessionen nur im Rahmen der wahren, evangelischen Lehre erfolgen können. Pointiert gesagt: Das Papsttum wird nur dann zugestanden, wenn der Papst evangelisch geworden ist. Für Melanchthon war das Ziel der Gemeinsamkeit entscheidend; die Streitpunkte sollten erst einmal entschärft werden, um dann ruhig und sachlich über die inhaltlichen Differenzen zu diskutieren.[20]

Die Kontroversen sollten, so hatte Melanchthon in seinem Gutachten geschrieben, von gebildeten und friedenswilligen Männern besprochen und beigelegt werden. Ein Jahr später wurde die Einladung von König Franz dem Ersten an Melanchthon ausgesprochen; der Einladungsbrief vom 28. Juni 1535 lobt Melanchthons Eifer um die Einheit der Kirche und schlägt eine Disputation mit ausgewählten Professoren der Sorbonne vor. Doch die Lage war inzwischen undurchsichtig geworden: In Paris hatte es Verfolgungen gegen die Protestanten gegeben, so daß der Wille des Königs zum kirchlichen Frieden mehr als zweifelhaft erschien („affaire des placards"). Melanchthon, bestärkt von einigen Freunden, unter anderem auch von Luther, hielt an seinem Entschluß fest, nach Paris zu reisen, da er der Ansicht war, damit den König zur Milde bewegen zu könnnen und den Gefahren der dortigen Evangelischen Glaubensbrüder ein Ende zu setzen. Doch das Veto kam von höchster Stelle: Melanchthon war aufgrund seines Dienstverhältnisses als Universitätsprofessor gezwungen, bei seinem Landesherrn, dem sächsischen Kurfürsten Johann Friedrich,

[20] Zum 'Consilium ad Gallos' vgl. ausführlich Seidel (wie Anm. 18), 16-28.

um Beurlaubung von seinen Lehrverpflichtungen und um Erlaubnis für die Reise nachzusuchen. Der Kurfürst erteilte Melanchthon eine scharfe Abfuhr; er war verärgert, daß ein Untertan hinter seinem Rücken mit dem französischen König verhandelt hatte, zweifelte an Melanchthons Geschicklichkeit und Standfestigkeit, äußerte Vorbehalte gegen die ehrlichen Absichten der Gegenseite und befürchtete vor allem, daß die Gespräche in Paris die gleichzeitigen Verhandlungen mit dem Haus Habsburg störten. Letztendlich scheiterten die angebahnten Gespräche über die religiöse Einigung an tagespolitischen Erwägungen und kurzfristigen Machtüberlegungen. Es gab in den kommenden Jahren nur noch vereinzelt Kontakte zwischen dem französischen Königshaus und den deutschen Protestanten; doch diese wie auch später manche andere Chance der Wiederherstellung der kirchlichen Einheit waren für immer vertan.[21]

Melanchthon und Böhmen

Verlassen wir die hohe Politik des französischen Königshauses und blicken auf die Alltagsprobleme einer Kommune: Wir sind in der westböhmischen Stadt Horní Slavkov oder Schlaggenwald. Ringsum in Böhmen steht der Name Melanchthon in hohem Ansehen: Die Prager Universität rühmt sich guter Beziehungen zu dem Wittenberger Professor, zahlreiche Stadtschulen werden von Schülern Melanchthons geleitet, und sogar einige katholische Schulen, z.B. in Pilsen, orientieren sich an den Lehrbüchern Melanchthons. Der Stadtrat von Horní Slavkov kann über eine gute Wirtschaftslage der Stadt zufrieden sein und möchte einen neuen Schulleiter einstellen. Diesmal soll es ein besonders fähiger sein, und man fragt um Rat bei allerhöchster Stelle, bei Melanchthon. Die deutschsprachige Anfrage ist im Kopiarbuch erhalten: „(..) bey uns in der kuniglichenn bergkstad Schlackenwaldt, Gottlob, ein stadtliche jugend auff erwechst, die selb sich auch teglichen mereth, welche zum theil unsers erachtens, zu studiren vor duglich geacht. Wir spuren und sehen aber, das solche jugend

[21] Zu den Modalitäten der Einladung und des geplanten Kolloquiums und zu den aktuell-politischen Konstellationen vgl. Seidel (wie Anm. 18), 137-165.

eines vorstendigen gelertten, unvordrossen und vleissigen praeceptoris und schulmeisters hoch nottorftig, damit aber dieselb zu Gottes ehren, lieb, forcht und erkentnus, zu deme auch in gutenn kunsten mocht aufferzogen undt durch uns nit vorabseumbt werden. So langk an E(euer) a(chtbaren) W(eisheit) unser freundlichs undt dinstlichs hochvleissigs bitten, derselbten wollen uns einen gelertten gesellen, der ein gut christlich schul regiment anzurichten, zu regiren undt zuerhalten weste [..] gunstig zuweysen undt befurdern, desgleichen auch einen guten cantorem, der ein chor versorgen kontte. Dargegen sol ihnen von uns iherliche besolthung gegeben, daran sie, unsers erachtens, benugig sein werden."[22]

Leider kennen wir die Antwort Melanchthons nicht, doch läßt sich an einer solchen alltäglichen Anfrage ersehen, wie Melanchthon zur entscheidenden Bildungspersönlichkeit in vielen Ländern und Städten vor allem in Nord- und Osteuropa avancieren konnte: Sein überragendes Ansehen führte Studenten aus vielen Ländern nach Witttenberg; Melanchthon empfahl seine Schüler oft wieder in ihren Herkunftsländern, so daß diese in ihrer Heimat die Ideen ihres verehrten Lehrers verbreiteten und seine Unterrichtsbücher einführten. Die große Zahl tschechischer Melanchthon-Schüler, der starke Einfluß der 'Confessio Augustana' in Tschechien und in der Slowakei, die 18 Ausgaben von Melanchthons lateinischer Grammatik in Böhmen, Mähren und der Slowakei und die Orientierung der böhmischen Kirche an Melanchthon bilden die Grundlage für das Urteil des tschechischen Reformationshistorikers Ilja Burian: „Melanchthon, der wahrscheinlich zu Beginn der Reformation den Kontakt mit der tschechischen Tradition hergestellt hat, wurde der bedeutendste deutsche Ansprechpartner der Tschechen".[23]

---

[22] Josef Hejnic: Philipp Melanchthon und die Schule in H. Slavkov, in: Listy filologické 105 (1982), 236-239. Allgemein Rudolf Říčan: Melanchthon und die böhmischen Länder, in: Philipp Melanchthon 1497-1560. Bd. 1 (Philipp Melanchthon. Humanist, Reformator, Praeceptor Germaniae), Berlin 1963, 237-260.

[23] Ilja Burian: Philipp Melanchthon, die Confessio Augustana und die Tschechischen Länder, in: Archiv für Reformationsgeschichte 73 (1982), 255-283, hier: 283 (abstract): „Melanchthon, who probably in the beginning phase of the Reformation had established contact with the Czech tradition, became the most significant contact of Czechs in Germany."

Unser Thema ließe sich noch in viele Richtungen weiterverfolgen: Melanchthon war der meistgelesene Autor in Siebenbürgen, weit vor Erasmus, Cicero und Luther[24]; gerade ungarische Gelehrte waren in großer Zahl stolz darauf, Schüler Melanchthons gewesen zu sein[25]; in spanischen Inquisitionsprozessen mußten Melanchthon-Verehrer um ihr Leben bangen[26]; Melanchthon-Lehrbücher wurden sogar in der Jesuitenuniversität im portugiesischen Evora verwendet.[27]

Während das Mittelalter sich noch nicht an einem Europa-Gedanken orientierte – die umfassende Völkerkategorie hieß vielmehr christianitas/ die Christenheit –, gewann im 15. und 16. Jahrhundert der Europa-Namen an Bedeutung – vor allem in Folge der äußeren Bedrohung durch die Türkenkriege. Die italienischen Humanisten, die übrigens auch schon vom 'Haus Europa' sprachen, postulierten ein Europa, das durch die Vielfalt der Völker und durch eine alle europäischen Völkern gemeinsame kulturelle Herkunft charakterisiert ist. Quelle dieser kulturellen Gemeinsamkeit ist Griechenland, die griechische Dichtung und Philosophie der Antike.[28] So dachte auch Melanchthon, der angesichts der drohenden Kriegskatastrophen voller Trauer auch unserer europamüden Gegenwart ins Stammbuch schreibt: „Communis salus Europae postponitur rebus privatis."[29] ('Das gemeinsame Wohl Europas wird innenpolitischen Vorteilen geopfert.')

Auch hierin sollte er – leider! – Recht behalten, Melanchthon, der „Praeceptor Germaniae" und der „Praeceptor Europae".

---

[24] Ádám Dankanits: Lesestoffe des 16. Jahrhunderts in Siebenbürgen, Bukarest 1982, 34.

[25] Vgl. die Hinweise in Heinz Scheible: Melanchthons Beziehungen zum Donau-Karpaten-Raum bis 1546, in: Luther und Siebenbürgen. Ausstrahlungen von Reformation und Humanismus nach Südosteuropa, hrsg. Georg u. Renate Weber, Köln 1985, 36-67.

[26] Vgl. José I. Tellechea Idigoras: Melanchton y Carranza: préstamos y afinidades, Salamanca 1979.

[27] Dies zeigt ein Blick in den dortigen Bibliothekskatalog. Die Rezeption der Lehrmethodik und -bücher Melanchthons durch die Jesuiten ist für Deutschland nachgezeichnet von Barbara Bauer: Jesuitische „ars rhetorica" im Zeitalter der Glaubenskämpfe, Frankfurt/Main 1986.

[28] Ausführlich Manfred Fuhrmann: Europa – zur Geschichte einer kulturellen und politischen Idee, Konstanz 1981.

[29] Philipp Melanthonis opera quae supersunt. Bd. 5, hrsg. Karl Gottlieb Bretschneider, Halle 1838, Sp. 56.

Der römische Katholizismus und Melanchthon

Siegfried Wiedenhofer

1. Ein schlechtes Image und weitgehend unbekannt

Als im Jahr 1868 das Lutherdenkmal in Worms enthüllt wurde, nahm dies der in Mainz lehrende katholische Theologe Ludwig Joseph Hundhausen noch im gleichen Jahr zum Anlaß für einen vehementen Angriff auf den Protestantismus. In seinem bis 1883 in vier Auflagen erschienenen Buch wendet sich der Autor schließlich auch der Melanchthonstatue in Worms und damit Melanchthon zu: „Seine Gesichtszüge scheinen uns vortrefflich individualisiert; denn es spricht sich in ihnen so recht aus jene Verschlossenheit und jener Mangel an Offenheit und Aufrichtigkeit, der durch den ganzen Charakter des Mannes hindurchgeht, und nicht minder ein gewisser Zug bitterer, in sich gekehrter Leidenschaftlichkeit, der ja auch im Leben und Auftreten Melanchthons so mannigfach zum Vorschein kommt. Als Gelehrter war Melanchthon ein tüchtiger Philologe, aber ein sehr wenig tüchtiger Theologe. [...] Zu einem kirchlichen Reformator fehlte es ihm durchaus an Charakterstärke und an jenem reinen, klaren und offenen Sinn für die objective Wahrheit. Melanchthon ist so recht zum Typus geworden für alle jene auf protestantischem Gebiet so häufigen Transactions- und Unions-Theologen, bei denen Ja und Nein gleiche Berechtigung haben, und die es verstehen, die verschiedensten und entgegengesetztesten Standpunkte in einer höheren Einheit und zugleich höheren Unwahrheit mit einander zu vereinen."[1] Dieses katholische Melanchthonbild, das zum Teil direkt von Döllingers Darstellung der Reformation abhängt, ist für die zweite Hälfte des 19. Jahrhunderts und seine aufgeladene konfessionelle Kontroverse in einer gewissen Hinsicht repräsentativ. Es sind nämlich immer wieder zwei

[1] [Ludwig Joseph Hundhausen], Das Luthermonument zu Worms im Lichte der Wahrheit. Gedanken und Thatsachen zur Beantwortung der Frage: Kirche oder Protestantismus? Dem deutschen Volke gewidmet von einem deutschen Theologen, 2. Aufl. Mainz 1869, 18f.

Gesichtspunkte, die zur Diskreditierung der Melanchthonischen Theologie und ihrer Verständigungsbereitschaft angeführt werden: die charakterliche Schwäche (Unredlichkeit) und die von einem dogmatisch nicht interessierten Humanismus inspirierte Irenik.[2] Im Hintergrund sind hier sicher auch spezifische Bedingungen der katholischen Theologie des späteren 19. Jahrhunderts wirksam, aber unterschwellig wirkt hier vermutlich auch eine Tradition weiter, die bis auf das 16. Jahrhundert zurückgeht. Und wenn nicht alles täuscht, dann hat das Urteil des katholischen Kontroverstheologen Johannes Cochläus nicht nur in bezug auf Luther, sondern auch in bezug auf Melanchthon im katholischen Bereich eine äußerst nachhaltige und nachteilige Wirkung erzielt. Johannes Cochläus, der als theologischer Berater Herzog Georgs von Sachsen am Reichstag von Augsburg teilgenommen hatte, auch an den anschließenden Einigungsverhandlungen beteiligt war und darüberhinaus auch die katholischen Arbeiten zur Widerlegung der Confessio Augustana wesentlich mitbestimmte, betrachtete seit dem Augsburger Reichstag Melanchthon gerade wegen seiner Verständigungsbereitschaft und Bildung als den gefährlichsten Gegner der Kirche: Die Augsburgische Konfession, so schreibt er in seiner Schrift „Geplänkel gegen Melanchthons Apologie“, die 1532 fertiggestellt, aber erst 1534 gedruckt wurde, „ist sicher umso schadenbringender als Luthers Bissigkeit, je schmeichelhafter er irgendwo den Kaiser und den Legaten des Apostolischen Stuhles anredet und je dichter er sie durch Schriftzitate abgesichert hat. Bei weitem leichter ist es deshalb für uns, den wütenden Angriffen Luthers mit Gottes Hilfe standzuhalten, als die hinterlistige Kunst und Verschlagenheit dieses Rhetors aufzudecken. Umsomehr also schadet jener Philippus, je leichter Gelehrte und Ungelehrte ihm als Luther Glauben schenken. Er [Melanchthon] ist nämlich im Vergleich zu jenem [Luther] angenehmer in seinen Worten, ehrbarer in seinem Leben, von schärferer Geistesgabe, gefälliger in seinem Stil, friedlicher in seiner Miene, hinterlistiger in seiner Verschlagenheit, besser ausgerüstet in der Redekunst und sprachgewandter, kurzum

[2] Vgl. dazu und zum folgenden Siegfried Wiedenhofer, Zum katholischen Melanchthonbild im 19. und 20. Jahrhundert, ZKTh 102, 1980, 425-454.

durch alle Gaben des Geistes und der Natur ansehnlicher, gefälliger und liebenswürdiger. Er ist kein Apostat wie jener, kein verruchter Nonnenschänder wie jener, nicht öffentlich und namentlich verdammt wie jener und nicht vom Kaiser geächtet wie jener. Daher kommt es, daß es weit gefährlicher und widerwärtiger ist für uns, mit ihm als mit Luther zu kämpfen."[3]

Der „Ziehvater der deutschen Reformation", wie Melanchthon von Karl Sell im Jubiläumsjahr 1897 nicht unpassend tituliert wurde,[4] hat jedoch im neuzeitlichen Katholizismus nur wenig Aufmerksamkeit gefunden. Als konfessionelle Hauptgefahr, als konfessioneller Hauptgegner ist er erst recht nicht betrachtet worden. Gewiß, seine kulturgeschichtliche, theologische und kirchliche Bedeutung war auch im Katholizismus keineswegs unbekannt. Man wußte selbstverständlich auch katholischerseits, daß er einer der bedeutendsten deutschen Humanisten war, daß er einen großen Einfluß auf die deutsche Bildungsgeschichte ausgeübt hat (und deswegen den Titel Praeceptor Germaniae erhalten hat), daß er die Hauptfigur der deutschen Reformation nach Martin Luther war, daß er die Entwicklung der evangelischen Theologie und des evangelischen Kirchenwesens in entscheidender Weise bestimmt hat. Aber die Fixierung auf die allgegenwärtige Gestalt Martin Luthers hat den Blick auf Melanchthon doch auf ein Minimum reduziert. Sieht man sich z.B. die katholischen Kirchengeschichten der letzten beiden Jahrhunderte an, so sind es vor allem vier Anlässe, bei denen Melanchthon die historiographische Bühne betritt, vier Anlässe, bei denen er nicht übergangen werden kann: eine Kurzcharakteristik (meist verbunden mit einer kurzen Schilderung seines Verhältnisses zu Luther), seine Loci von 1521 als erste systematische Zusammenfassung des reformatorischen Denkens (als erste protestantische Dogmatik), die Confessio Augustana als Milderung und Abschwächung der Lutherischen Lehre (häufig verbunden mit der Behauptung eines unehrlichen Verhaltens), seine Rolle in

---

[3] Velitatio Johannis Cochlaei in Apologiam Philippi Melanchthonis, Lipsiae 1534, A 4v; zitiert nach Pfnür (wie Anm. 10) 285f.

[4] Karl Sell, Philipp Melanchthon und die deutsche Reformation bis 1531, SVRG 56, 1897, S. IV.

den späteren protestantischen Lehrstreitigkeiten. In diesen vier Sachverhalten schlägt sich durchaus eine Ahnung von der großen geschichtlichen Bedeutung Melanchthons nieder. Aber all dies Wissen hat offenbar nicht verhindert, daß Philipp Melanchthon bis in die sechziger Jahre dieses Jahrhunderts hinein fast völlig außerhalb des Blickfeldes katholischer Theologie stand. Die katholischen Melanchthon-Monographien der beiden letzten Jahrhunderte kann man fast an einer Hand abzählen.

2. Geschichtliche Bedingungen und apologetische Vorurteile

Für diese erstaunliche Nichtbeachtung Melanchthons in der katholischen Theologie gibt es eine Reihe ganz unterschiedlicher Gründe. Mindestens in der deutschen katholischen Theologie ist, wie schon gesagt, die Reformation fast ausschließlich mit Luther identifiziert worden. Und das wiederum hängt mindestens zum Teil auch damit zusammen, daß in der Epoche konfessioneller Apologetik und Polemik eine verständigungsbereite Gestalt wie Melanchthon gewissermaßen dysfunktional ist, während sich in einer Gestalt wie Luther konfessionelle Freunde und Gegner gewissermaßen von selbst treffen, weil die einen in ihm den Ursprung der erneuerten Christenheit, die anderen aber den Zerstörer der christlichen Einheit sehen. Daß Melanchthon als Reformator und Humanist in die deutsche Bildungsgeschichte und Theologiegeschichte eingegangen ist, hat ihm katholischerseits auch nicht viel genützt. Denn sieht man davon ab, daß die Versuche der Humanismus-Rezeption in der katholischen Theologie nie völlig abgerissen sind, so ist doch aufs ganze gesehen die systematische Abwehrhaltung gegenüber beiden frühmodernen Bewegungen, Humanismus und Reformation, für die konfessionell bestimmte neuzeitliche katholische Theologie charakteristisch. Am eindeutigsten gilt dies für die Neuscholastik. Auch Erasmus stand ja bis in das 20. Jahrhundert herein im Bann der drei großen Verdikte des 16. Jahrhunderts, der Verurteilung durch die scholastische Theologie, der päpstlichen Indizierung seiner Werke und des vernichtenden Urteils Luthers. Dem Humanisten Melanchthon ist es in dieser Hinsicht nicht viel besser ergangen.

In der Logik konfessionalistischer katholischer Theologie ist die Reformation eine „Revolution" (eine Deutung, die sich in den Kirchengeschichten des 19. Jahrhunderts immer wieder findet), d.h. ein Abfall vom wahren Glauben und eine illegitime Abspaltung von der Einheit der Kirche, Häresie und Schisma also zugleich, eine „Revolution", die in der Theologie Luthers ihren Ursprung und Mittelpunkt hat. In einer solchen Optik erscheint Melanchthon dann als der von Luther aus dem Kreis der Humanisten gewonnene junge Theologe, der in seiner ersten Phase sich ganz von Luther beherrschen läßt und diesen am Anfang in seinen falschen theologischen Ansichten auch noch überbietet, der aber später, in der Confessio Augustana und in seinem Alterswerk die früheren Ansichten Luthers abmildert und verbessert. Johann Adam Möhlers „Symbolik" von 1832 ist für diese Traditionslinie ein repräsentatives und auch einflußreiches Beispiel: „Mit reifendem Talente, zunehmender theologischer Bildung und reicherer Lebenserfahrung gewahrte er den Abgrund, vor welchen er hingeführt worden war, und zog sich nach und nach zurück, freilich ohne je mehr eine ausgeprägte Selbständigkeit zu gewinnen, da er in der Blüte seiner Jahre fremden, geistbeschränkenden Einflüssen übereilt sich hingegeben hatte. Er schwanke jetzt einerseits haltungslos zwischen Katholizismus und Luthertum, andererseits zwischen diesem und den calvinischen Bestimmungen."[5] In der Logik solcher konfessionalistischer Polemik wird jede Differenzierung, jede Verständigungsbereitschaft leicht als sittliche Schwäche, als Haltungslosigkeit oder als schwankender Charakter diffamierbar. Wird jedoch stärker differenziert, wie das etwa bei Ludwig von Pastor zu verfolgen ist, wird die Position Melanchthons vollends unerklärbar. Pastor zufolge gehört Melanchthon einerseits ganz auf die Seite der Revolution Luthers, ist aber selbst keine revolutionäre Natur; bekundet einerseits den eindeutigen und auch aufrichtigen Willen, die Einheit der Kirche zu retten, setzt sich aber andererseits wirkungsvoll für die kirchenspaltende Revolution ein: „Keiner von seiner Partei hat so viel wie er die Zertrümmerung der Jurisdiction der alten Kirche beklagt. Allein Niemand außer

[5] Johann Adam Möhler, Symbolik oder Darstellung der dogmatischen Gegensätze der Katholiken und Protestanten nach ihren öffentlichen Bekenntnisschriften, Hg. von Josef Ruppert Geiselmann, Freiburg 1958, 30.

Martin Luther selbst hat so viel wie er daran gearbeitet, durch das neue Kirchenthum die Herstellung des alten unmöglich zu machen".[6]

Die konfessionalistische katholische Theologie des 19. Jahrhunderts befand sich jedoch nicht nur in permanenter Auseinandersetzung mit der rivalisierenden Konfession, sondern auch in Auseinandersetzung mit den typischen Repräsentanten der Moderne, insbesondere mit dem zeitgenössischen Liberalismus. Seitdem die Göttinger Bildungshistoriker, die das Bildungsbewußtsein des deutschen Gelehrtenstandes um die Wende vom 18. zum 19. Jahrhundert repräsentieren, die Wurzel ihrer eigenen aufgeklärten, liberalen Bildung in der Wiederherstellung der Wissenschaften durch die humanistische Erneuerung der klassischen Studien sahen, war für das katholische Geschichtsbild die Deutung und Einordnung des Humanismus zu einem Dauerproblem geworden. Ignaz von Döllingers Lösung besteht darin, nachzuweisen, daß die Revolution Luthers nicht aus dem Humanismus stammt, daß die Sympathie der damaligen gebildeten Welt für Luther nur vorübergehenden Charakter besessen hat, ja daß die Reformation selbst sogar unheilvolle Auswirkungen auf die Bildung, das wissenschaftliche Leben und den Humanismus gehabt hat. Auf diese Weise wird auch der Humanist Melanchthon zu einem besonders eindrucksvollen Zeugnis der Schädlichkeit der Lutherischen Revolution.[7] Obwohl es im 19. Jahrhundert auch schon erste Versuche gab, den Erasmischen Humanismus in die Traditionsgeschichte des Rationalismus und Liberalismus einzuordnen (wie etwa in Johannes Janssens „Geschichte des deutschen Volkes seit dem Ausgang des Mittelalters", 1878ff) ist der Melanchthonische Humanismus weiterhin fast nur als formale, philologische Bildung verstanden. Erst im 20. Jahrhundert wird sich jene Form der Humanismuskritik stärker durchsetzen.

Im katholischen Melanchthonbild des 19. Jahrhunderts erscheint also Melanchthon vor allem als der wichtigste Anhän-

[6] Ludwig Freiherr von Pastor, Die kirchlichen Reunionsbestrebungen während der Regierung Karls V. Aus den Quellen dargestellt, Freiburg 1879, 277.

[7] Ignaz Döllinger, Die Reformation, ihre innere Entwicklung und ihre Wirkungen im Umfange des Lutherischen Bekenntnisses, Bd. 1-3, 1846-1848, Nachdruck Frankfurt 1962, bes. Bd. 1, 349-408, Bd. 3, 274-333.

ger Luthers, der seine humanistische Bildung in den Dienst der Reformation stellt. Als einer der Wortführer der deutschen Reformation bleibt er zwar im ganzen der Lehre Luthers treu, geht aber z.T. auch seinen eigenen Weg. Diese Abweichung von Luther wird teilweise durch den zu Milde und Mäßigung neigenden Charakter erklärt, teilweise auch durch taktische Überlegungen bedingt gesehen, teilweise aber auch in der Kritik an innerreformatorischen Entwicklungen begründet. Dadurch wird der schwankende Charakter nicht nur zur Signatur der Person, sondern häufig auch zur Signatur der Theologie Melanchthons. Und Melanchthons „ökumenische" Bestrebungen können dann je nach Interesse entweder apologetisch ausgemünzt oder durch psychologisch-politische Erklärung unwirksam gemacht werden. Nicht nur der allgemein polemisch-apologetische Rahmen des katholischen Geschichtsbildes, sondern auch eine spezifische Tradition des katholischen Melanchthonbildes verhindern vorerst, daß die Theologie Melanchthons überhaupt als in sich beachtenswert in den Blick kommen kann.

Die Folgezeit der katholischen Erforschung der Reformationsgeschichte ist vor allem durch das Lutherwerk Heinrich Denifles (1844-1905) mitbestimmt („Luther und Luthertum in der ersten Entwicklung"), dessen erster Band 1904 erschien. Die Reformation und Luther sind nun in einer deutlich veränderten Gesamtperspektive gesehen, nämlich in der Perspektive des umfassenden Kampfes gegen die liberale protestantische Theologie, gegen den damit verbundenen Rationalismus, Liberalismus und Säkularismus, gegen die Los-von-Rom-Bewegung und auch gegen liberale Strömungen im Katholizismus. Ein Großteil der Wurzeln dieser Bewegungen liegen für Denifle in der lutherischen Reformation und im kirchenfeindlichen Humanismus. Der Humanismus, als Quelle kirchenfeindlichen und aufklärerischen Denkens verstanden, wird nun auch zum Deuteprinzip der Melanchthonischen Theologie Melanchthon, „der erste Freigeist des Protestantismus", kann die kirchliche Lehre gar nicht kennen, und auch wenn er sich später zum Theologen wandelt, bleibt der Protestantismus deswegen doch immer zwiespältig.[8] Einen ähnli-

[8] Heinrich Denifle, Luther und Luthertum in der ersten Entwicklung. Quellenmäßig dargestellt, Bd. I/1, 2. Aufl. Mainz 1904, 195-204, Zitat 196.

chen Einschnitt wie Denifle zu Beginn des Jahrhunderts stellt das Hauptwerk von Joseph Lortz für das neuere katholische Lutherbild dar.[9] Während Lortz im Verständnis des religiösen und kirchlichen Anliegen Luthers weit über seine Vorgänger hinausgeht, bleibt er interessanterweise deren Humanismus- und Erasmus-Kritik treu. Die Gestalt des Erasmus muß weiterhin im Banne der antiliberalen katholischen Gesamtperspektive verbleiben. Indem seine Theologie als humanistisch-moralistisches Bildungschristentum mit einer relativistischen, adogmatischen und subjektivistischen Signatur dechiffriert wird, wird Erasmus zur großen Bedrohung der Kirche. Das ist auch der Rahmen, in dem Melanchthon erscheint. Gegenüber dem wesenhaft irrationalen, primär gläubig und religiös bestimmten Luther ist Melanchthon der harmonisierende, vorsichtige pädagogisch-moralistische Vermittlungstheologe, dessen Vermittlungstheologie wesentlich durch die humanistische Relativierung des Dogmas ermöglich ist. Bei dem Einfluß von Lortz ist es nicht verwunderlich, wenn sich diese Melanchthon-Deutung noch ein gutes Stück in die zweite Hälfte des 20. Jahrhunderts hinein fortsetzt. Aber in dem Maß, in dem sich die katholische Reformtheologie, die später in das II. Vatikanische Konzil (1962-1965) eingemündet ist, mit ihrer ökumenischen Ausrichtung und mit ihrer Öffnung auf die moderne Welt hin durchsetzt, verliert nicht nur die konfessionalistische apologetische Luther-, sondern auch die Melanchthon-Kritik ihre wichtigste Voraussetzung. In der so ermöglichten Öffnung der historischen Perspektive gewinnt nicht nur das katholische Lutherbild, sondern auch das katholische Melanchthonbild eine völlig neue Gestalt.

3. Ein neues katholisches Melanchthonbild

Die wichtigsten Anstöße für die erneute katholische Beschäftigung mit Melanchthon kamen in der Tat nicht von der Kirchengeschichtsschreibung, sondern von der Systematischen Theologie. Es war eine der Grundintuitionen des jungen Fundamentaltheologen Joseph Ratzinger, die konfessionelle Aus-

[9] Joseph Lortz, Die Reformation in Deutschland, Bd. 1-2, 5. Aufl. Köln 1962; zu Melanchthon besonders Bd.1, 299-301, Bd. 2, 51-57.

einandersetzung und die Ökumene voranzubringen, indem gerade die kirchlich verbindlichen Texte als die eigentlichen Gesprächspartner im Prozeß der Ökumene herangezogen werden. Deshalb beschäftigte er sich – aller Wahrscheinlichkeit nach als erster im Bereich der deutschen katholischen Theologie – wieder systematisch mit den Bekenntnisschriften der evangelisch-lutherischen Kirche, zuerst in zwei Seminaren über die Confessio Augustana von 1530 (im Wintersemester 1958/59 in Freising und im Wintersemester 1960/61 in Bonn) und dann in einem Seminar über den ebenfalls in die Bekenntnisschriften aufgenommenen Traktat Melanchthons „De potestate et primatu papae" von 1537 (im Wintersemester 1962/63 in Bonn). Mit den Bekenntnisschriften ist nun sofort auch die Theologie Philipp Melanchthons in den Blick gerückt. In der Tat gaben diese Seminare den Anstoß für zwei der größeren neueren Melanchthonarbeiten: Vinzenz Pfnürs bahnbrechende Untersuchung der Rechtfertigungslehre der Confessio Augustana[10] hat die beiden Augustana-Seminare zum Ursprungsort (Pfnür wird später auch die Diskussion um eine katholische Anerkennung der Confessio Augustana wesentlich mitbestimmen), während meine eigene Beschäftigung mit den Grundstrukturen der Melanchthonischen Theologie[11] auf das zuletzt genannte Bonner Seminar zurückgeht.

Wer sich in den sechziger Jahren katholischerseits mit Melanchthon zu beschäftigen begann, hatte es nicht leicht, auf der einen Seite die uninteressierte, eher unfreundliche oder sogar vorwiegend negative Tradition des katholischen Melanchthonbildes, auf der anderen Seite ein evangelisches Melanchthonverständnis, das aus anderen Gründen auch nicht ermutigender war. Befand es sich doch damals noch weitgehend im Bann der kritischen Auseinandersetzung mit dem Liberalismus, der Humanismus (bzw. Renaissance) und Reformation eng zusammen gesehen hatte, indem er beide als Freiheitsbewegungen interpretierte. Gegen die Dominanz dieser liberalen Interpretation

[10] Vinzenz Pfnür, Einig in der Rechtfertigungslehre? Die Rechtfertigungslehre der Confessio Augustana (1530) und die Stellungnahme der katholischen Kontroverstheologie zwischen 1530 und 1535, VIEG 60, Wiesbaden 1970.

[11] Siegfried Wiedenhofer, Formalstrukturen humanistischer und reformatorischer Theologie bei Philipp Melanchthon, Bd. 1-2, Regensburger Studien zur Theologie 2, Bern u. a. 1976.

hatte man seit dem Ersten Weltkrieg versucht, den spezifisch religiösen Charakter der reformatorischen Entdeckung Luthers wiederzufinden. Dies wiederum brachte es mit sich, daß nun gerade der Humanismus mehr und mehr zur dunklen Folie wurde, auf der sich die religiöse Entdeckung Luthers umso strahlender abheben konnte. In der Tat gab es zu jener Zeit eigentlich nur *einen* relativ breiten Konsens: Wo immer man auch das eigentlich Reformatorische gesehen hat (im Gesetzesbegriff, im Begriff der Verheißung, im Verständnis von Gesetz und Evangelium, in der Anthropologie, in der Philosophiekritik, in der Traditionskritik usw.), auf jeden Fall erschien der reformatorische Ansatz als solcher gegen die Grundvoraussetzung des humanistischen Denkens gerichtet, so daß entweder ein Bruch in der theologischen Entwicklung Melanchthons konstatiert oder aufgrund einer angeblich nur partiellen reformatorischen Bekehrung eine spätere Verflachung des reformatorischen Denkens diagnostiziert wurde.

In einer solchen Situation half nur eine radikal neue historische Rekonstruktion. Das Zusammenbrechen der alten apologetischen Vorurteile bzw. die neue ökumenische Offenheit haben dazu auf ihre Weise den Weg geebnet. Entscheidend wird aber die historische Argumentation. Indem z.B. Vinzenz Pfnür in seiner 1970 erschienenen Dissertation die Rechtfertigungslehre der Confessio Augustana streng in ihrem eigenen historischen Kontext (Bekenntnisbildung, bekämpfte spätscholastische Position, innerreformatorische Gegner, theologische Entwicklung Melanchthons selbst) analysiert, gelangt er nicht nur zu einer ökumenisch äußerst wichtigen Interpretation der Rechtfertigungslehre der Confessio Augustana, sondern auch zu einer ganz neuen katholischen Würdigung der Theologie Melanchthons: Gegenüber dem Nominalismus der Spätscholastik werden theologisch größtenteils völlig zu Recht die paulinischen und augustinischen Anliegen der Rechtfertigungslehre von neuem zur Geltung gebracht. Was den Wandel der Theologie Melanchthons betrifft, so werden die überstürzten Äußerungen der Frühphase um 1521 in dem Maß korrigiert, in dem es Melanchthon mit innerreformatorischen Extremisten zu tun bekommt und er der ganzen Schrift gewahr wird. Auf diese Weise können die Echtheit und Ernsthaftigkeit der 1530 in Augsburg erreichten weitgehenden Einigung in der Rechtfertigungslehre aufgewiesen, zugleich aber auch verständlich gemacht werden, warum diese Einigung faktisch nicht zum Tragen gekommen ist: Weil man sich nach dem Scheitern der gesamten Einigungsverhandlungen katholischerseits wieder polemisch gegen die Frühphase der Reformation gewendet hat, ohne die inzwischen erfolgten Korrekturen zu berücksichtigen, und weil man reformatorischerseits die polemische Kritik nun unberechtigterweise wieder auf die gesamte Scholastik und zeitgenössische Kontroverstheologie ausgedehnt hat, ohne den Unterschied zu den zunächst bekämpften Äußerungen des spätscholastischen Nominalismus anzuerkennen. Auf diese Weise wird Melanchthon – ohne von der reformatorischen Bewegung und speziell auch von der Theologie Luthers abgekoppelt zu werden – nach mehreren Jahrhunderten von neuem zu einem wichtigen Gesprächspartner der katholischen Theologie.

Meine eigene 1976 erschienene Dissertation über die Formalstrukturen humanistischer und reformatorischer Theologie bei Melanchthon (für die ich 1988 den zum ersten Mal verliehenen Melanchthon-Preis der Stadt Bretten erhalten habe) wandte sich zwei anderen Grundfragen zu: nämlich zum einen, ob die Grundstrukturen der Theologie Melanchthons Faktoren enthalten, die eine Kirchentrennung logisch nach sich ziehen müssen, und zum anderen, durch welche Motive und Prämisse die Methode dieser typischen frühneuzeitlichen Theologie bestimmt ist. Die Arbeit, die sich deswegen direkt und ausführlich mit dem Verhältnis von humanistischer und reformatorischer Theologie beschäftigen mußte, kam zum Ergebnis, daß ein Großteil der gängigen Bestimmungen humanistischer Theologie unhaltbar ist, daß die humanistisch-rhetorische Theologie kurz vor der Reformation vielmehr im Traditionsstrom biblische Theologie, patristische Theologie, monastische Theologie, praktisch-affektive Mystik steht, und – was noch wichtiger ist – daß eine erstaunliche Strukturidentität zwischen der humanistischen Theologie der Frühzeit und dem reformatorischen Hauptwerk zu konstatieren ist. Das brachte mich zur abschließenden ökumenischen These (das Ergebnis von Vinzenz Pfnür auf anderen Wegen bestätigend), daß die Grundstrukturen der humanistisch-reformatorischen Theologie Melanchthons sich mit den grundlegenden Intentionen der authentischen katholischen Tradition in allen wesentlichen Punkten vermitteln lassen.

Eine weitere Bestätigung erfährt dieses neue katholische Melanchthonbild in der 1995 erschienenen Dissertation von Günter Frank über die Philosophie Melanchthons,[12] in der nun auch in der wichtigen kontroverstheologischen Frage um die philosophische Theologie bzw. „natürlichen Theologie" mit alten Mißverständnissen und Vorurteilen aufgeräumt wird. Gegenüber dem in der evangelischen Tradition verbreiteten Vorwurf einer Rationalisierung und Säkularisierung der Theologie durch Melanchthon wird der streng theologische Charakter der Philosophie Melanchthons herausgearbeitet – es handelt sich um eine theologische Philosophie. Auf der anderen Seite ermöglicht es die im Schöpfungsglauben gründende theologische Geistphilosophie Melanchthons trotz der eindeutigen Aufgabe der mittelalterlichen Perspektive der Wesensmetaphysik, auf der einen Seite faktisch Anschluß an die patristisch-scholastische Position einer strukturellen Geistebenbildlichkeit des Menschen als Voraussetzung einer bleibenden Fähigkeit zur Gotteserkenntnis zu finden, andererseits den subjektivitätstheoretischen Perspektivenwechsel der neuzeitlichen Philosophie vorzubereiten. Auf diese Weise wird der strukturelle Vermittlungscharakter der Theologie und Philosophie Melanchthons sowohl in ökumenischer Hinsicht (Katholizismus-Protestantismus) wie auch in geistesgeschichtlicher Hinsicht (Mittelalter-Neuzeit) sichtbar.

4. Die größte ökumenische Gestalt der Reformationszeit

In seinem Testament vom 18. April 1560 hat Melanchthon bestimmt, daß die „Responsiones de Bavaricis articulis contra Pontificios, Anabaptistas, Flacianos et similes" als sein eigenes Bekenntnis gelten sollten.[13] Im zweiten Artikel beantwortet Melanchthon hier die Frage der Inquisition, welches die Zeichen für die Kirche Gottes seien, zunächst in einer Weise, die den inzwischen erfolgten Aufbau eines eigenen Kirchenwesens

---

[12] Günter Frank, Die theologische Philosophie Philipp Melanchthons (1497-1560), Erfurter Theologische Studien 67, Leipzig 1995.
[13] CR 9, 1099.

signalisiert und zugleich auch eine gewisse Annäherung an das traditionelle katholische Antwortmuster darstellt: Die drei notwendigen und allgemeinen Zeichen der Kirche seien das reine Bekenntnis der Lehre des Evangeliums, der Gebrauch der Sakramente, der der göttlichen Einsetzung entspricht, und der Gehorsam dem Amt der Evangeliumsverkündigung gegenüber. Wichtiger aber ist die darauffolgende Abgrenzung, die die inzwischen sich abzeichnende konfessionelle Spaltung auf eine doktrinelle und dogmatische Formel bringt. Die Gegner würden andere, falsche Zeichen nennen, nämlich die bischöfliche Sukzession, den päpstlichen Primat und ähnliches. All dies stelle aber nur eine durch menschliche Autorität in die Kirche eingeführte Ordnung dar und müsse im Konfliktfall dem göttlichen Gebot weichen (weshalb ein Abweichen von diesen kirchlichen Autoritäten möglich sei). Da außerdem feststehe, daß der römische Bischof und die ihm anhangenden Bischöfe faktisch Götzenbilder verteidigten und ungerechter- und grausamerweise die wahre Lehre vernichten wollten, müsse man auch tatsächlich und notwendigerweise von ihnen abweichen.[14] Damit hat die Kirchenspaltung offensichtlich auch den theologischen Segen Melanchthons erhalten. Wo ist er also geblieben, der Ökumeniker der Reformationszeit?

Geht man von den Texten unmittelbarer innerkirchlicher Kontroverse und Polemik weg zu Texten der Schriftauslegung bzw. der theologischen Systematik, so verwandelt sich die ganze Tonart. Auch die Reihenfolge der Gegner wird in der Spätzeit eine deutlich andere.[15] An erster Stelle stehen jetzt häufig die Heiden und die Atheisten, die sich weigern, die Offenbarung Gottes anzunehmen; an zweiter Stelle folgen die Pharisäer, die zwar vorgeben, die Offenbarung anzunehmen, in Wirklichkeit aber ihre eigenen Fiktionen verkünden; erst an dritter Stelle kommen die Papisten, die die Meinung vertreten, die Offenbarung sei dunkel und unklar und bedürfe deswegen einer rechtlich gesicherten Auslegung durch ein autoritatives Lehramt und die Tradition. Wenn nun Heidentum, Unglaube

[14] StA VI, 286f.
[15] Vgl. dazu Wiedenhofer (wie Anm. 11) Bd. 1, 243ff.

und Atheismus an erster Stelle der Gegner stehen, so ist das genaugenommen keine Überraschung. Denn für Melanchthon gibt es bereits von der Frühzeit an zwei menschliche und theologische Grundfragen. Die eine erhebt sich aus der innerkirchlichen und innerchristlichen Situation des Spätmittelalters. Sie läßt die soteriologische und ekklesiologische Frage neu stellen: Wie erlangt der Mensch Gerechtigkeit vor Gott? Wie wird ihm diese Gerechtigkeit vermittelt? Die andere erhebt sich aus der geistigen Situation der beginnenden Neuzeit. Sie läßt die theologische Frage neu stellen: Gibt es einen Gott? Ist die Welt von Gott geschaffen und von Gott gelenkt? Ist im ersten Fall eine innerkirchliche oder innerchristliche Degeneration das Problem, die Werkgerechtigkeit, die Selbstrechtfertigung durch Werke, die Bemächtigung des Evangeliums Gottes durch die kirchliche Institution, so ist im zweiten Fall ein außerkirchliches Phänomen das Problem, der zunehmende Zweifel an Gottes Existenz und Wirken, der erklärte Atheismus weiter Humanistenkreise, der pragmatische Atheismus der politischen Kräfte, die in den religiösen Kontroversen nur noch politische Probleme zu sehen vermögen, vielleicht auch noch die averroistische Aristotelesinterpretation von Padua. Weil die Melanchthonische Dogmatik eine Antwort auf beide Grundfragen zu geben versucht, deshalb ist seine Theologie auch davor bewahrt geblieben, in der Fixierung auf die innerchristliche Kontroverse zu einer bloßen Funktion dieser Kontroverse zu werden. Wer Melanchthons Haltung zur Kirchenspaltung verstehen will, muß daher unter anderem auch berücksichtigen, daß dies nicht seine einzige Frage war. Seine Theologie wurde sozusagen schon dadurch zur Vermittlung gezwungen, daß sie sich dieser umfassenden theologischen Frage aussetzte, die nicht mehr allein im Medium der ersten Antwort, dem Hinweis auf das rettende Evangelium Jesu Christi, beantwortet werden konnte, sondern die auch der Bildung und der Philosophie bedurfte. Wer sich aber den Fragen einer Vermittlung und Apologetik nach außen stellt, für den verändert sich automatisch auch die Kontroverse nach innen. Natürlich ist dies nicht die einzige Begründung des ökumenischen Charakters der Theologie Melanchthons.

Es dürfte nicht zu bestreiten sein, daß Grundmuster der psychischen Konstitution oft eine kaum unterscheidbare Verbindung mit bestimmten Strukturen der Philosophie und der

Theologie eingehen. Theologisch wirksam werden solche psychischen Unterschiede wohl überhaupt erst in solchen theoretischen Vermittlungen, die immer schon Ergebnisse einer Wechselwirkung von Neigung, Wahrnehmungsperspektive und Reflexion sind. Deshalb hängen vermutlich auch die geschichtstheologischen Grundoptionen Luthers und Melanchthons mit ihrer jeweiligen psychischen Konstitution zusammen. Melanchthons mehr heilsgeschichtliche Theologie, die von vorneherein größere ökumenische Chancen bietet, entspricht vermutlich auch seiner Mentalität. Während Luthers stark apokalyptische Theologie, die dessen Mentalität korrespondieren dürfte, einer Einigung sehr skeptisch gegenüberstehen muß, weil sie die aktuelle theologische Auseinandersetzung häufig fast unmittelbar mit dem endzeitlichen Kampf zwischen Christus und dem Satan identifiziert. Wenn jedoch die ökumenische Potenz der Melanchthonischen Theologie im katholischen Raum heute neu entdeckt wird, so ist dabei völlig klar, daß es sich darin nicht um eine Ökumene auf Kosten Luthers handeln kann. Nicht nur die zentrale Rolle Luthers, sondern auch die Theologie Melanchthons selbst stünde dem klar entgegen. Noch in seinem Testament hatte dieser ja bekannt, von Martin Luther das wichtigste, nämlich das Evangelium gelernt zu haben. Aber vielleicht gehört gerade auch das zur Größe Luthers, bei aller psychologischen und theologischen Verschiedenheit in Melanchthon immer seinen wichtigsten reformatorischen Mitstreiter anerkennen zu können. Das bedeutet aber sowohl für die konfessionelle wie auch für die ökumenische Hermeneutik der Reformation, daß das „Reformatorische" in seinen geschichtlichen Ursprüngen und in seiner grundlegenden Intention ökumenisch gesehen erheblich offener ist, als dies von seiner bisherigen protestantischen und katholischen Rezeptionsgeschichte her erscheint. In diesem Zusammenhang kann man auch katholischerseits voll und ganz zustimmen, wenn Melanchthon die „größte oekumenische Gestalt der Reformationszeit" (Jørgen Larsen) genannt wird.

Melanchthon und die katholische Kirche

Jörg Haustein

Hinter dem Thema „Melanchthon und die katholische Kirche“ verbergen sich eigentlich zwei Themen: „Melanchthon und der römische Katholizismus seiner Zeit“ und „Katholizismus bzw. Katholizität bei Melanchthon“.[1] Es geht also um mehr als eine chronologische oder thematische Darlegung der Beschäftigung und Auseinandersetzung des Reformators mit den päpstlichen Theologen.[2] Vielmehr soll auch skizziert werden, inwieweit die Katholizität der Kirche für Melanchthon ein Kernbegriff seiner Ekklesiologie wurde. Es überrascht nun nicht, daß er seine Vorstellungen von Einheit, Apostolizität und Katholizität der Kirche gerade in Auseinandersetzung mit dem römischen Katholizismus entwickelte. Ja man kann vielleicht die Behauptung aufstellen, Melanchthon sei der Vordenker „katholischer Kirche“ im 16. Jahrhundert gewesen. Vielleicht ist dies mit ein Grund dafür, daß er von päpstlicher Seite mehr auf eine ganz andere Weise beachtet und von manchen auch mehr gefürchtet wurde als Luther. Freilich zu einer

[1] Zu diesem Thema vgl. neben Gesamtdarstellungen zu Melanchthon die beiden Beiträge von Rolf Schäfer und Siegfried Wiedenhofer in diesem Band, ferner: Adolf Sperl, Melanchthon zwischen Humanismus und Aufklärung, München 1959, besonders 179-198; Lauri Haikola, Melanchthons Lehre von der Kirche, in: Walter Elliger (Hrsg.), Philipp Melanchthon. Forschungsbeiträge zur Wiederkehr seine Todestages, Berlin 1961, 91-97.

[2] Es kann hier nur auf das terminologische Problem hingewiesen werden, wie denn nun diejenigen zu bezeichnen seien, die die Reformation ablehnten und ihr entgegentraten: „Papisten“ ist als polemischer Terminus ebenso unzulänglich wie „Katholiken“ als euphemistische Eigenbezeichnung. Man kann zwar von „Reformatoren“ sprechen, aber natürlich nicht von „Gegenreformatoren“, und „katholische Reformer“ gab es nur bis zum Tridentinum, vgl. Gottfried Maron, Das Schicksal der katholischen Reform im 16. Jahrhundert, in: Ders., Die ganze Christenheit auf Erden. Martin Luther und seine ökumenische Bedeutung, Göttingen 1993, 123-135. „Altgläubig“ ist zwar gängig geworden, verschleiert aber, daß sich ja gerade die Reformation als „altgläubig“ verstand und ihren Gegnern illegitime und willkürliche Neuerungen ankreidete.

Zeit, wo manche seiner Kontrahenten die Art von Kirche und Katholizität, die Melanchthon wollte, selber bei sich durchgesetzt gesehen hätten. In einer Gegenwart, in der die Kirchen und Konfessionen auch in ekklesiologischen Fragen offener zu werden scheinen, kann der „katholische Melanchthon" vielleicht Anstöße geben, die zu seiner Zeit keine Früchte zeitigen konnten.

Neben der wechselvollen Beziehung zwischen dem humanistischen Reformator und reformatorischen Humanisten Philipp Melanchthon und dem „Gegenpart", der römischen Kirche, ihrer Hierarchie und ihren theologischen Vetretern, soll hier also auch eine Skizze dessen versucht werden, was für ihn und seine Ekklesiologie das „catholica ecclesia" bedeutete.

I.

Melanchthons Beziehung zum römischen Katholizismus steht unter drei Vorzeichen, einem biographischen, einem kirchenrechtlichen und einem konfessionskundlichen. Diese drei bedingen die auf den ersten Blick starken Schwankungen in Melanchthons Haltung von scharfer und in der Polemik Luther kaum nachstehender Ablehnung bis zu der Nachgiebigkeit, die man immer wieder bei ihm glaubt ausmachen zu können.

Biographisch ist anzumerken, daß Melanchthon 42 Jahre im Dienste der Reformation wirkte (1518-1560) und das bedeutet: sehr lange. Zum Vergleich: Zwingli ca. 13 Jahre, Luther und Calvin ca. 28 Jahre, Bugenhagen ca. 37, Bucer ca. 30. Allenfalls Nikolaus von Amsdorf übertrifft ihn um zwei Jahre. Doch bei Melanchthon kommt hinzu, daß er die ganze Zeit die gleiche Position besetzte und nie die „Arbeitsstätte" verließ. Zugespitzt formuliert beginnt Melanchthons reformatorische Tätigkeit noch fast im späten Mittelalter und endet im Konfessionellen Zeitalter. In einem solchen Zeitraum sind Veränderungen, auch Wechsel in der Beurteilung der Dinge zwar nicht zwingend, aber doch verständlich.

Melanchthon war in Wittenberg der Mann nach Luther. Als über diesen Bann und Acht verhängt wurden, rückte er automatisch auf. Das blieb in der Zeit der Religionsverhandlungen so, denn es war Luther praktisch unmöglich, an Verhandlungen auf „neutralem" Boden teilzunehmen. Nur so konnte der Eindruck entstehen, Melanchthon sei der Verhandlungsbereite, Luther hingegen der Standhafte. Melanchthon mußte Vieles vertreten, was mit seinen eigentlichen Anliegen nicht immer deckungsgleich war.

Konfessionskundlich ist vorauszuschicken, daß bis weit in die Zeit des Tridentinums hinein der kirchliche Werdegang Deutschlands und Europas völlig im Fluß war. Das Verhalten der entscheidenden politischen und kirchlichen Kräfte war kaum vorhersehbar. Die konfessionelle Aufteilung Europas um 1600 ist ein historisches Zufallsprodukt, in manchen Gegenden (Niederlande) entschied schlichtweg eine Waffenstillstandslinie. Die Möglichkeiten kirchlicher Neuordnungen dürfen nicht aus der Retrospektive beurteilt werden: man konnte sich ja nicht zwischen dem entscheiden, was *heute* katholische und evangelische Kirche sind. Melanchthon verstand sich folgerichtig als Exponent einer theologischen *Richtung*, die gegen eine andere theologische Richtung argumentiert oder aber mit ihr verhandelt. Es standen nicht Theologen der evangelischen Kirche(n) gegen Theologen der (römisch-)katholischen Kirche.

Als Melanchthon 1518 nach Wittenberg kam, war er ein Kind des papstkritischen und reformfreudigen Teils der Christenheit, für die eben Männer wie Erasmus oder Reuchlin standen. Melanchthon war bekanntlich mit jenem geistig, mit diesem tatsächlich verwandt. Von daher ist seine reibungslose Einfügung in die Reformation Luthers keine Überraschung. Rasch vollzog sich nach der Leipziger Disputation die Solidarisierung. Melanchthon berichtete seinem Freund Johann Oekolampad von Luthers „Sieg“ über den konservativen Eck, was der Ingolstädter Theologe dem „arroganten Jüngling“ übel nahm. Schließlich tritt Melanchthon noch 1519 in die Öffentlichkeit mit seiner „Defensio contra Johannem Eckium“.[3] Der junge Humanist tritt so literarisch als der erste „Lutheraner“ auf. Die Gattung dieser „Verteidigungsschriften“ zugunsten der Reformation Luthers gegen die papsttreuen Theologen wird zu einem Kontinuum seiner Arbeit. Er wendet sich 1521 gegen die Pariser Fakultät ebenso wie 1524 an den Legaten Campeggio, um den Kollegen und Freund zu unterstüt-

---

[3] StA I, 12-22.

zen.[4] Dabei war Melanchthons Argumentation bereits prinzipieller gegen das römische „System“ gerichtet als Schriften vergleichbarer „Mit“reformatoren, deren Thematik stark von Fragen wie Ablaßpraxis, Mönchsgelübde, Priesterehe, Abendmahl in beiderlei Gestalt etc. geprägt war.: „hier lagen Schriften von so grundsätzlicher Art und heftiger Bestreitung des römischen Standpunktes vor, daß der Vatikan ebenso wie die Sorbonne sich ernsthaft darüber besinnen mußten“.[5]

Schon der Brief an Campeggio ist eine Quintessenz der Position, die er später einnehmen wird, wenn es um alles oder nichts geht: Es geht „nit umb die Ceremonien“, denn „es ißt ain Gotloß ding, vermainen, daß die macht ains Christlichen lebens ganz und gar daran allain gelegen sei, daß man die Ceremonien aintweders veracht oder halt“. Es gehe vielmehr darum, „[1] was unterschaidts sei zwichen menschen frumkait oder gerechtigkait und Gottes gerechtigkait, [2] mit was weg des menschen gewißne wider die porten der hellen zu sterken sei, [3] In welchen dingen die recht bußfertigkait stande“.[6]

II.

Der Verlauf des Augsburger Reichstages zeigte, daß der Kaiser und die römische Partei nicht gewillt weren, auf diese Grundunterscheidung Melanchthons – gleichzeitig das Verhandlungsangebot der protestierenden Stände – einzugehen. Es ging ihnen nur um kompromißlose Beibehaltung der „Ceremonien“. Die CA gilt unbestritten als ein Dokument, das die Katholizität der Reformation belegen sollte. Sie war aber wirklich nur „verhandelbar“, wenn die Gegenseite von vornherein mit einer de facto papstlosen katholischen „Teilkirche“ einverstanden gewesen wäre. Die Verhandlungen auf Druck der beteiligten politischen Mächte wurden nach dem zu erwartenden Scheitern dieser Möglichkeit ernsthaft geführt und führten zu den evangelischerseits weitesten Kompromißüber-

---

[4] Adversus furiosum Parrisiensium Theologastrorum decretum Philippi Melanchthonis pro Luthero apologia, StA I, 141-162; Iudicium de Luthero ad Campegium, CR 1, 657-658. Vgl. die deutsche Fassung des Briefes, Textauswahl Nr. 5.

[5] Robert Stupperich, Der unbekannte Melanchthon. Wirken und Denken des Praeceptor Germaniae in neuer Sicht, Stuttgart 1961, 86.

[6] Vgl. Textauswahl Nr. 5.

legungen: Anerkennung der hergebrachten bischöflichen Verfassung gegen evangelischen Gottesdienst einschließlich des Abendmahls in beiderlei Gestalt und Leitung durch verheiratete Priester. Es war aber eben nicht Melanchthon allein, sondern die Gruppe der evangelischen Unterhändler, die dies nicht ohne Zustimmung ihrer Obrigkeit anboten. Der Unmut einiger protestantischer Stände wie Nürnberg oder Hessen richtete sich aber gegen Melanchthon. Er wurde zum Synonym für eine zu nachgiebige Haltung.

Wo liegen die Gründe hierfür? Wie kam es, daß einerseits Campeggio den ja sofort zurückgewiesenen Versuch machte, Melanchthon zu bestechen? Wie kam es, daß die Nürnberger Melanchthon vorwarfen, er würde so für die römische Seite arbeiten, als sei er bestochen worden? Verschiedene Ängste einerseits und Fehleinschätzungen andererseits dürften hier zusammenfließen. Melanchthon war der Sprecher der evangelischen Theologen. Alle Angebote wurden zunächst aus seinem Mund wahrgenommen. Das psychologische Moment darf nicht unterschätzt werden, daß der „eigentliche" Sprecher Luther mattgesetzt war. Melanchthon stand somit unter mißtrauischer Beobachtung und es war sicher, daß hier leicht die Mythenbildung stattfinden konnte vom Luther, der mit dem Vorgehen nicht einverstanden gewesen wäre. Die römische Seite wiederum kannte Melanchthon als einen, der in den Fragen von „Äußerlichkeiten" eine eigene Position vertreten konnte und zudem auch in un- und antireformatorischen Humanistenkreisen Ansehen genoß. So wie die evangelische Seite irrtümlich eine auf Kompromiß abzielende Gleichbehandlung in der Einheitsfrage durch Kaiser und Reichstag erhofften, so mögen manche der päpstlichen Partei mit einem Melanchthon gerechnet haben, der vielleicht noch in die Gruppe der humanistisch gesinnten Freunde einer gemäßigten Reform ohne schwerwiegende Eingriffe hineinzuziehen sei.

Für Melanchthon selbst war zu keinem Zeitpunkt zweifelhaft, daß die päpstlich-römische Partei die Gegenseite war. Konnte er wie Luther schon längst im Papst den Antichrist sehen, so ist er dennoch zu dieser Zeit im Ton verständlicherweise moderater und um theologische Neutralität bei der Beurteilung seiner Gegner bemüht. Die CA verzichtete (natürlich) noch gänzlich auf eine Nennung der Gegenpartei, da ja lediglich die eigene Haltung gefragt war. Die Erstfassung der

Apologie, die Karl V. beinahe entgegengenommen hätte, folgt dieser Zurückhaltung weitgehend. Nur einmal werden zum Kirchenartikel (VII.) die „adversarii" genannt, und hier nur, um die Übereinstimmung über das Vorhandensein von Bösen in der Kirche zu erweisen. Erst in der Überarbeitung der Apologie von 1531 stellt Melanchthon regelmäßig die eigenen Positionen denen der „adversarii", der „Widersacher" entgegen.

Neben vielen anderen Änderungen fällt in diesem Zusammenhang eine Besonderheit auf: die ursprüngliche Apologie betont noch mehr als die CA explizit die „Katholizität" des reformatorischen Standpunktes besonders im ersten Teil. Die CA schloß mit der Beteuerung, daß bei den evangelischen Ständen „nichts, weder mit Lehre noch mit Ceremonien, angenommen ist, das entweder der heiligen Schrift oder gemeiner christlichen Kirchen zuentgegen wäre" („in doctrina ac caeremoniis apud nos nihil esse receptum contra scripturam aut ecclesiam catholicam").[7] In der Apologie findet sich eine vergleichbare Wendung zum Artikel II (Erbsünde): Der Kaiser könne sehen, daß man hier das gleiche lehre und meine, was die allgemeine Kirche meine („quod catholica ecclesia sentit"[8]); zu den Artikeln IV und VI (Rechtfertigung): nicht den eigenen Werken zu vertrauen, gebühre jedem Katholiken zu glauben („fateri omnes catholicos opportet"[9]). Ähnlich zu verstehen ist bezüglich des Abendmahls in beiderlei Gestalt (Artikel XXII) die Betonung, dies sei von Christus für die gesamte Kirche gestiftet und angeordnet („pro tota ecclesia instituta" bzw. „ordinata"[10]) und somit nicht menschlicher Beliebigkeit unterworfen wie andere Riten und Gebräuche. So wie für ihn selbst die Katholizität der eigenen Position außer Frage steht, so sehr ist für ihn die Gegenpartei mit der katholischen Kirche nicht identisch. In der Augsburger Zeit beschränkt er sich auf

[7] BSLK 134.21-25 und 134, Satz 5.
[8] BSLK 148.48.
[9] BSLK 158.33f.
[10] BSLK 328.54 und 329.50.
[11] Melanchthon an Campeggio, [4.] Juli 1530, StA VII/2, 197. Dies wurde aber von Melanchthon schon als Steigerung empfunden, wenn er an Campeggios Sekretär Lukas Bonfius schreibt, die CA enthalte nichts was von der Schrift, ja selbst (!) von der römischen Kirche abweiche („Dissentiens vel a Scriptura vel ab ipsa etiam Ecclesia Romana"), vgl. Melanchthon an Bonfius, [7. Juli 1530], StA VII/2, 200.

die eigene Übereinstimmung mit der katholischen Kirche. Ja, in einem seiner Briefe an Campeggio kann er sogar die Übereinstimmung mit der römischen Kirche reklamieren: „Wegen keiner Sache müssen wir in Deutschland mehr Haß erleiden, als daß wir mit größter Festigkeit die Dogmen der Römischen Kirche verteidigen"![11]

Dies dürfte die eigentliche „Diplomatie" Melanchthons als Sprecher seiner Partei sein. In den folgenden Jahren stellt er deutlicher heraus, daß die katholische Kirche in ihrer Sichtbarkeit in den Kirchen der lutherischen Reformation verwirklicht ist und die „adversarii" das Attribut der Katholizität zu Unrecht für sich in Anspruch nehmen.

In dieser Zeit weiß Melanchthon wohl zu unterscheiden zwischen kompromißlosen Gegnern, wie etwa Johann Eck, und Vertretern der römischen und deutschen Hierarchie, wie Albrecht von Mainz, Campeggio, dem Augsburger Bischof Christoph von Stadion oder dem kaiserlichen Prediger Aegidius. Indem er dem letzteren gegenüber auch von „den Gegnern" spricht, reiht er ihn ja in deren Reihen gerade nicht ein![12] Gegenüber Albrecht beschwört er in Augsburg die Einheit der „ecclesia catholica" gegenüber tatsächlichen Neuerungen, die im Falle kriegerischer Auseinandersetzungen zwischen reformatorischen und papsttreuen Territorien zweifellos zunehmen würden. Die Angst vor dem Religionskrieg ist daher nicht nur eine Angst vor den gesellschaftlich-sozialen Auswirkungen eines Bürgerkrieges, sondern zuallererst die Angst vor einer Zerrüttung der „catholica".[13]

Über die direkten Kontrahenten Johann Faber, Johann Cochläus und Johann Eck hingegen äußert er sich polemisch und abschätzig: sie wollten wie einige Fürsten nur Gewalt und Krieg[14], versuchten in dieser Hinsicht Campeggio zu beeinflussen[15], sie seien Heuchler.[16] Die Parteien, die in Augsburg miteinander ringen, sind für Melanchthon also die Vertreter der katholischen Kirche (er selbst, seine Kollegen und die evangelischen Stände) und die „Eck'sche Horde" („grex Ecci-

[12] Vgl. Melanchthon an Aegidius, 22. September 1530, StA VII/2, 306f.
[13] Vgl. Melanchthon an Albrecht, 3. Juni 1530, StA VII/2, 166.
[14] Vgl. Melanchthon an Luther 27. Juni 1530, StA VII/2, 191.
[15] Vgl. Melanchthon an Dietrich, 8. Juli [1530], StA VII/2, 203.
[16] Vgl. Melanchthon an Luther, 8. Juli [1530], StA VII/2, 29.

ana").[17] Es ist sein Irrtum und Grund seiner Enttäuschung gewesen zu meinen, der Kaiser und manche Bischöfe und Stände, die sich (noch) nicht der Reformation angeschlossen hatten, seien eine Art Mittelpartei.

Im Gefolge des Augsburger Reichstages wird die Zweiteilung in „Evangelisch" und „Römisch-Päpstlich" manifest, die „Widersacher" werden mehr und mehr zur römisch-katholischen Gegenseite und Melanchthons Schärfe nimmt zu.

III.

Als in der Mitte der dreißiger Jahre unter dem Pontifikat Pauls III. ein Konzil in greifbare Nähe rückt, verstärkt sich auch Melanchthons Beschäftigung mit Kirche und Katholizität. Zu der Behauptung der Katholizität der eigenen Position tritt nun noch die Frage, ob und unter welchen Voraussetzungen ein Konzil evangelischerseits zu beschicken sei.

Im Mittelpunkt steht zunächst die in Augsburg ausgeklammerte, allenfalls indirekt behandelte Frage nach der Jurisdiktion des Papstes, die in Schmalkalden 1537 ausführlich behandelt wurde. Der unter Melanchthons Federführung zur Ergänzung der CA verfaßte Traktat „Von der Gewalt und Oberkeit des Babsts" lehnt zunächst die Ansprüche des gegenwärtigen Papsstums als Neuerungen ohne ausreichenden historischen, geschweige denn theologischen Hintergrund ab. Es sei Kennzeichen nicht der katholischen Kirche, sondern der westlichen, römisch geprägten Christenheit geworden. So, wie es sich präsentiere, sittlich, politisch (im Verhältnis der Päpste zu den Kaisern), vor allem aber theologisch (indem es offenkundige Mißbräuche und Irrtümer duldet und fördert), weise es antichristliche Merkmale auf. Daher ist eine Unterordnung unter den Papst nicht nur als eigene Möglichkeit ausgeschlossen: „Die es aber mit dem Babst halten und seine Lehr und falsche Gottesdienst verteidigen" – mit anderen Worten: der gesamte später als „katholisch" bezeichnete Teil der westlichen Christenheit – „die beflecken sich mit Abgotterei und gottslästerlicher Lehre und laden auf sich alles Blut der frommen Christen, die der Babst und die Seinen verfolgen, die verhin-

[17] Vgl. Melanchthon an Luther 15. Juli [1530], StA VII/2, 220.

dern auch Gottes Ehr und der Kirchen [!] Seligkeit, weil sie solche Irrtumb und Laster fur aller Welt und allen Nachkommen zu Schaden verteidigen."[18]

Fast gleichzeitig kann Melanchthon seiner Unterschrift unter Luthers Schmalkaldische Artikel den Zusatz anfügen: „vom Babst aber halt ich, so er das Evangelium wollte zulassen, daß ihm um Friedens und gemeiner Einigkeit willen derjenigen Christen, so auch unter ihm sind und auch kunftig sein werden, sein Superiorität uber die Bischofe, die er hat jure humano, auch von uns zuzulassen."[19] Der Unterschied zu Luther liegt in seinem Kirchenverständnis, seinem „ökumenischen Optimismus" und seinem Bestreben, keine Brücken abzubrechen. Wie Luther geht es ihm um die Einheit der Kirche. Doch für diesen steht hier der pragmatische Nutzen eines Jurisdiktionsprimates im Mittelpunkt, nämlich „damit die Einigkeit der Christenheit wider die Rotten und Ketzerei deste baß erhalten wurde".[20] Auch Luther denkt an die Möglichkeit eines solchen Primates ausschließlich nach menschlichem Recht. Doch er kommt zu dem definitiven Schluß: „Summa, er [der Papst] kann's nicht tun." Dafür kann er sich, anders als Melanchthon, ein freiwilliges Christentum unter dem Papst vorstellen. Melanchthons Note ist nur auf den ersten Blick ein größeres Entgegenkommen. Inhaltlich entspricht sie genau der Haltung, die er stets vertreten konnte: Kirchenstruktur und bischöfliche (päpstliche) Autorität können ertragen werden bei Zulassung des „Evangeliums", und das heißt natürlich auch: Zulassung der „evangelischen" Konsequenzen: evangelische Messe und Meßverständnis, Abendmahl in beiderlei Gestalt, Priesterehe. Anders als für Luther – der „Tractatus" zeigt es – ist für Melanchthon das Vorhandensein einer „katholischen" Papstkirche neben seiner eigenen katholischen Kirche ohne Papst unvorstellbar.

Die Illegitimität der römisch-päpstlichen Kirche gegenüber der Kirche der Reformation theologisch zu erweisen, unternimmt er in den folgenden Jahren. Als kirchenpolitischer Hintergrund kommt hinzu, daß nach dem Augsburger Reichstag und dem Entstehen von Schmalkaldischem und Nürnberger

---

[18] BSLK 489.17-27.

[19] BSLK 463.10-464.4; s. u. 178.

[20] Schmalkaldische Artikel II, Artikel 4 (Papsttum), BSLK 429.10f.

Bund der Druck auf die „Unentschiedenen" gewachsen war, sich zwischen Rom und Wittenberg zu entscheiden. 1539 erschien anonym die Schrift „Die fürnemisten Unterscheid zwischen reiner Christlicher lere des Evangelii und der Abgöttischen Papistischen Lere"(Vgl. Textauswahl 6). Mit ihr begründet Melanchthon die Gattung der antithetisch vergleichenden kontroverstheologischen Unterscheidungslehre, die für Jahrhunderte bestimmend blieb und auch heute noch nicht völlig überholt ist. Trotz der polemischen Wertungen kann man vielleicht vom Ansatz einer ersten evangelisch-katholischen Konfessionskunde sprechen. Sechzehn „Unterschiede" werden aufgezählt, zu den Bereichen: Glaube und Werke, Heiligenanrufung, Sakramentspraxis, Buße, Exkommunikation, „Menschensatzungen", Zölibat, Mönchsgelübde, Sündenverständnis, Gesetz und Evangelium, Wallfahrten, Fegfeuer, Obrigkeit. Es fehlen Amt und Ordination, Bischöfe und bischöfliche Jurisdiktion, Papst und Primat.

Jeweils gegenübergestellt sind kurze Abschnitte, auf der einen Seite eingeleitet mit „Das Evangelium leret" o.ä., gegenüber mit: „die Papisten sagen", „der Papst lehrt" etc. Der Aufbau der Schrift zeigt wiederum Melanchthons didaktisches Geschick, doch auch seine eindeutige Verurteilung eines großen Teils der spätmittelalterlichen Glaubenslehre und -praxis. Den Abschluß der Gegenüberstellung bilden zwei biblische Winke mit dem Zaunpfahl: Gal 1,8: „Wer ein anderes Evangelium lehrt, der sei verdammt" und 1 Kor 10,14: „Flieht den Götzendienst". Jedem Leser mußte nun klar sein, wer mit diesen beiden Sprüchen gemeint war: mit dem ersten die „Papisten" und mit dem zweiten er, der Leser selbst.

IV.

Aus dem gleichen Jahr stammt Melanchthons ausführlichste ekklesiologische Schrift: „Von der Kirche und der Autorität des Wortes Gottes". Auf seine Art „katholisch" unternimmt er ausführlich den Versuch, die Reformation als kirchlich notwendig und als in der Heilsökonomie und der Kirchengeschichte nicht ungewöhnlichen, sondern regelmäßig erforderlichen Prozeß darzustellen, der die Kirche wieder zum katholischen Glauben, d.h. in die Gemeinschaft mit der alten unverfälschten Kirche zurückbringt. Die Geschichte Israels und damit eben auch der Kirche als des neuen Israel ist nicht geradlinig, sondern wechselhaft. Ja es gehört geradezu zu den Kennzeichen der wahren Kirche, daß sie nicht nur ewig ist, sondern auch unbeständig: „die wahre Kirche blüht nicht immer gleichermaßen, sondern ist oft geradezu unbedeutend, doch immer wird sie wunderbarerweise wiederhergestellt“.[21] Das gilt einmal für ihre Größe: Vor der Sintflut bestand sie nur aus Noah und seiner engeren Familie, später aus der Sippe Abrahams, zu Jesu Zeiten nur aus Maria, Joseph, der Familie des Zacharias und wenigen anderen. Doch gerade das Neue Testament zeigt in qualitativer Hinsicht, daß die Wiederherstellung, Wiedererneuerung, Wiedergeburt, schließlich „Re“formation (diese Begriffe tauchen hier bei Melanchthon gehäuft auf) nicht von den offiziellen Religionsinstanzen ihren Ausgang nehmen müssen. Jesus ist eben kein Hoherpriester, auch die Apostel nicht. Übertragen auf seine Gegenwart folgert er, daß die bischöfliche Kirchenstruktur, die bischöfliche Sukzession als „bürgerliche“ Verwaltungselemente natürlich nicht zur reinen Lehre des Evangeliums (pura doctrina evangelii) gehören können. Ja, die Behauptung, hier läge eine gottgewollte Ordnung vor, führt die Seelen in die Irre. Die Kirche ist nicht ein „Bischofsstaat“ (politia pontificum), der an eine geordnete Sukkzesion gebunden sei wie weltliche Reiche an Thronfolgen. Die Kirche ist eine Gemeinschaft, die nicht an Sukzession, sondern an des Wort Gottes gebunden ist.

Melanchthon greift hier eine Tradition heraus, die wie das Papsttum zur konfessionellen Eigenart der römisch-katholischen Kirche wurde. Er sieht, daß das theologisch-heilsgeschichtliche Festklopfen einer gewachsenen Kirchenstruktur in dem Augenblick, wo es nicht mehr von allen (in diesem Fall von den Reformationskirchen) mitgetragen wird, der Kirche wieder etwas von ihrer Katholizität raubt. Die Geschichte dürfte ihm recht gegeben haben. Selbst die Kirchen, die eine bischöfliche Sukzession beibehalten haben, haben keine Gemeinschaft mit Rom, weil ihre Sukzession eben nach anderer „Ordnung“ vor sich geht. Melanchthons differenzierende Ekklesiologie zeigt an dieser Stelle, daß die bischöfliche Sukzession Kirchen nicht eint, sondern erst recht spaltet. Sie steht einer wahren Katholizität der Kirche entgegen. Wenn Me-

[21] Vgl. StA I, 328.

lanchthon die Jurisdiktion der Bischöfe anzuerkennen bereit ist, dann eben nur zur Abwendung des Religionskrieges und um der äußeren Einheit der Kirche, nicht wegen ihrer theologischen Notwendigkeit.

Daher geht es bei seiner Darstellung immer um das, was nach der Definition des Vinzenz von Lerin „von allen, zu allen Zeiten und überall geglaubt wurde", freilich mit einem Schwerpunkt auf dem zeitlichen Aspekt. Im Mittelpunkt steht der „Konsens der wahren Kirche", die „Kirche aller Zeiten".[22] Kern seiner Überlegungen ist ein qualitativer Traditionsbegriff im Unterschied zu einem quantitativen: Von den Aposteln an gehören sehr unterschiedliche Entscheidungen zur Überlieferung. Ohne Anspruch auf Vollständigkeit, aber doch ausführlich, durchstreift Melanchthon die Dogmengeschichte. Das biblische Dictum, auf das er sein „qualitatives Traditionsverständnis" baut, ist 1 Kor 3,11: auf dem einen Grund Jesus Christus wird mit Gold, Holz oder Stroh weitergebaut, die aber erst im Laufe der Geschichte offenbar werden. Das Gold sind die Glaubensartikel, das Stroh bzw. die Stoppeln (stipulae) menschliche Zusätze, die vergänglich und nutzlos sind. Beide bestehen in der wahren Kirche, müssen aber unterschieden werden: „Selbst die wahre Kirche hat einige mehr, einige weniger reine und klare Lehren".[23] So hätten einige der Apostel als unzweifelhafte Glieder der Kirche ja noch die Beobachtung des Gesetzes vertreten. Ambrosius habe als großer Kirchenlehrer die Notwendigkeit der vorösterlichen Fasten vertreten, Basilius der Große das Mönchswesen gelobt und gefördert, beides Beispiele für Stroh zwischen dem Gold. So wird ein Gang durch die altkirchlichen Konzilien und die Kirchenväter bis zu Gregor dem Großen gemacht. Melanchthon ist sich darüber im Klaren, daß seine Gegner ihm hier natürlich ihr Traditionsverständnis vorhalten können und im Falle der Obengenannten eben die altkirchliche Tradition von Fasten und Mönchtum als katholisches Glaubensgut gegen die Neuerung der Reformation stellen. Daher fügt er als Begründung und Kriterium bei, daß gegen das erste Gebot verstoßen würde, wenn willkürlich neue Kulte errichtet würden. Hier sei etwa das Mönchtum einzuordnen.

---

22 Vgl. StA I, 327.
23 Vgl. StA I, 331.

Weitere Unterscheidungs- und Kontrollmöglichkeiten folgen: Die Kirche tradiert das Evangelium, aber doch auch Irrtümer, die die Glaubensartikel verdunkeln. Daher muß auf dreierlei geachtet werden: 1. „Wo die Autorität der Kirche angeführt wird, ist zu fragen, ob es einen Konsens der wahren Kirche gab, der mit dem Wort Gottes übereinstimmt". 2. Manche Verfasser sind unzuverlässige, manche gar keine Glieder er Kirche. 3. Wenn – wie schon oft geschehen – „eine Mehrheit der Untreuen die Kirche regiert, dann richtet diese im Namen der Kirche zahlreiche Falschheiten und Treulosigkeiten auf".[24]

Hinzu kommt als weitere Warnung: „Wir sollen die lehrende und mahnende Kirche anhören, doch ist etwas nicht wegen der Autorität der Kirche zu glauben; denn so weit die Kirche auch lehrt und ermahnt, sie schafft keine Glaubensartikel".[25]

Melanchthons Fazit seiner hier aus der Dogmengeschichte entwickelten Ekklesiologie: nachdem, „feststeht, daß wir die Lehre der Katholischen Kirche Christi (Catholicae Ecclesiae Christi), die in den Schriften der Propheten und Apostel und in den Glaubensbekenntnissen überliefert ist, bewahrt und beschützt haben, ist es offenkundig, daß wir mit der Katholischen Kirche Christi eines Sinnes sind (cum Ecclesia Catholica Christi sentire)".[26] Die Gegner sind gerade deswegen Gegner, weil sie nicht katholisch sind. Sie können angesichts ihres Verständnisses von Überlieferung nicht das Stoh vom Gold trennen, wollen das auch gar nicht. Melanchthons Selbstbewußtsein, bei der Frage um Sein oder Nichtsein der einen, heiligen, katholischen und apostolischen Kirche auf der richtigen Seite zu sein, ist ungebrochen. Beide Seiten holen zugegebenermaßen aus dem „Fundus" der Tradition heraus, was in ihr theologisches Gefüge paßt, doch so, wie Biene und Spinne: „Ich weiß, daß man aus den Alten vieles heraussuchen kann, was gegen unsere Auffassung streitet. Doch ein jeder sucht für seine Haltung, was ihm am passendsten scheint, so wie aus derselben Blüte die Bienen Honig, die Spinnen aber Gift holen."[27]

---

[24] Vgl. StA I, 334.
[25] Vgl. StA I, 334.
[26] StA I, 375.
[27] Vgl. StA I, 376.

Ein „ungewohnter" Melanchthon wendet sich im gleichen Atemzug gegen Leisetreterei und Kompromisse um des lieben Friedens willen, auf Kosten der theologischen Wahrheit: „Es ist eine neue Art von Weisen entstanden, die, als ob sie gottlos wären, überhaupt keinen Streit über die Religion erregen wollen, die Frieden und Eintracht loben und alle ausreißen wollen, die irgendeine Zwietracht verbreiten."[28]

V.

Die Reklamation des Katholischen und Christlichen für die eigene Kirche im Gegenüber zu Papst und Römern führt schließlich zur Ablehnung des Konzils von Trient. Wiederum ist es Melanchthon, der um der Einheit willen einer Teilnahme am Konzil (zuerst Mantua, dann Trient) gegenüber nicht abgeneigt war, aber 1546 zu einem anderen Ergebnis kam: „Ursach, Warumb die Stende, so der Augsburgischen Confession anhangen, Christliche Leer erstlich angenommen und endtlich auch darbey zuverharren gedencken. Auch, Warumb das vermeinte Trientische Concilium weder zubesuchen noch darein zu willigen sey".

Der Hochschätzung von „guter ordnung und policey und einigkeit in allen Regimenten" stehe die Priorität der Wahrheitsfrage voran.

Freilich, ein Konzil abzulehnen, das man selbst jahrelang gefordert hatte, bedurfte einer guten Begründung. Melanchthon fand sie in der Überzeugung, daß es sich nicht um ein ökumenisches bzw. katholisches Konzil, sondern um ein Papstkonzil, ein Konzil der „adversarii" und des „Widerparts" handeln wird. Denn die römische Kirche beanspruche ja zu Unrecht den Namen der universalen Kirche und maße sich Befugnisse an (wie etwa die Konzilseinberufung), die ihr nicht zustünden. Hingegen sei ja 1. gerade der Papst die Ursache der Spaltung und daher am wenigsten geeignet, ein wirklich freies Konzil zu berufen, 2. seien die von ihm Eingeladenen natürlich von vornherein zur Verdammung der reformatorischen Kirchen verpflichtet: „wie wird auch der proceß geordnet, so man von der leere richten wird? Den anfang haben wir zwar

[28] Vgl. StA I, 377.

gesehen, das sy etliche Orationes und rede gehabt, in welchen dise heilige leut, so yetzt auff dem Concilio zu Trient versammlet, vermelden, das der Babst und sein anhang nye kein wasser betrübt, noch einen einigen Yrrthumb in der leere haben, das ander leut Ketzerey und yrrthumb erreget und außgebreitet, wen sy aber meinen, das ist offentlich."[29]

Es kommen zu diesen formalen Ablehnungsgründen die inhaltlichen hinzu. Die römische Kirche erweist sich als die falsche Kirche, da sie auf die Werke statt auf den Glauben setze, das Abendmahl zur Erlösung der Seelen aus dem erfundenen Fegfeuer mißbrauche, mit Wallfahrten und Heiligendienst Abgötterei treibe, mit dem Zölibat die Seelen verderbe.

Damit nicht genug, ist die römische Kirche vom Vernichtungswillen gegen die evangelische Kirche geprägt, für Melanchthon ist die gewaltsame Verfolgung und wo möglich, physische Vernichtung der evangelischen Kirchen und Christen ein Kennzeichen der römischen Kirche. Dagegen ist das Leiden und die Verfolgung, wie bei Luther, ein Kennzeichen der wahren Kirche. Hier wie in nahezu allen kontroverstheologischen Schriften gegen die Papstpartei prangert der Reformator und Humanist die Gewaltanwendung des „Gegenteils" an. Es scheint ihm, der im Unterschied zu Luther ja ständig in Verhandlungen und Kontakt mit Theologen der römisch-päpstlichen Partei stand, unerträglich gewesen zu sein, daß diese Partei hier verhandelte und dort gewaltsam und brutal gegen seine (= die) Kirche vorging.

Weiterhin wendet er sich auch an dieser Stelle nicht nur gegen die schon fest geschlossene katholische Seite, sondern auch gegen die Mittelpartei, die zwar Mißbräuche erkennt und ihre Abschaffung fordert, aber doch so, daß niemand von sich aus, ohne Zustimmung der „ordentlichen" kirchlichen Hierarchie, vorgehen dürfe. In jedem Falle seien Reformen in den traditionellen und vorgeschriebenen Gleisen vorzunehmen. Doch, so Melanchthon, handele es sich bei dem eben Genannten nicht um Mißbräuche und Fehlinterpretationen, sondern um Abgötterei und Verstöße gegen das erste Gebot. Mit anderen Worten: Es steckt kein Fehler im System, das Sy-

---

[29] StA I, 441.

stem ist der Fehler. Nur dadurch sei die Reformation als anderer Weg zu rechtfertigen. Man wisse, daß man eine Trennung in Kauf genommen habe, doch lediglich eine Trennung in der Lehre, nicht eine Kirchenspaltung. Ein reiner „Strukturkonservatismus" sei von den „weisen leut aller zeiten wider außbreitung Christlicher leer für gewant, stets gefürt und gebraucht"[30] worden. Eigentlich kreist die ganze ekklesiologische Schrift um den Erweis der Legitimität des evangelisch-reformatorischen Weges, um seine wahre, theologisch begründete Ordnungsgemäßheit.

VI.

Auch in einer seiner letzten Schriften erläutert Melanchthon seine Haltung zu den römisch-katholischen Gegnern vor dem Hintergrund seines eigenen Verständnisses von der Katholizität der Kirche. Doch die „Antworten, von Philipp Melanchthon auf die unfrommen Artiklel der Bayerischen Inquisition verfaßt" (1558), die Melanchthon als Teil seines theologischen Vermächtnisses ansah, sind doch gleichzeitig schon so etwas wie der Beginn eines evangelischen Rückzuges, was das Kirchenprädikat „katholisch" angeht, das mehr und mehr zur Eigenbezeichnung der heutigen katholischen Kirchen wurde.

Denn die Fragen der Jesuiten zeigen natürlich, daß die Fragen nach der katholischen Kirche eigentlich nicht auf eine theologische Antwort, sondern auf ein Bekenntnis zu Rom hinausliefen.

Melanchthon hingegen wiederholt auf die einleitenden Fragen nach der Kirche, ihren Erkennungsmerkmalen und ihrer Sichtbarkeit seine früheren Positionen: Das Wesen der Kirche besteht in der Lehre des Evangeliums, im Gebrauch der Sakramente, im Gehorsam gegenüber den Dienern des Evangeliums, nicht aber im Rang der Bischöfe, ihrer ordnungsgemäßen Sukzession, dem Primat des römischen Bischofs und sonstiger menschlicher Einrichtungen. Und „da die unfrommen Päpste ihre Wut unter den Heiligen ausüben, ist offenkundig, daß die wahre Kirche eine sichtbare Versammlung ist".[31]

---

30 StA I, 425.
31 Vgl. StA VI, 288.

Die vierte Frage der Inquisitoren lautete: „Ob man festiglich glaube und ohne Zweifel lehre, was die heilige Römische und Katholische Kirche gebietet zu glauben und vorschreibt?" Mit der Frage IV. tritt der Diskurs aus der Reformationszeit ins Konfessionelle Zeitalter. Das Prädikat der Katholizität als Ausdruck der Universalität und Grenzenlosigkeit der Kirche wird zum Bekenntisfaktor im Streit werdender Konfessionen. „Katholisch" wird vom Kirchenattribut zum Konfessionsnamen.

Der alte Reformator tritt dem noch einmal mit klaren Unterscheidungen entgegen: „Es ist die Vermischung von Römischer und Katholischer Kirche zurückzuweisen. Denn die päpstliche Schar ist nicht die Katholische Kirche, und es ist die Römische Kirche weder die Kirche des ganzen Erdkreises, noch sind die Bestimmungen der Römischen Kirche die Bestimmungen der universalen Kirche."[32] Eine weitere Unterscheidung betrifft die auf den ersten Blick unverdächtige Formulierung „was die Kirche gebietet zu glauben und vorschreibt (mandat credi et praecipit)". Was den Glauben angeht, so stimmen „unsere" Kirchen „mit der Katholischen Kirche, das heißt den Symbolen und den alten bewährten Schriftstellern, überein".[33] Menschliche Vorschriften aber sind nicht gleichermaßen katholisches Glaubensgut, daher am Wort Gottes zu überprüfen und gegebenenfalls abzutun.

Schließlich geht es in der sechsten Frage um das „konfessionelle Monopol" des „katholisch": „Ob man glaube, die Katholische Kirche sei bei denen, die nun die Römische Kirche und die Bischöfe, die ihr in ordnungsgemäßer Sukzession vorstehen, bekämpfen? Oder aber bei den Christen, die Katholisch genannt werden und die Einheit der Kirche bewahren, indem sie dem einen Römischen Papst gehorchen?"[34]

Melanchthon antwortet mit seinen bereits genannten Unterscheidungskriterien: Wo sind Verfolger, wo Verfolgte? Wo sind Mißbräuche, wo sind sie abgetan? „Ich antworte klar, daß die Kirchen, die unserer Konfession anhängen, aufs wahrhaftigste Glieder der katholischen Kirche Gottes sind und in diesen Zeiten die wahre Kirche Gottes... Ganz sicher ist, daß Ver-

[32] Vgl. StA VI, 290.
[33] Vgl. StA VI, 290.
[34] Vgl. StA VI, 292.

teidiger des Götzendienstes und von Irrtümern, die göttlichen Geboten und Glaubensartikeln widerstreiten, ...nicht Glieder der katholischen Kirche sind. Das sind heute die Päpste und ihre Satelliten, die die offenkundige Wahrheit bekämpfen und unter frommen Leuten ihre Wut ausüben."[35]

„Katholisch" ist bei Melanchthon also eine Selbstbezeichnung. Freilich eine Selbstbezeichnung, die er gegen die Ansprüche der späteren „Katholiken" verteidigen wollte. Es ging hierbei aber natürlich nicht um eine Frage der Namensgebung oder gar Parole – „hie gut katholisch/evangelisch allewege" –, sondern um ein im Glaubensbekenntnis verankertes Prädikat der Kirche. Kann Melanchthons Schärfe und radikale Verneinung der Legitimität und Rechtgläubigkeit der römischen Kirche überhaupt für das heutige Gespräch zwischen evangelischer Kirche und Katholizismus fruchtbar gemacht werden? Schon mit Blick auf Melanchthon selbst kann die Antwort nur „Ja" lauten. Denn auch bei ihm darf man Person und Werk nicht auseinanderreißen. Seine klare ekklesiologische Position hat ihn nie zur Verweigerung des Gesprächs gebracht, auch wenn er zuletzt von der Aussichtslosgkeit eines Dialogs überzeugt war. Doch auch inhaltlich tun sich Möglichkeiten auf, die katholischerseits durch das Zweite Vatikanum vorbereitet wurden: Durch das Abgehen von einem rein formalistischen Traditionsbegriff, der die Gesamtheit römisch-katholischer Lehr- und Dogmentradition für gleich verpflichtend betrachtete, nähert sich die katholische Kirche dem qualitativen Traditionsbegriff, wie Melanchthon ihn vertrat. Er hätte es wohl nicht „Hierarchie der Wahrheiten" genannt, da es für ihn nur eine Wahrheit gab, doch die hinter diesem Schlüsselbegriff neuerer katholischer Dogmatik stehende Vorstellung und Absicht der Relativierung kirchlicher Entscheidungen früherer Zeiten und des Setzens von Prioritäten kommt ihm sehr nahe. Weiter hat inzwischen die Frage der Rezeption großen Einfluß auf das Traditionsverständnis gewonnen. Ein formalistisches, quantitatives Traditionsverständnis ist ins Wanken geraten. Damit rückt auch das Überdenken eines ebenso formalistischen Begriffs von Katholizität in greifbare Nähe und in die Nähe des „Praeceptor Germaniae": „Katholisch" ist nicht

[35] Vgl. StA VI, 292.

mehr identisch mit der Zugehörigkeit zur römisch-katholischen Kirche. Katholizität ist an den Konsens aller Christen und Kirchen aller Zeiten gebunden. Nicht ein Lehramt einer Teilkirche bestimmt, was katholisch ist. Denn die Entscheidung einer Teilkirche kann ja zunächst nur partikular sein. Sondern der „consensus ecclesiae" ist Maßstab, mit dem allgemeine, christliche Kirche gemessen wird.

Sichtbare Einheit der Kirche ist für Melanchthon das höchste ekklesiologische Ziel theologisch-diplomatischer Arbeit gewesen. Es ist sein Appell an die heutigen Dialogpartner, sichtbare Einheit einer hingenommen sichtbaren Zweiheit oder Mehrheit vorzuziehen, auch wenn dabei liebgewonnene Traditionen wie universale Leitungsfunktionen oder provinzielle Unabhängigkeiten in den Hintergrund treten. Freilich, Melanchthons Unterscheidungskriterien, um die Katholizität der Kirche zu entdecken, sind im evangelisch-katholischen Dialog auch heute noch bedenkenswert: Auch wenn eine Verfolgung evangelischer Kirchen heute nicht mehr stattfindet wie vor 450 Jahren, so ist doch die prinzipielle Nichtanerkennung ihrer Kirchlichkeit ein Moment der Verunsicherung, in den vielen Diasporagegenden Süd- und Osteuropas auch der Benachteiligung. Die von Melanchthon als Argument gegen die Katholizität der römischen Kirche genannten praktischen Konsequenzen aus dem Meßverständnis, der Lehre vom Fegfeuer, den Heiligen, Wallfahrten usw. sind heute sichtbares Kennzeichen der römisch-katholischen Kirche. An ihnen scheiden sich aber oft genug die Geister: ist evangelischerseits alles in der katholischen Kirche machbare zwangsläufig Aberglaube? Ist katholischerseits alles, was in der evangelischen Kirche fehlt, ein Abbruch ihrer Kirchlichkeit?

Es kennzeichnet Melanchthons Größe, daß er die Relativität seiner Auffassung ahnt. Er kann in den Augsburger Verhandlungen frei zugeben, daß alles auf die Interpretation der vorgelegten Texte ankomme und damit auf die interpretierenden Personen, er kann, wie das Bild von Biene und Spinne zeigt, eine Andeutung der Subjektivität der Interpretationen machen. Heute würde er vielleicht noch zugeben, daß auch Spinnen nützliche Tiere sind. Würde er auf der Gegensätzlichkeit beider beharren, dann könnte er aber möglicherweise auch konzedieren, daß in allen Kirchen Bienen und Spinnen zu finden sind.

Melanchthon und die orthodoxe Kirche des Ostens[1]

Reinhard Slenczka

Das humanistische Interesse für die griechische Sprache und die reformatorische Einsicht in das Wesen der Kirche öffneten Philipp Melanchthon den Zugang zum Verständnis der orthodoxen Kirche des Ostens und zugleich die persönlichen Verbindungen zu ihr. In der östlichen Liturgie und bei den griechischen Kirchenvätern entdeckte man weitgehende theologische Übereinstimmungen, und zugleich wurde der Blick dafür geöffnet, daß die Grenzen der Kirche als Leib Christi nicht durch das kanonische Recht und die römische Hierarchie bestimmt sind.[2]

Zwei Schriftworte bilden dabei in wiederholter Begründung den roten Faden: Eph 2,20, wo es von der Gemeinschaft der Kirche aus Juden und Heiden heißt: „ ... erbaut auf den Grund der Apostel und Propheten, da Jesus Christus der Eckstein ist", sowie 1 Kor 3,11: „Einen anderen Grund kann niemand legen als den, der gelegt ist, welcher ist Jesus Christus."

Immer wieder verweist Melanchthon auf diese beiden Stellen.[3] Sie erinnern an das „θεμέλιον" / „fundamentum". Das aber ist nicht bloß eine Sache oder ein Thema, sondern personal bestimmt durch Jesus Christus, den gekreuzigten und auferstandenen Herrn, der zur Rechten Gottes erhöht ist. Beide Schriftworte verweisen aber auch auf das Heilsgeschehen, das sich in Zeit und Geschichte mit der Ausrichtung auf die Vollendung am Ende der Zeit und der Welt mit der Wiederkunft Christi zum Gericht über Lebende und Tote vollzieht.

---

[1] Vortrag auf der Tagung „Melanchthon und Ostmitteleuropa", veranstaltet vom Melanchthonhaus Bretten und der Lutherhalle Wittenberg in Bretten, 16. - 18. Mai 1996, für den Druck überarbeitet.

[2] Reinhard Slenczka, Lehre und Bekenntnis der Orthodoxen Kirche, in: Carl Andresen Hrsg, Handbuch der Dogmen- und Theologiegeschichte. Bd. II, Göttingen 1980, 499-559. 501 f.

[3] Pierre Fraenkel, Testimonium Patrum. The function of the patristic argument in the theology of Philip Melanchthon, Genève 1961, 338 ff.

Damit ist das theologische Leitmotiv für die nachfolgenden Hinweise zu Melanchthons Begegnung mit der orthodoxen Kirche des Ostens angegeben, aus der vier Aspekte herausgegriffen und vorgeführt werden sollen.

1. Reformation und Orthodoxie – Ein einführender Überblick

a) Der Reformation und den Reformatoren ging es nicht um theologische Neubildungen als Antwort auf Fragen aus der Situation der Zeit. Das Gegenstück zur *Re*formation ist vielmehr die *De*formation. Das Anliegen ist die Beseitigung von Mißständen und Mißbräuchen, die in der Kirche eingerissen sind. An der von Melanchthon in der endgültigen Gestalt redigierten „Confessio Augustana" von 1530 tritt dies in der Zweiteilung ihrer 28 Artikel deutlich hervor: Die ersten 21 Artikel sind die „Articuli Fidei Praecipui" – „Artikel des Glaubens und der Lehre". In ihnen wird zusammengefaßt, was den „magnus consensus" der katholischen Kirche in Raum und Zeit ausmacht.[4] Der zweite Teil mit sieben recht umfangreichen Artikeln steht unter der Überschrift „Articuli in quibus recensentur abusus mutati" – „Artikel, von welchen Zwiespalt ist, da erzählet werden die Mißbräuch, so geändert seind". Behandelt werden hier Mißstände in der kirchlichen Praxis wie der Kelchentzug bei der Austeilung des Abendmahls (22), die aus dem Amtszölibat erwachsenen Mißstände und der Hinweis auf die göttliche Einsetzung des Ehestandes (23), die Entartungserscheinungen im Zusammenhang der Kauf-, Votiv- und Winkelmessen (24), die Folgen einer falschen Beichtpraxis, die sich darin zeigen, daß die erschrockenen Gewissen nicht getröstet, sondern zusätzlich beunruhigt und zu immer neuen Bußleistungen angetrieben werden (25), die Einführung von Fastenordnungen, mit denen menschliche Überlieferungen und Ordnungen für heilsnotwendig erklärt werden (26), die Überhöhung der Klostergelübde und evangelischen Räte über Taufe und Ehe als geistlicher Stand und Ordnung (27) und schließlich die Vermischung von geistlicher und weltlicher Gewalt beim Bischofsamt (28).

---

[4] CA I; BSLK 83 c.

Die Übereinstimmung mit der Schrift als Wort Gottes und mit der Lehre der Väter, soweit sie schriftgemäß ist, ist das Kriterium für das, was in der kirchlichen Lehre und Praxis richtig oder falsch ist, was heilsnotwendig ist und was lokale oder regionale Ordnung sein mag, die jedoch nicht allgemeinverbindlich sein muß. So kann es in Geschichte und Gegenwart der Kirche verschiedene Traditionen und Ordnungen geben, die aber nicht die Einheit des Glaubens berühren, wie Irenäus sagt: „Ungleichheit im Fasten trennet nicht die Einigkeit des Glaubens“[5]. Oder, und hier erscheint in der von Melanchthon verfaßten Vorform der Torgauer Artikel „Von Menschenlehr und Menschenordnung“ ein erster Hinweis: „Die Orientischen hielten die Ostern zu einer andern Zeit dann die Romischen, und hat solchs kein Uneinigkeit in der Christenheit gebracht“[6].

Die entscheidende geistliche und systematische Voraussetzung für die Erkenntnis und Beseitigung der Deformation aber ist die Unterscheidung von Gottes Wort und Menschenwort, von Werk Jesu Christi und Werken der Christen.

b) Für die historische Betrachtung und Bewertung ist zu berücksichtigen, daß es damals die uns heute so selbstverständlichen konfessionellen Abgrenzungen bestimmter Kirchengemeinschaften in einem Staatswesen noch nicht gegeben hat. Das Problem von Kircheneinheit und Kirchengemeinschaft ist in jener Zeit immer zugleich ein Problem der Reichseinheit und der politischen Gemeinschaft. Unter der Trennung von Staat und Kirche in Deutschland seit 1919 und angesichts der Abwehr gegenüber allem Staatskirchentum vor und nach 1933 haben wir für diese Zusammenhänge oft nur wenig Verständnis. Doch Staat und Kirche gehören in der Reformationszeit eng zusammen. Wie eines das andere bedingt, ist an der Geschichte des Zerfalls von Kircheneinheit und Reichseinheit zu sehen sowie in der Entwicklung des Verhältnisses von Konfession und Nation oder Territorien.[7] Die Grenzen der evangelischen Landeskirchen in Deutschland sind bis

---

[5] BSLK 107.11f.

[6] BSLK 106.37f.

[7] Vgl. dazu Ernst W. Zeeden, Die Entstehung der Konfessionen. Grundlagen und Formen der Konfessionsbildung im Zeitalter der Glaubenskämpfe, München-Wien 1965.

heute Erinnerung an diesen Zusammenhang von Kircheneinheit und politischer Einheit.

Wie Kirche und Kultur im Blick auf die Grundlagen von Sitte und Recht sowie in Aufbau und Pflege von Schulen und Universitäten aufs engste verbunden sind, läßt sich an dem unermüdlichen Einsatz der Reformatoren sowie an dem Interesse von Kaiser, Fürsten, Ständen und Städten ablesen. Mit seinen großen Schulreden sowie mit seinem Einsatz bei den Religionsgesprächen hat sich gerade Melanchthon hier große Verdienste erworben. Freilich ist er dabei – nicht nur im interimistischen Streit – auch selbst Opfer seiner ausgleichenden Verständigungsbemühungen zwischen den kirchlichen und politischen Interessen geworden.

Das Problem, das sich an dieser Stelle in einer exemplarischen Weise abzeichnet, liegt in der Frage, wie sich die Unterscheidung und Trennung von wahrer und falscher Kirche zur politischen Trennung und Gemeinschaft verhält angesichts der Tatsache, daß die christliche Kirche nach ihrem Wesen und ihrer Verheißung niemals mit einem einzelnen Volk identisch sein und in ihm aufgehen kann, da das Volk Gottes aus allen Völkern der Welt durch das Wort der Verkündigung berufen und gesammelt wird. Diese Frage hat durchaus auch heute ihre Aktualität, wenn wir uns bemühen, die Verbindung und Übereinstimmung von Kirche und Gesellschaft nach Mitgliederbestand und Zustimmungsgrad zu sichern.

Die Leipziger Disputation zwischen Johannes Eck und Martin Luther von 1519, bei der Melanchthon einer der Begleiter Luthers gewesen ist, läßt diese Frage nach dem Verhältnis von Kirchengemeinschaft und politischer Gemeinschaft gerade auch im Blick auf die griechische Kirche scharf hervortreten.

Die Eroberung Konstantinopels durch die Türken 1453 und die ständige Bedrohung des Abendlandes durch die vordringenden Türken stellte die christliche Welt vor beunruhigende Fragen. Ist der Fall des Zentrums der östlichen Christenheit Gottes Strafe für den Abfall von der Wahrheit? Kann es unter der Herrschaft des türkischen Antichristen überhaupt noch eine christliche Gemeinde geben? Ein Redewechsel zwischen Luther und Eck vermittelt einen Eindruck von der theologischen Bedeutung dieser Fragen. Im Streit um den päpstlichen Universalprimat verteidigt Luther die Auffassung, allein

Christus, nicht aber ein Mensch sei nach Gottes Willen das einzige Haupt der Kirche auf ihrer irdischen Wanderschaft. Der Primat Petri sei nur menschlichen, nicht aber göttlichen Rechts, daher auch nicht heilsnotwendig.[8] Luther verweist als Beispiel auf die Ostkirche, die, ohne dem römischen Stuhl zu unterstehen, dennoch Kirche unter der Verheißung von Mt. 16,18 sei. Von Eck wird dies energisch bestritten: „Die Griechen seien seit langer Zeit nicht nur Schismatiker, sondern schlimmste Häretiker".[9] Irrtümer in der Lehre und Bruch der Kirchengemeinschaft – es wird an die gescheiterte Union von Florenz 1439 erinnert – seien Ursache für das Strafgericht mit dem endgültigen Zusammenbruch des byzantinischen Reiches. Demgegenüber verweist Luther auf die großen Theologen, die vielen Heiligen und Märtyrer der Griechen als unübersehbares Zeichen wahrer Kirche. Vor allem aber sei das Zerbrechen des irdischen Reiches niemals mit dem Verlust des himmlischen Reiches gleichzusetzen: „Als ob der Glaube nicht erhalten bleiben könnte, wenn das Reich verloren ist; als ob man so schließen könne: Bei den Griechen gibt es keine Christen, weil es kein Reich gibt. Mit gleichem Recht könnte man auch sagen, die Märtyrer seien von der Hölle überwunden".[10]

Unterschiede in der Leitung und Ordnung der Kirchen können die christliche Einheit nicht aufheben, die durch die Übereinstimmung in Taufe, Abendmahl, Evangelium sowie in den Grundartikeln des Glaubens beruht. Daher waren die Reformatoren alle überzeugt, daß nach der Beseitigung der Mißbräuche die ursprüngliche Reinheit des Wortes Gottes und zugleich die Übereinstimmung mit allen anderen nichtrömischen Kirchen, besonders mit der Ostkirche hervortreten werde. Denn, so schreibt Luther 1520 in seiner Schrift „Von dem Papsttum zu Rom wider den hochberühmten Romanisten (Augustin Alveld) zu Leipzig": „ ... als da sein die Moscobiten, weysse Reussen, die kriechen, behemen und vil andere grosse Lendere in der welt. Dan disse alle glewben wie wir, täuffen wie wir, predigen wie wir, leben wie wir..."[11]

---

[8] WA 2, 257ff; 279.17; 288.17.

[9] „Grecos longo tempore non solum fuisse schismaticos, sed hereticissimos" WA 2, 269.

[10] WA 2, 277.4.

[11] WA 6, 287.8ff.

So bricht unter der Frage nach dem göttlichen Recht des päpstlichen Primats die Frage nach dem Verhältnis von Kirchen- und Reichseinheit als altes Problem in der reformatorischen Kontroverse von neuem auf.

Melanchthon hat in seinem Brief über die Leipziger Disputation genau diesen Punkt, ob der päpstliche Primat „iure divino", also göttliche Stiftung und damit heilsnotwendig zu glauben sei, aufgegriffen. Ist der Papst oder Christus Haupt der Kirche? Muß aus der Gleichheit der Apostel nicht auch eine Gleichheit der Bischöfe abgeleitet werden? Besteht ein Unterschied zwischen 'ἀποσφτολή', der Sendung durch den Herrn, und 'administratio', der Verwaltung nach menschlicher Ordnung?[12]

Dieser Brief an Johann Oecolampad hatte durch seine Veröffentlichung erhebliches Aufsehen erregt. Von der Gegenseite war er als Bruch der Vereinbarung angesehen worden, daß den Universitäten von Erfurt und Paris die Akten der Disputation zur Entscheidung erst noch vorgelegt werden sollten.

In seiner Verteidigung gegen diese Vorwürfe der Gegenseite bringt Melanchthon den theologischen Gegensatz auf den Punkt. Er betont, es gehe Luther nicht um die durchaus anzuerkennende Autorität „Oecumenici pontificis", sondern um die Frage, ob sie „iure divino" sei. Denn bei den Lehren und Entscheidungen von Päpsten und Kirchenvätern handele es sich nicht um deren Autorität an sich, sondern darum, ob sie in Übereinstimmung mit der Heiligen Schrift stehen, „daß sie nach dem Urteil der Schrift angenommen werden, nicht aber umgekehrt nach deren sich ändernden Urteilen die Schrift vergewaltigt werde"[13] – „Denn es gibt nur einen einzigen und einfachen Sinn der Schrift, wie auch die himmlische Wahrheit ganz einfach ist, die, wie sie in den Schriften zusammengetragen ist, aus den Pfaden und der Führung der Rede begriffen werden kann. Dazu wird uns geboten, in den Heiligen Schriften zu philosophieren (forschen), damit wir den Prüfstein haben, um die Meinungen und Entscheidungen von Menschen zu beurteilen. Danach und insgesamt um die Schriften zu beurteilen, mögen die heiligen Väter herangezogen werden,

---

[12] CR 1, 87 ff = StA I, 8f.

[13] „... ut iudice scriptura recipiantur, non ipsorum nempe variantibus iudiciis, scriptura vim patiatur." CR 1, 113 = StA I, 17.37ff.

und es mag genug sein, aus solchen Stellen der Schrift Meinungen zu sammeln, wo sie dasselbe behandeln, wie sie es entfalten, als aus solchen Schriften, wo sie im Schwung ihrer Rhetorik oder hingerissen von ihren Leidenschaften ihnen nachgeben."[14]

In der Begegnung von Reformation und Orthodoxie tritt ein ekklesiologisches Fundamentalproblem hervor, das keineswegs nur auf die Epoche der Reformation beschränkt ist. Dogmatisch kann man es so formulieren: Es betrifft die Entscheidung, ob die Einheit der Kirche Kriterium für die Wahrheit der Kirche ist, oder ob die Wahrheit Kriterium der Einheit ist. Wenn die Reformatoren, und so auch Melanchthon, die zweite Auffassung vertreten haben, war damit zugleich deutlich, daß Kircheneinheit und Reichseinheit nicht notwendigerweise zusammenfallen müssen und daß die administrative und organisatorische Einheit der Kirche immer unter dem Kriterium der Wahrheit in der Amtsführung steht. Daß das Wort Gottes der Heiligen Schrift Grundlage und zugleich Grenze geistlicher Vollmacht in der Kirche ist, bildet die Voraussetzung, mit der dies steht und fällt.

In einer späteren Rede von 1556[15] zur Erinnerung an den Fall Konstantinopels verfaßt, hat Melanchthon diese wichtige theologische Einsicht am historischen Beispiel noch einmal auf den Begriff gebracht. Konstantinopel war „nicht allein das Bollwerk des griechischen Reiches, sondern die alte Herberge der Lehren und der Kirche"[16]. – Der Fall ist zweifellos Strafgericht Gottes über viele Mißstände im Leben dieser Stadt, und daraus ist zu lernen. Aber die wahre Kirche ist mit dieser äußeren Umgebung nicht identisch. „Die Kirche breitet sich aus zwischen Teufeln und unter gottlosen Reichen in der Welt wie eine arme kleine Herde unter einer Meute von Wölfen. Sie hat keinen sicheren Verteidiger außer dem Sohn Gottes, unsern Herrn Jesus Christus, der für uns gekreuzigt und auferstanden

[14] CR 1, 114ff = StA I, 18.5ff.
[15] De Capta Constantinopoli. Vorgetragen von Georg Major. CR 12, 153-161.
[16] „... non solum arcem Graeci imperii, sed etiam doctrinarum et vetus Ecclesiae hospicium CR 12, 153.

ist und der sagt: 'Niemand wird sie aus meiner Hand reißen.“ (Joh 10, 28).[17]

2. Melanchthons Begegnung mit der Orthodoxen Kirche. Die Confessio Augustana Graeca

a) Sprachen verbinden, wenn man sie versteht, und sie trennen, wenn man sie nicht versteht. Sprache ist das Mittel der Verständigung unter Menschen in Raum und Zeit. Daß Gott sich nicht in Abbildungen des Geschaffenen offenbart, sondern im gesprochenen Wort, ist das unterscheidende Merkmal der biblischen Gottesoffenbarung (Dtn 4). Wo aber das Wort Gottes fehlt, drängen sich Beobachtungen der Welt, Erfahrungen des Lebens und Gefühle von Menschen aus dem Bereich des Natürlichen in den Vordergrund. Die natürliche Religiosität des Menschen ist stets eine Naturreligion. Die Worthaftigkeit der Offenbarung Gottes in der Sprachgestalt des Alten und des Neuen Testaments ist die entscheidende Voraussetzung für die Reformation gewesen und damit für die begründete Unterscheidung von wahrer und falscher Kirche.

Die Kenntnis der biblischen Sprachen ist dafür die erste Voraussetzung, und auch Melanchthon hat dies immer wieder eingeschärft. In seinen Reden „De studiis linguae Graecae“ von 1549[18] und „De lingua hebraica discenda“ von 1560[19] hat er dazu nachdrücklich ermutigt. Es ist „eine einzigartige Wohltat Gottes, daß er der Kirche durch ihre Geschichte hindurch immer wieder – bald mehr, bald weniger – sprachkundige Lehrer und Schriftausleger sendet“. Für die alte Kirche wird besonders auf Origenes und Hieronymus und andere verwiesen. „Danach gab es einige Jahrhunderte lang in Europa zwar viele Mönche, aber die Studien der griechischen und hebräischen Sprache wurden vernachlässigt. So kam es dazu, daß

[17] Vagatur Ecclesia inter diabolos, et inter impia imperia in mundo, sicut exiguus grex ovium inter multa luporum agmina, nec defensorem habet certum nisi filium Dei Dominum nostrum Jesum Christum, crucifixum pro nobis et resuscitatum, qui inquit: Nemo rapiet oves meas ex manibus meis“ CR 12, 161.
[18] CR 11, 855ff; = StA III, 135ff.
[19] CR 12, 385ff.

man in jungen Jahren nicht richtig sprechen lernte, und später war dann auch keine fehlerfreie Lektüre der Heiligen Schriften zu erwarten. Die Mönche waren weithin ungebildet oder betrieben Landarbeit, wie sie das bis jetzt noch auf dem (Berg) Athos tun, oder sie pflegten müßig ihren Wanst, kümmerten sich wenig um die Wissenschaft und bezogen ihre Lehre aus zweifelhaften Quellen (ex lacunis), nämlich aus albernen Kompendien (ex ineptis rhapsodiis), die sie ohne Sinn und Verstand von überall her zu Zeremonien zusammen getragen hatten und von denen es bis jetzt noch Beispiele der alten Mönche gibt. So häuften sich abergläubische Riten und Idole an"[20]. Zu allen Zeiten wuchern in dem Maße, wie man sich von der Schriftgrundlage abwendet, Riten und Praktiken in Kirche und Gottesdienst wie z.B. liturgischer Tanz, Seder–Male, Kerzenweihen und Salbungen, Technoparties und alle möglichen und unmöglichen Segnungen etc..

Weil sich Gott in seinem Wort der Heiligen Schriften offenbart, gehört auch die Kenntnis der Sprachen zum Offenbarungshandeln Gottes, und dadurch wird die Kirche gesammelt, erbaut und bewahrt: „Wie es ausgeschlossen ist, daß die Masse der Heiden, der Mohammedaner und die Scharen von Häretikern die Kirche Gottes sind, so ist es nötig, daß in dieser Gemeinschaft (coetus) wahrhaft Erwählte für die Gemeinde (societas) der himmlischen Kirche sind, welche die prophetischen und apostolischen Schriften liest, hört, lernt und begreift; und dazu braucht sie Ausleger, denen die Quellen bekannt sind."[21]

Die Offenbarung der Wahrheit Gottes in den biblischen Sprachen erschließt zugleich auch die weitere Bildung und Wissenschaft. „Wo nämlich die Geschichte der biblischen Schriften endet, dort beginnt die griechische Geschichte, und es liegt auf der Hand, daß dies durch den einzigartigen göttlichen Ratschluß so bereitet worden ist, daß es dem Menschengeschlecht nicht fehle an einer fortlaufenden Geschichte der hauptsächlichen Dinge von Anbeginn der Welt, woher auch die Anfangsgründe und Quellen der wahren Religion erforscht und erkannt werden können ..." Dabei geht es um die Grund-

---

[20] CR 12, 385.
[21] CR 12, 386.

lagen für die Unterweisung der Gewissen, für die Erkenntnis der Weltgeschichte, zur Entwicklung der Urteilsfähigkeit und damit um die Grundlagen für Sitte und Ordnung im menschlichen Zusammenleben. In diesem Sinne gilt: „Wir behaupten, daß die griechische Sprache Lehrmeisterin und gleichsam die Quelle ist nicht nur für die himmlische Lehre, sondern auch für die übrigen Wissenschaften in ihrer wunderbaren Herrlichkeit und daher so lebensnotwendig, wie nicht einmal Luft und Feuer notwendiger sind.“[22]

Die Texte, aus denen ich zitiert habe, sind ein eindrucksvolles Beispiel für die Bedeutung der Reformation bei der Erneuerung der Kirche und zugleich der Allgemeinbildung. Durch Pläne zur Errichtung von Schulen, wie z.B. in Nürnberg 1526, und durch seine höchst erfolgreichen Lehrbücher der lateinischen und der griechischen Sprache, die bis ins 18. Jahrhundert verwendet wurden, hat Melanchthon eine enorme Wirkung auf die Bildung gehabt. Was bedeutet es jedoch, wenn dieses christlich motivierte Bildungsziel, das humanistische Gymnasium, in unserer Zeit weitgehend aufgegeben und verschwunden ist, so daß auf entsprechende Sprachkenntnisse an der Universität verzichtet werden muß und auch für Theologen die Sprachanforderungen reduziert werden sollen?

b) Die Begegnung Melanchthons mit der griechischen Orthodoxie muß in diesem Zusammenhang der sprachlichen Gestalt göttlicher Offenbarung in der Kirche gesehen werden. Denn daran wird deutlich, was für die Reformatoren insgesamt und für Melanchthon im besonderen Verständigung und Übereinstimmung auf der Grundlage der Schrift ist.

Der in griechischer Sprache verfaßte Brief, den Melanchthon unter dem Datum vom 25. September 1559 dem serbischen Diakon Demetrios[23] an den Ökumenischen Patriarchen Joasaph II. (1555 – 1564) sandte, kann diesen Sachverhalt anschaulich machen. Aus dem Text sei folgendes hervorgehoben:

---

[22] StA III, 143.31ff; 18ff.

[23] Zu dem Serben (Raitze/Sirfze) Demetrios vgl. Ernst Benz, Melanchthon und der Serbe Demetrios. In: Ders., Wittenberg und Byzanz (wie Anm. 25), 59-93.

– Die Anrede entspricht weniger dem byzantinischen Zeremoniell, als daß sie den Präskripten neutestamentlicher Briefe folgt: „Dem allerheiligsten Patriarchen der Kirche Jesu Christi in Konstantinopel.“[24]

– Wie die Ortsgemeinde im heilsgeschichtlichen Sinn verstanden wird, zeigt die darauf folgende Situationsbeschreibung, in der die Wirren dieser Welt unter der Erwartung der Wiederkunft Christi gesehen werden: „Schon von jeher wird die Kirche Gottes in dieser Welt wie ein Schiff auf den Wogen vieler Trübsale hin- und hergeschleudert. Jetzt aber, in dieser Zeit, in der die Welt alt und krank geworden ist, wird sie noch mehr erschüttert als vordem. Angesichts dieser Tatsache seufzen wir gar sehr, und flehen zum Sohn Gottes, dem Richter aller Menschen, er möge sobald als möglich im Triumph wiederkehren und die gesamte Kirche in die offenbare Gemeinschaft mit dem ewigen Vater hineinführen, in der Gott in allen Seligen allein sein wird.“[25]

Dieser Hinweis ist nicht nur Trost oder gar Vertröstung, sondern es wird deutlich gemacht, daß die endgültige Gestalt der Kirche erst am Ende der Zeit sichtbar wird. Eine mögliche oder tatsächliche Trennung der Kirche wird nicht einmal erwähnt; wohl aber wird unter diesem heilsgeschichtlichen Bezug in der räumlichen Entfernung und der politischen Trennung die Gemeinschaft unter dem Heilshandeln Gottes, wie es in der Schrift offenbart wird, aufgedeckt.

– Dazu gehört dann der Austausch von Nachrichten über den Zustand der Gemeinden. Demetrios, der übrigens ein halbes Jahr lang im Hause Melanchthons verbracht hatte, berichtete von den kirchlichen Verhältnissen in Kleinasien und Griechenland: „Er erzählte nämlich, daß Gott noch immer auf wunderbare Weise eine nicht geringe Kirche in Thrazien und Asien und Griechenland bewahrt hat, so wie er vor Zeiten die drei Männer im chaldäischen Feuerofen errettet hat.“ – Aus einem am selben Tag an Johann Matthesius gerichteten Brief Melanchthons[26] erfahren wir, daß Demetrios auch eine theolo-

---

[24] CR 9, 922, Nr. 6825.

[25] Übersetzung nach Ernst Benz, Wittenberg und Byzanz. Zur Begegnung und Auseinandersetzung der Reformation und der östlich-orthodoxen Kirche, Marburg 1949, 63.

[26] CR 9, 925, Nr. 6828.

gische Ausbildungsstätte auf der Insel Chios erwähnt hatte, die damals unter der Herrschaft von Genua stand. – Der Bericht des Demetrios wird mit Dank an Gott aufgenommen: „Deshalb danken wir dem wahren Gott, dem Vater Jesu Christi, daß er mit starker Hand unter einer solchen Menge von Gottlosen und Gotteshassern eine kleine Herde sich errettet hat, die seinen Sohn Jesus Christus auf rechte Weise verehrt und anruft. Wir wünschen allezeit, daß allerorten die heiligen Kirchen zusammengeführt und zusammengeschmiedet würden."

– Umgekehrt kann der Diakon Demetrios von dem berichten, was er in der Kirche von Wittenberg gesehen hat: „Demetrios selbst hat unsere kirchlichen Versammlungen besucht und wurde Hörer unserer Lehre. Er vermag also zu berichten, daß wir in gottesfürchtiger Weise die Heiligen Schriften, die prophetischen und die apostolischen, und die dogmatischen Kanones der heiligen Synoden und die Lehre eurer Väter, des Athanasius, des Basilius, des Gregorius, Epiphanius, Theodoret, Irenäus und aller mit ihnen gleichgesinnten Väter bewahren. Die alten Scheußlichkeiten des Samosateners und der Manichäer und der Mohammedaner und aller Gottesfeinde, die die heilige Kirche verwirft, verabscheuen auch wir ausdrücklich und lehren, die echte Religion bestehe in dem wahren Glauben und Gehorsam gegenüber den Satzungen Gottes, die uns auferlegt sind, nicht aber im Gehorsam gegenüber den Formen der götzendienerischen oder selbsterdachten Kulte, die die ungebildeten Mönche der Lateiner gegen alle Gebote Gottes erfunden haben. ..."

Diese Selbstvorstellung betont die Grundlage von Gottesdienst und Lehre in den Heiligen Schriften sowie, unter deutlicher Hervorhebung der griechischen Väter, die geschichtliche Kontinuität in den synodalen Entscheidungen und Schriften der anerkannten Kirchenlehrer. Die Abgrenzung gegenüber dem lateinischen Mittelalter zeigt sich im Hinweis auf die Mißstände sowie in der Nichterwähnung lateinischer Theologen; nicht einmal Tertullian oder Augustin werden erwähnt.

Besonders zu beachten ist, daß, ebenso wie das in der CA geschieht, die Verwerfungen der altkirchlichen Synoden festgehalten werden. Denn sie sind, jedenfalls im Verständnis jener Zeit, nicht geschichtsbedingte Interpretamente, sondern Abgrenzungen/Definitionen zwischen wahrer und falscher

Kirche und Lehre, und in diesem Sinne haben sie ihre Geltung für alle Zeiten.

– Schließlich wird zur genauen gegenseitigen Prüfung aufgefordert, mit der Bitte, „nicht den Verleumdungen zu glauben, die gegen uns einige Feinde der Wahrheit ausgestreut haben, sondern wir bitten euch – unter Berufung auf das natürliche und göttliche Gesetz – gleichermaßen beide Teile zu hören und Anwalt der Wahrheit und des Gesetzes Gottes zu sein, wie ihr wisset, daß dieses Werk ein Dienst sei, der Gott vor allem gefalle."

Der Hinweis auf den „νόμος τοῦ θεοῦ" – in der lateinischen Rückübersetzung „lex divina" klingt nicht reformatorisch, es sei denn, man hört den Gegensatz zu „lex humana" mit.

Schwierigkeiten in der sprachlichen und sachlichen Verständigung zeichnen sich hier ab, und man wird wohl auch annehmen dürfen, daß dieser Brief das Ergebnis ausführlicher Gespräche Melanchthons mit dem Diakon Demetrios gewesen ist.

c) Eine besondere Rolle bei der Begegnung von Reformation und Orthodoxie im 16. Jahrhundert spielt die griechische Übersetzung der CA, von der Melanchthon ein Exemplar dem Diakon Demetrios für den Patriarchen mitgegeben hatte. Es gibt davon zwei Druckausgaben. Die erste erschien 1559 bei Oporinus in Basel. Sie umfaßt 114 Seiten, enthält nur den griechischen Text, und als Übersetzer ist der Arzt und Schulrektor Paul Dölsch (Paulus Dolscius) aus Plauen genannt. Von ihm stammt auch die lateinische Vorrede, die mit ihren Hinweisen auf die Bedeutung der Sprachen für das Verständnis des Wortes Gottes sich eng mit Melanchthons entsprechenden Briefen berührt.

Das andere ist eine zweisprachige griechisch–lateinische Ausgabe, die in den „Acta et Scripta" der Württembergischen Theologen mit dem Briefwechsel zwischen Tübingen und Konstantinopel in den Jahren 1573–1581 enthalten und in Wittenberg 1584 gedruckt worden ist.[27]

---

[27] Acta et Scripta Theologorum Wirtembergensium, et Patriarchae Constantinopolitani D. Hieremiae, quae utrique ab anno MDLXXVI usque ad annum MDLXXXI de Augustana Confessione inter se miserunt: graece et latine ab iisdem Theologis edita, Wittenberg 1584.

Es ist schade, daß seit den Untersuchungen von Ernst Benz 1949[28], Pierre Fraenkel 1961[29] und Georg Kretschmar 1970[30] die noch weithin offenen Fragen nach Autor und Textgestalt der griechischen CA liegengeblieben sind. Ungeklärt ist daher, in welchem Maße Melanchthon an der Übersetzung beteiligt war; ungeklärt ist vor allem, nach welcher lateinischen Vorlage der CA übersetzt worden ist. Denn der lateinische wie auch der griechische Text weisen erhebliche Unterschiede zur 'Editio princeps' von 1531 sowie zur 'Variata' von 1540 auf. – Doch diese Fragen müssen hier auf sich beruhen.

In Zusammenhang unserer Überlegungen zu Sprache, Wort Gottes und Kircheneinheit soll nur auf einen Sachverhalt hingewiesen werden, der an der CA Graeca deutlich werden kann. Bei der sprachlichen Übersetzung und theologischen Verständigung ergeben sich aus naheliegenden Gründen erhebliche Schwierigkeiten bei den Zentralbegriffen der reformatorischen Kontroverse im Westen. Die lateinischen Ausdrücke 'iustificatio', 'satisfactio', 'meritum' lassen sich nicht ohne weiteres ins Griechische übersetzen. Nun wird in den Einzeluntersuchungen immer wieder deutlich, wie in der Wortwahl die juridische Terminologie mittelalterlicher Buß- und Versöhnungslehre durch liturgische und mystische Wendungen aufgenommen wird, und schon so liegt dieVermutung nahe, daß ein Grieche an der Übersetzung mitgewirkt haben muß.

Georg Kretschmar gibt ein schönes Beispiel, wie der Rechtfertigungsartikel von CA 4 dadurch verständlich gemacht wird, daß die theologische Aussage auf die biblische Grundlage zurückgeführt wird. Es handelt sich um das Werk Christi, von dem es im lateinischen Text heißt: „qui sua morte pro nostris peccatis satisfecit". Für die Übersetzung wird das 'satisfacere' dann so wiedergegeben: „Der für uns zum Opfer gemacht wurde und den Vater versöhnt hat", und damit wird zweifellos Eph 5,2 aufgenommen. Der juridische Vorgang der

---

28 Ernst Benz, Die griechische Übersetzung der Confessio Augustana aus dem Jahre 1559, in: Ders. Wittenberg und Byzanz (wie Anm. 25), 94-128.

29 Pierre Fraenkel, Testimonia Patrum, Genève 1961, 332-337.

30 Georg Kretschmar, Die Confessio Augustana Graeca, in: Kirche im Osten. Studien zur osteuropäischen Kirchengeschichte und Kirchenkunde 20, Göttingen 1970, 11-39.

Genugtuung wird so auf die biblische Grundlage des stellvertretenden Versöhnungsopfers zurückgeführt[31] (vgl. Hebr 5,1; 7,27; 8,3 u.a.).

Es ließen sich weitere Beispiele dieser Art anführen, die für die zwischenkirchliche Verständigung außerordentlich aufschlußreich sind. Und daran läßt sich zeigen, wie wichtig und hilfreich es ist, die Verfestigung und Verselbständigung theologischer Begriffe durch die Rückkehr zu der gemeinsamen biblischen Grundlage aufzuschließen.

Bei dem vorhin kurz erwähnten Briefwechsel zwischen Tübingen und Konstantinopel von 1573–1581 ist es geradezu enttäuschend zu sehen, wie stark die evangelische Seite auf das rein formale Verhältnis von Glauben und Werken fixiert ist, wenn es um die Rechtfertigung geht. Es wird aber überhaupt nicht bemerkt, wie nahe man sich in dem Thema Rechtfertigung ist, wo in anderem Zusammenhang von Bekenntnis der Sünde und Zuspruch der Vergebung aus dem Wort Gottes gehandelt wird.[32] In der Gegenüberstellung von Lehrformulierungen ist offenbar nicht mehr in Erinnerung, daß der Ansatzpunkt der reformatorischen Kontroverse gerade in der Kritik an der Beicht- und Bußpraxis der mittelalterlichen Kirche gelegen hatte.

3. Consensus et Testimonium Patrum

a) 'Consensus' bedeutet Übereinstimmung in Urteilen, Einstimmigkeit als Mehrheit bei Abstimmungen, Harmonie (im Griechischen συμπάθεια bzw. συμφωνία) als Eigenart und Stimmung des Zusammenlebens. Das ist ein wichtiges Element menschlicher Gemeinschaft. Denn der Gegenbegriff 'dissensus' bedeutet, daß Meinungen und Menschen auseinandergehen und gegeneinanderstehen.

Ein biblisches Vorbild dafür liegt in dem 'ὁμοθυμαδὸν' von Act 15, 25 – die Einmütigkeit, die nach heftigen und lautstarken Kontroversen auf dem Apostelkonzil oder der Gemeindeversammlung zu Jerusalem zustandekam – das Vorbild

---

[31] Kretschmar, a.a.O. 26.

[32] Vgl. Slenczka, Lehre und Bekenntnis der Orthodoxen Kirche (wie Anm. 2), 506.

aller kirchlichen Konzile und Synoden – nicht zuletzt auch dadurch, daß der Apostel Jakobus die „Übereinstimmung" der Heidenpredigt mit den Worten der Propheten nachweist: „ ... und dazu stimmen (συμφωνοῦσιν) die Worte der Propheten, wie geschrieben steht ..." (15, 15).

Man muß dies in Erinnerung rufen, weil sonst leicht der 'consensus' als Wert in sich und mithin als moralische oder politische Forderung aufgefaßt und durchgesetzt, bisweilen auch geradezu als „protestantisches Prinzip" ausgegeben wird.

In den von Melanchthon verfaßten Lutherischen Bekenntnissen spielt der 'consensus' als Begriff und Sache eine sehr wichtige Rolle, und dazu gehört unmittelbar die Berufung auf die griechische Kirche und ihre Väter.

"Ecclesiae magno consensu apud nos docent, decretum Nicaenae synodi ..." – „Erstlich wird einträchtiglich gelehrt und gehalten lauts des Beschluß des Concilii Nicaeni...". So beginnt der erste Artikel der CA, und damit wird am Anfang für alles weitere festgehalten, daß die hier vertretenen Kirchen untereinander mit der Lehrentscheidung des ersten ökumenischen Konzils von Nicaea 325 übereinstimmen und den Glauben an die Einheit des göttlichen Wesens in den drei Personen bekennen und bezeugen. In seinen 'Loci Theologici' betont Melanchthon dazu: „Was die Gottheit des Sohnes betrifft, so glaube ich dem Konzil von Nicaea, weil ich der Schrift glaube."[33] Entsprechend werden auch die altkirchlichen Abgrenzungen in diesem wie auch in weiteren Artikeln ausdrücklich wiederholt: „Damnant omnes hereses, contra hunc articulum exortas ...".

Auf einen anderen „magnus consensus" verweist Melanchthon auch in der Vorrede zur CA, wenn er daran erinnert, daß auf früheren Reichstagen die Kurfürsten, Fürsten und Stände die Einberufung eines Reformkonzils gefordert und beschlossen haben „magno consensu conclusum est".[34] Hier begegnen sich der geistliche und der politische 'consensus' in ihrer Zuordnung, aber auch in ihrer Unterscheidung auf dem Augsburger Reichstag von 1530.

---

[33] „De divinitate filii credo Nicaeno concilio quia scripturae credo". StA II/1, 61.3f.
[34] BSLK 49.2f.

In den weiteren Bemühungen Melanchthons um den Religionsfrieden im Reich wird immer wieder versucht, einen 'consensus' zu begründen und herzustellen. So erscheint ein ausdrückliches Konsensprinzip in einem Gutachten Melanchthons, das die Grundlage für den Frankfurter Rezeß vom 18. 3. 1558 bildet (Formula pacis Francofordiana) – zur innerprotestantischen Verständigung. Konsensprinzip ist hier Altes und Neues Testament, die drei altkirchlichen Symbole sowie die Confessio Augustana und deren Apologie.

An dem zentralen Thema der Buße zeigt sich freilich im Artikel 12 der Apologie, daß ein solcher 'Consensus' nicht nur durch die Autorität kirchlicher Entscheidungen und Mehrheitsbeschlüs sen kirchlicher Gremien bestimmt sein kann, sondern unter dem 'Consensus' der Schrift steht: „Ich meine je, wenn alle heilige Propheten einträchtig zusammenstimmen (consensus prophetarum) (nachdem Gott auch ein einigen Propheten für ein Weltschatz achtet), solle je auch ein Decret, ein Stimme und einträchtig stark Beschluß sein der gemeinen, katholischen, christlichen, heiligen Kirchen, und billig dafür gehalten werden (universalis ecclesiae consensus esse). Wir werden weder Pabst, Bischof noch Kirchen die Gewalt einräumen wider aller Propheten einträchtige Stimme, etwas zu halten oder zu schließen. Noch hat Pabst Leo X. diesen Artikel als irrig dürfen verdammen ..."[35] Der 'Consensus' betrifft also die Katholizität der Kirche unter dem Nachweis der Apostolizität ihrer Lehre nach der Schrift, aber auch im Widerspruch gegen kirchenamtliche Dekrete und Mehrheitsbeschlüsse.

b) Der Nachweis der Übereinstimmung mit der geschichtlichen Kontinuität kirchlicher Lehrentscheidungen und kirchlicher Lehrer des Ostens wie des Westens, soweit sie mit der Heiligen Schrift übereinstimmen, ist ein durchgehender Zug in den Lutherischen Bekenntnisschriften. An zwei charakteristischen Sachfragen tritt aber auch der Dissens hervor, der die Reformatoren von Rom trennt, aber mit der griechischen Kirche verbindet.

---

[35] ApolCA 12, 66 / BSLK 265.14ff.

Das betrifft in der Apologie die wiederholte Berufung auf die liturgische Ordnung der griechischen Kirche beim Abendmahl. Im Artikel 10, dem Abendmahlsartikel der Apologie, wird in der Abgrenzung gegenüber einem spiritualistischen Verständnis die Übereinstimmung in der realen Gegenwart und im Empfang des Leibes Christi mit der griechischen und der römischen Kirche hervorgehoben. In diesem Zusammenhang wird aber zugleich eine feine Abgrenzung vorgenommen mit dem Hinweis, daß durch den Empfang des Leibes Christi Christus in uns wohnt, und dies jedoch „non habitudine solum, quae per caritatem intelligitur" – also nicht im Sinne einer Haltung, die durch die Liebe erkannt wird – und tätig ist. Als Beleg für dieses Verständnis der Realpräsenz in der griechischen Liturgie wird auf die Wandlungsepiklese hingewiesen.[36]

In Artikel 22 wird gegenüber der mittelalterlichen Praxis bei der Sakramentsausteilung in nur einer Gestalt des Brotes darauf hingewiesen, daß vom Herrn das Abendmahl unter beiderlei Gestalt ursprünglich „für die ganze Kirche ist eingesetzt. Und solcher Brauch wird auch heutiges Tages gehalten in der griechischen Kirchen, so ist er auch in den latinischen oder römischen Kirchen gewesen ..."[37]

Mit dem Hinweis auf die griechischen Kirchen (parochiis) wird in Artikel 24 die Praxis der Privatmessen abgelehnt: „Daß wir aber nicht Privatmessen, sondern ein öffentlich Messe, wenn das Volk mit communiziert, halten, das ist nichts wider die gemeine christliche Kirchen (contra catholicam ecclesiam). Denn in der griechischen Kirchen werden auf diesen Tag keine Privatmessen gehalten, sondern allein eine Messe, und dasselbige auf die Sonntage und hohe Feste. Das ist alles ein Anzeigung des alten Brauchs der Kirchen..."[38]

Besonders ausführlich wird unter Berufung auf die griechische Liturgie das Verständnis der Messe als Opfer kritisiert. Mit ausführlichen Zitaten aus der Chrysostomus–Liturgie wird nach gewiesen, daß die Wendung „dir darzubringen Gebete und Hilferufe und unblutige Opfer für das ganze Volk"

---

[36] BSLK 248.10ff.
[37] BSLK 329.25ff.
[38] BSLK 350.35ff.

sich nicht auf die Darbringung von Leib und Blut Christi beziehe, sondern auf die 'λογικὴ λατρεία', den „vernünftigen Gottesdienst" von Röm 12,1.[39]

Interessant ist in diesem Zusammenhang, daß im deutschen Text das griechische 'λαοῖς ἄφεσις' in der itazistischen neugriechischen Aussprache transkribiert wird: „Lais Aphesis".[40]

Das andere Thema, bei dem der Dissens mit Rom durch den Konsens mit der griechischen Kirche verteidigt wird, ist natürlich der päpstliche Primat mit dem Anspruch, nach göttlichem Recht über allen Bischöfen zu stehen, die Gewalt über beide Schwerter, geistlich und weltlich auszuüben und daß dieser Anspruch, „vicarius Christi in terris" zu sein, heilsnotwendig zu glauben sei. In seiner Schrift „Von der Gewalt und Obrigkeit des Papsts" – „De potestate et primatu papae", die als Ergänzung zur Confessio Augustana zum Konkordienbuch gehört, hat Melanchthon diesen Kontroverspunkt ausführlich erörtert und sich dabei auf die Praxis, die konziliaren Entscheidungen und die Kirchenlehrer berufen.

In diesem Zusammenhang erscheint noch einmal die Frage des kirchlichen 'consensus', und zwar angesichts der Tatsache, daß doch der päpstliche Primat bei vielen Völkern und durch viele Jahrhunderte in Geltung war und anerkannt ist: „Dissidere a consensu tot gentium et dici schismati cos grave est. Sed auctoritas divina mandat omnibus, ne sint socii et propugnatores impietatis et injustae saevitiae" – „Schwer ist es, daß man von so viel Landen und Leuten sich trennen und ein sondere Lehr fuhren will. Aber hie stehet Gottes Befelch, daß idermann sich soll hueten und nicht mit denen einhellig sein, so unrechte Lehre fuern oder mit Wuterei zu erhalten gedenken. Darumb sind unsere Gewissen deshalb wohl entschuldigt und versichert ..."[41]

c) Alle diese Beispiele, die sich noch vermehren ließen, machen deutlich, daß der 'consensus' weder durch eine kirchliche Instanz noch durch die zahlenmäßige Zustimmung begründet ist, sondern daß die Schriftgemäßheit den übergeordneten Maßstab bildet.

---

[39] BSLK 373.24ff.
[40] BSLK 373.20.
[41] BSLK 485.39ff.

Nun ist es freilich so, daß die Schrift als oberste Autorität überall und zu allen Zeiten in den christlichen Kirchen anerkannt und in Geltung ist. Strittig ist immer erst die Schriftauslegung und damit die Frage, wer darüber im Streitfall zu entscheiden hat. Dieser Konflikt bricht in der Auseinandersetzung mit der römischen Kirche auf, und ebenso tritt er in der Begegnung mit der griechischen Kirche hervor, wenn im ersten Fall das päpstliche Lehramt und im zweiten Fall die Autorität von anerkannten Synoden und Kirchenlehrern den Maßstab bildet. Melanchthon hat sich in den Disputationen, die er wie auch Luther und andere Fakultätskollegen in Witteenberg seit 1536 regelmäßig abzuhalten hatte, mit diesem Problem ausführlich auseinandergesetzt. Zur Begleitung der Religionsgespräche zur Wiederherstellung kirchlicher Einheit hat er 1539 die Schrift „De Ecclesia et de autoritate verbi" veröffentlicht.[42] Ausgangspunkt war das Wort Augustins: „Evangelio non crederem, nisi me Ecclesiae Catholicae conmoveret auctoritas"– „Ich hätte dem Evangelium nicht geglaubt, wenn mich nicht die Autorität der katholischen Kirche dazu bewegt hätte."[43] Steht die Autorität der Kirche über oder unter der Schrift?

Die vier Thesenreihen zu diesem speziellen Thema der Autorität der Kirche zielen durchweg auf die Unterscheidung von wahrer und falscher Kirche (ecclesia vera et ficta). Die Thesenreihe XXVIII handelt ausdrücklich „de obedientia et consensu Ecclesiae". Melanchthon betont dazu nicht nur die geistliche Gemeinschaft, sondern auch die berechtigte Übereinstimmung in der äußeren Ordnung sowie in der gehorsamen Unterordnung unter das kirchliche Amt: „1. Der Artikel im Glaubensbekenntnis: Ich glaube an die heilige katholische Kirche, bezeichnet nicht nur eine einzige Kirche, sondern fordert auch schuldigen Gehorsam gegenüber dem äußeren Amt. – 2. Er fordert die Übereinstimmung mit der katholischen Kirche, und deshalb fordert er den schuldigen Gehorsam gegenüber dem Amt. – 3. Katholische Kirche aber heißt die Versammlung der Frommen, nicht allein im Geist, sondern auch in der Übereinstimmung in äußeren Dingen, wie z.B. im Amt.

[42] CR 23, 595-642 = StA I, 324-386.

[43] CR 12, 481ff. Das Augustinzitat stammt aus: „Contra epistulam quam vocant fundamenti", CSEL 25, 1, 197.

– 4. Die katholische Kirche ist eine einzige, und die sich von ihr trennen sind gottlos und verflucht. – 5. Also sind auch diejenigen, die sich vom Amt der katholischen Kirche trennen, gottlos und verflucht. – 6. Es ist aber das Amt der katholischen Kirche, die apostolische Lehre, die überliefert ist von den Aposteln selbst und ausgebreitet durch die heiligen Väter, zu bewahren – 7. Katholische Kirche bezeichnet nicht nur die gegenwärtigen Amtsträger, sondern die Übereinstimmung der Heiligen (consensum sanctorum) in der Lehre zu allen Zeiten. 8. – Wer von diesem consensus sich trennt, trennt sich auch von der katholischen Kirche."[44]

Der Zusammenhang von katholischer Kirche, reiner Lehre und geschichtlicher Kontinuität des Amtes ist eindeutig und zeigt, was 'consensus' ist. Er schließt also durchaus die äußere Ordnung und Einheit der Kirche ein, setzt dabei freilich die Übereinstimmung mit der Schrift voraus. In diesem Sinne wird auch von der katholischen Kirche festgehalten, daß es außer ihr kein Heil gibt und daß sie nicht irren kann (10). Aber, und hier kehren wir zurück zu 1 Kor 3,11, diese Irrtumslosigkeit hat ihren Grund in folgendem: „Retinet enim fundamentum, etsi alii aurum, alii stipulas supraaedificant" – „Sie bewahrt das Fundament, auch wenn die einen Gold, die anderen Stroh darauf bauen."

Man muß den Zusammenhang dieser Stelle in Erinnerung haben, um zu sehen, was für Melanchthon wie auch für die übrigen Reformatoren Einheit und Trennung der Kirche bedeuten. Die Einheit der Kirche ist nach 1 Kor 3,11 in dem Fundament vorgegeben, das Christus selbst ist. Was darauf gebaut wird – „Gold, Silber, Edelsteine, Holz, Heu, Stroh" – ist von unterschiedlichem Wert und Nutzen. Man kann das durchaus unterscheiden in seiner Wertigkeit und Angemessenheit; die erwähnten Materialien sind jedenfalls nicht gleichgültig. Über allem aber steht die Prüfung durch das Feuer des Endgerichts: „Und von welcher Art eines jedem Werk ist, wird das Feuer erweisen. Wird jemandes Werk bleiben, das er darauf gebaut hat, so wird er Lohn empfangen. Wird aber jemandes Werk verbrennen, so wird er Schaden leiden; er selbst aber wird gerettet werden, doch so wie durchs Feuer hindurch." (1 Kor 3,13–15).

[44] CR 12, 488.

4. Einheit in der Wahrheit

Eine abschließende Bemerkung:

„Philipp Melanchthon und die orthodoxe Kirche des Ostens“ war das Thema dieses Beitrags. Aus den vorgeführten Materialien dürfte deutlich geworden sein, daß es sich bei diesem Thema keineswegs um eine zwischenkirchliche Begegnung handelt in der Weise, wie wir heute in der ökumenischen Bewegung und in zwischenkirchlichen Gesprächen versuchen, geschichtliche Differenzen und gegenseitige Lehrverurteilungen der Kirchen und Konfessionen aus der Vergangenheit in der Gegenwart aufzuarbeiten um nachzuweisen, daß sie heute nicht mehr zutreffen und somit Kirchengemeinschaft hergestellt werden könne.

Bei diesen Bemühungen in der Gegenwart ist nicht zu unterschätzen, in welchem Maße die notwendige Verständigung unter den Völkern zumal nach zwei Weltkriegen sowie die Gemeinschaft innerhalb eines Volkes mit einer pluralistischen Gesellschaft eine wichtige Rolle spielt. Daß Religionsfrieden und Völkerfrieden zusammengehören, ist eine durchaus alte Einsicht aufgrund von positiven und negativen Erfahrungen.

Auch Melanchthon bewegte die Frage von Kirchen- und Reichseinheit. In seiner Biographie zeigt sich auch, wie er in seinen aufopfernden Bemühungen um Verständigung zwischen den kirchlichen Gruppen und um die Einheit des Reiches durchaus angefochten war, und er hat sich an dieser Stelle – zu Recht oder zu Unrecht – scharfe Gegnerschaft zugezogen.

Umso mehr wird man beachten, wie bei Melanchthon durchgehend und übereinstimmend die Wahrheit *über* der Einheit steht und nicht umgekehrt die Einheit als Wahrheit und Heil im Interesse des irdischen Zusammenlebens von Menschen gesucht wird. Die Voraussetzung dafür ist freilich, daß das Wort Gottes der Heiligen Schrift als Richter/iudex über jedem Bekenntnis und aller Lehre der Kirche steht. Richter/iudex ist dabei jedoch nicht nur eine formale Instanz, sondern das hat im Verständnis der Reformatoren – und wieder mit Hinweis auf 1 Kor 3,11ff – mit der Prüfung und Scheidung im Endgericht zu tun. Im Wort Gottes der Heiligen Schrift sind uns die Kriterien des Endgerichts bekannt, auch wenn die letzte Entscheidung erst dann offenbar werden wird.

In dieser Einsicht liegt, gerade auch für Lehre und Leitung der Kirche, ein klarer Unterschied zwischen kirchlichen und politischen Entscheidungen. In dem Abschnitt von der Kirche hat Melanchthon das in seinen „Loci Theologici“ sehr prägnant so formuliert: „Est igitur dissimilitudo aliqua iudiciorum Ecclesiae et iudiciorum politicorum...“ – „Es gibt also eine Verschiedenheit bei den Urteilsweisen der Kirche und den politischen Urteilsweisen. Denn in der Politik fällt entweder der Monarch allein durch seine Autorität die Entscheidung oder in einem Senat gilt das Urteil der Mehrheit (maioris partis). Jedoch in der Kirche gilt das Urteil, das dem Wort Gottes und dem Bekenntnis der Frommen (sententia congruens cum verbo Dei et confessione piorum) entspricht, ganz gleich ob sie mehr oder weniger sind als die Gottlosen.“[45]

So zeigt sich an der Begegnung Melanchthons mit der Orthodoxen Kirche des Ostens und in seiner Berufung auf die geschichtliche Kontinuität der wahren Kirche, daß im Unterschied zu allen politischen Folgen – der Fall Konstantinopels 1453 – und zu allen politischen Forderungen nach Kircheneinheit im Interesse der Reichseinheit niemals die Einheit die Wahrheit, sondern immer nur die Wahrheit die Einheit bestimmen kann, wenn es denn um die wahre Kirche geht, die freilich durch die Zeiten hindurch bis zum Ende der Zeit im Ringen zwischen wahrer und falscher Kirche steht.

[45] StA II/2, 481.37ff.

Melanchthons Einigungsbemühungen zwischen den Fronten: der Frankfurter Rezeß

Irene Dingel

Die Theologie Melanchthons, wie sie vornehmlich in der Confessio Augustana, in deren Apologie und in seinen Loci communes zur Norm für Bekenntnis und Lehre im Protestantismus wurde, hat zu allen Zeiten nicht nur Anlaß für zustimmende Aufnahme, sondern auch für zahlreiche kontroverse Dikussionen geboten. Denn Melanchthons Einfluß setzte sich über seine Wittenberger Studenten in vielfältigen theologischen Richtungen fort, deren Inhomogenität Mißtrauen, auch gegenüber dem Meister selbst, hervorrief. Schon in den letzten Jahren vor Melanchthons Tod im Jahre 1560 haben seine Zeitgenossen versucht, ihn entweder für die eigene Sache in Anspruch zu nehmen oder ihn als Sympathisanten heterodoxer Lehre anzugreifen und offen zu brandmarken.[1] Melanchthon, der stets an Luthers Seite gestanden hatte, und der nach dessen Tod im Jahre 1546 in die Position Luthers als reformatorische Autorität eingerückt war, wurde zugleich selbst Mittelpunkt verschiedener Auseinandersetzungen. Das bedeutete aber keineswegs eine Einbuße seines maßgebenden Einflusses. Melanchthons Gutachten, Bekenntnis- und Konsensentwürfe blieben richtungweisend für die Entwicklung von Lehre und Bekenntnis. Seit jeher wandte man sich in erster Linie an ihn,

[1] Bis in die Gegenwart hinein hat es immer wieder Ansätze gegeben, Melanchthon am Maßstab Lutherscher Theologie zu beurteilen, ihn an seinem Freund und Kollegen zu messen und sein Werk, seine Wirkung und seine integrative Kraft von diesem Maßstab her wertend einzuordnen. Das führte dann häufig dazu, daß man Melanchthon nicht nur ein Abweichen von der Lutherschen Lehre vorwarf, sondern daß man außerdem in seiner Theologie Komponenten zu finden glaubte, die entweder allzu offen Kompromißbereitschaft mit den Altgläubigen signalisierten oder aber einen direkten Weg zum Calvinismus ebneten. Man konnte in ihm den konfliktscheuen, ängstlichen Taktiker und zugleich den „Kryptocalvinisten" sehen. Diese Wertungen sind aber nicht erst Produkte kirchen- und theologiegeschichtlicher Arbeit des 19. und 20. Jahrhunderts, sondern die Wurzeln dafür reichen in das 16. Jahrhundert selbst zurück.

wenn es darum ging, theologische Einheit, auch als Grundlage für das politische Bündnis, herzustellen oder den sich spaltenden Protestantismus zusammenzuhalten. Die ökumenische Kraft und Bedeutung Melanchthons zeigt sich deshalb in besonderer Weise an solchen Schriften des Wittenbergers, die auf eine Integration der Gegensätze zielen. Die lange Reihe dieser Dokumente beginnt schon mit der Confessio Augustana von 1530, führt zur Wittenberger Konkordie von 1536[2], die einen Konsens mit den Oberdeutschen stiften sollte, zur Confessio Saxonica[3], die Melanchthon 1551 zur Vorlage auf dem Konzil von Trient ausgearbeitet hatte und zur „Declaratio in conventu Naumburgensi"[4] von 1554, mit der Melanchthon versuchte, die nach 1548 aufgerissenen Streitigkeiten beizulegen. Diese Reihe findet ihren Abschluß mit dem Frankfurter Rezeß von 1558[5], dem letzten Zeugnis seines Einsatzes für eine Verständigung der sich differenzierenden theologischen Richtungen. Die auf dieses Konsensdokument hinführende Entwicklung und die Geschichte des Textes bis zum endgültigen Abschluß in der Gestalt des Rezesses kann deshalb in besonderer Weise Melanchthons ökumenischen Einsatz im Spannungsfeld der verschiedenen politischen und theologischen Interessen dokumentieren. Die Zeitgenossen freilich haben Melanchthons Wirken ganz unterschiedlich bewertet. Nicht alle ließen sich für den erstrebten theologischen Konsens gewinnen und fanden einmal mehr in Melanchthons Bemühungen ein kompromißlerisches Abweichen von einer genuin reformatorischen Lehre, die man in den Schriften Martin Luthers verbürgt sah. Die theologische Autorität Melanchthons wurde zum Brennpunkt der Auseinandersetzungen noch über seinen Tod hinaus. Im Frankfurter Rezeß und in seiner Entstehungsgeschichte spiegeln sich die für den ökumenischen Melanchthon

---

[2] Die Wittenberger Konkordie ist abgedruckt in: Martin Bucers Deutsche Schriften, Bd. 6,1: Wittenberger Konkordie (1536), Schriften zur Wittenberger Konkordie (1534-1537), bearb. v. Robert Stupperich, Marijn de Kroon und Hartmut Rudolph, Gütersloh 1988, 120-134.

[3] Vgl. den Abdruck in: CR 28, 369-568 und StA VI, 80-167.

[4] Vgl. den Abdruck in: CR 8, Nr. 5606, 282-292.

[5] Abscheid der evangelischen Chur= und Fürsten in Religionssachen zu Frankfurt am Mayn aufgerichtet, anno 1558, in: CR 9, Nr. 6483, 489-507.

charakteristischen Züge: sein Bemühen um größtmögliche Integration der Gegensätze, das seine Theologie in das Spannungsfeld der theologischen Fronten brachte und ihr in diesem Ringen zugleich Gestalt und Aussagekraft verlieh.

I. Melanchthon im Spannungsfeld der theologischen Auseinandersetzungen

Anlaß für diese Entwicklung und die ambivalente Beurteilung der Person Melanchthons gaben vor allem die Ereignisse nach der Niederlage des Schmalkaldischen Bundes in den kriegerischen Auseinandersetzungen mit Kaiser Karl V. Es war Melanchthons Verhalten in der Zeit des darauffolgenden Interims von 1548, das ihn in den Augen der Zeitgenossen ins Zwielicht stellte, ja sogar theologisch suspekt werden ließ. Daß Melanchthon nämlich im Leipziger Interim bereit war – freilich mit Blick auf den Erhalt reformatorischer Lehre unter dem neu mit der Kurwürde ausgestatteten Albertiner Moritz –, solche Bräuche und Zeremonien, die ihm als unerheblich für das Heil des Menschen galten, als „Adiaphora" in der evangelischen Kirche beizubehalten, trug ihm Mißtrauen bei vielen seiner einstigen Schüler und Gesinnungsgenossen ein. Hinzu kam die Tatsache, daß Melanchthon durch die Abfassung des Rechtfertigungsartikels maßgeblich an der Erstellung des Interimstextes beteiligt war und es unter seinem Einfluß auch von der gesamten Wittenberger theologischen Fakultät mitgetragen wurde. Dies führte schließlich zum Auseinanderbrechen der bisher noch relativ geschlossenen reformatorischen Strömung im Reich. Der adiaphoristische Streit[6] eröffnete eine Reihe weiterer innerprotestantischer Auseinandersetzungen, die die Rolle der guten Werke (majoristischer Streit), die Funktion des Gesetzes (antinomistische Streitigkeiten) und die Rolle des menschlichen Willens bei der Bekehrung (synergistischer Streit) zum Gegenstand hatten und als sogenannte „interimistische Streitigkeiten" unmittelbar oder mittelbar an Inhalte des Leipziger Interims anschlossen. An ihnen wie an

[6] Vgl. zu diesem Thema: Hans Christoph von Hase, Die Gestalt der Kirche Luthers. Der casus confessionis im Kampf des Matthias Flacius gegen das Interim von 1548, Göttingen 1940.

den Auseinandersetzungen um Andreas Osianders Rechtfertigungslehre[7], um Abendmahl[8] und Christologie[9], die seit Anbruch der fünfziger Jahre des 16. Jahrhunderts die Gemüter erhitzten, waren stets Schüler Melanchthons beteiligt, die sich in eigenständiger theologischer Weiterentwicklung immer auch auf Positionen ihres Lehrers berufen oder – unter Hinweis auf Luther – sich entschieden von ihm abgrenzen konnten. Nun kämpfte man also nicht mehr nur gegen päpstlich Gesinnte oder die sogenannten Schwärmer, sondern vor allem gegen eine vermeintliche Verfälschung reformatorischer Positionen in den eigenen Reihen. Dabei geriet Melanchthon sozusagen zwischen die Fronten. Während er für die einen bereits seit 1548 sein Ansehen als reformatorische Autorität verloren hatte, waren andere durchaus von seiner richtungweisenden theologischen Bedeutung überzeugt und bereit, reformatorische Lehre und Bekenntnis auch weiterhin am Votum Melanchthons auszurichten. Aber die Opposition meldete sich immer lauter zu Wort. Nicht nur der ehemalige Schüler und Kollege Melanchthons, Matthias Flacius Illyricus, sondern auch dessen Freund und Gesinnungsgenosse Nikolaus Gallus, Prediger in Regensburg, begannen in den frühen 50er Jahren des 16. Jahrhunderts, Melanchthon aufs schärfste anzugreifen. Sie warfen ihm ein überzogen konziliantes Verhalten vor, das auf Kosten der reinen Lehre gehe. Gallus griff außerdem im Jahre 1559 Melanchthons Lehre von der Rolle des freien Willens bei der Bekehrung an und machte im Jahre 1560 in einer Schmähschrift Melanchthons angeblich calvinisierende Ten-

---

[7] Der ehemalige Nürnberger Prediger wirkte seit 1549 in Königsberg. Vgl. zu seiner Rechtfertigungslehre Martin Stupperich, Osiander in Preussen. 1549-1552, Berlin-New York 1973, 110-223.

[8] Vgl. dazu Ernst Bizer, Studien zur Geschichte des Abendmahlsstreits im 16. Jahrhundert, Gütersloh 1940 (Beiträge zur Förderung christlicher Theologie, 2. R., Bd. 46), bes. 275-284 und zur Abendmahlsproblematik insgesamt Helmut Gollwitzer, Coena Domini. Die altlutherische Abendmahlslehre in ihrer Auseinandersetzung mit dem Calvinismus, dargestellt an der lutherischen Frühorthodoxie, München o.J. [1937].

[9] Vgl. dazu Theodor Mahlmann, Das neue Dogma der lutherischen Christologie. Problem und Geschichte seiner Begründung, Gütersloh 1969.

denzen in der Abendmahlslehre zum Gegenstand.[10] Dem traten schon damals die Anhänger und Freunde Melanchthons entschieden entgegen. Zugleich versuchten Theologen und Politiker über Ausgleichsverhandlungen, an denen Melanchthon, wenn nicht persönlich, so doch schriftlich beteiligt war, die entstehenden innerprotestantischen Fronten zu einer Concordia zu bewegen.[11]

Aber der Gegensatz zwischen der lutherisch[12] orientierten Seite unter Führung des Flacius und der Melanchthons mit seinen Gesinnungsgenossen brach erneut im Rahmen des 1557 in Worms stattfindenden Religionsgesprächs[13] auf. Die

---

[10] Vgl. Robert Stupperich, Der unbekannte Melanchthon. Wirken und Denken des Praeceptor Germaniae in neuer Sicht, Stuttgart 1961, 108-127. Hier wird allerdings die Polemik des Gallus nur angerissen. Der Regensburger ist aber insofern interessant, als er neben Flacius zu den wenigen zählt, die Melanchthon direkt angegriffen haben, z.B. auch in seiner Vorrede zum Neudruck der deutschen Übersetzung von Luthers "De servo arbitrio", Regensburg 1559.

[11] Dazu gehören die Ausgleichs- und Vereinigungsbemühungen Herzog Christophs von Württemberg und das sog. Coswiger Kolloquium. Vgl. dazu vor allem Wilhelm Preger, Matthias Flacius Illyricus und seine Zeit, Bd. 2, Erlangen 1861, 1-103, außerdem Heinrich Heppe, Geschichte des deutschen Protestantismus in den Jahren 1555-1581, Bd. 1, Marburg 1852, 109-130 und Gustav Wolf, Zur Geschichte der deutschen Protestanten, 1555-1559, Berlin 1888, 7-13.

[12] Die Bezeichnungen "gnesiolutherisch" und "Gnesiolutheraner" werden auf die Gruppe von Theologen angewandt, die sich in besonderer Weise als Hüter der Theologie des verstorbenen Luther verstanden. Ihre von Melanchthon beeinflußten Gegner wandten in polemischer Auseinandersetzung den Parteinamen "Flacianer" auf sie an. Nach der Spaltung der Gnesiolutheraner über der Frage der Erbsündenlehre um 1570 müssen die Parteigänger des Matthias Flacius Illyricus und seiner Lehre von der das menschliche Wesen umgreifenden Kraft der Erbsünde tatsächlich als Flacianer von den Gnesiolutheranern unterschieden werden. Vor diesem theologischen Auseinandertreten können die Anhänger des Flacius mit den Gnesiolutheranern in eins gesetzt werden.

[13] Die Bezeichnungen "gnesiolutherisch" und "Gnesiolutheraner" werden auf die Gruppe von Theologen angewandt, die sich in besonderer Weise als Hüter der Theologie des verstorbenen Luther verstanden. Ihre von Melanchthon beeinflußten Gegner wandten in polemischer Auseinandersetzung den Parteinamen "Flacianer" auf sie an. Nach der Spaltung der Gnesiolutheraner über der Frage der Erbsündenlehre um 1570 müssen die Parteigänger des Matthias Flacius Illyricus und seiner Lehre von der das menschliche Wesen umgreifenden Kraft der Erbsünde tatsächlich als Flacianer von den Gnesiolutheranern unterschieden werden. Vor diesem theologischen Auseinandertreten können die Anhänger des Flacius mit den Gnesiolutheranern in eins gesetzt werden.

Seite 123, Anm. 13:

Vgl. zu den Ereignissen und Verhandlungen Benno von Bundschuh, Das Wormser Religionsgespräch von 1557 unter besonderer Berücksichtigung der kaiserlichen Religionspolitik, Münster 1988 (RGST 124).

Tatsache, daß hier die innerprotestantischen Gegensätze in aller Öffentlichkeit und unter den Augen des altgläubigen Gegners aufgedeckt wurden, entwickelte sich für die evangelische Seite zu einem regelrecht traumatischen Erlebnis. Denn die Altgläubigen konnten die bestehenden innerprotestantischen Differenzen für eine antievangelische Propaganda nutzen und durch gezielte Bezugnahmen auf die verschiedenen Streitigkeiten die Evangelischen als verhandlungsunfähige Partner desavouieren. So scheiterte das Religionsgespräch letzten Endes an der Uneinigkeit der Protestanten. Die Lehrautorität Melanchthons hatte – wie es für manche scheinen mochte – ihre integrative Wirkung endgültig verloren.

II. Die Rolle Melanchthons im Einflußbereich fürstlicher Interessen

Die sich anbahnende theologische Zersplitterung des Protestantismus mußte auch auf die Fürsten beunruhigend wirken. Denn obwohl die Angehörigen der Confessio Augustana mit dem Augsburger Religionsfrieden von 1555 reichsrechtliche Anerkennung erlangt hatten, blieb die konfessionelle und politische Einheit weiterhin eminent wichtig. Abweichung von der Confessio Augustana konnte durchaus politische Konsequenzen nach sich ziehen. Daß durch Kaiser Ferdinand für 1557 noch einmal ein Religionsgespräch zwischen Evangelischen und Altgläubigen anberaumt worden war, machte eine innerprotestantische Concordia um so dringlicher. Bereits zu Beginn des Gesprächs war Melanchthon vom dänischen König, Christian III., dazu aufgefordert worden, zu den damals die Öffentlichkeit beschäftigenden Streitigkeiten um die Abendmahlslehre Albert Hardenbergs in Bremen und die Lehre des Wittenberger Professors Georg Major vom Stellenwert der guten Werke widerlegend Stellung zu nehmen.[14] Aber

[14] Damit wiederholte Christian eine alte Bitte. Dies geht aus Melanchthons Antwort vom 22.5.1557 hervor, vgl. CR 9, Nr. 6251, 156-158. Die erneute Aufforderung Christians an Melanchthon vom 14.9.1557 ist abgedruckt bei Wolf, Geschichte der deutschen Protestanten, Anhang Nr. 62, 379-383.

Melanchthon hatte sich in diesen heiklen Fragen nicht zum alleinigen Schiedsrichter machen lassen wollen. Weder Hardenberg noch Major standen Melanchthon fern, zumal Hardenberg eine von Martin Bucer beeinflußte Abendmahlslehre in Bremen durchzusetzen versuchte[15] und Major in seinem Akzent auf der Notwendigkeit der guten Werke auch im Leben des Wiedergeborenen an Äußerungen Melanchthons anschloß.[16] Außerdem bestanden persönliche Beziehungen. Major war Schüler und enger Mitarbeiter Melanchthons gewesen. Mit Hardenberg verband Melanchthon eine rege Korrespondenz[17], aus der sich ableiten läßt, in welchen Zwiespalt ihn das Ansinnen Christians bringen mußte. Denn Hardenberg stand in Auseinandersetzung mit seinem Bremer Kollegen Johann Böttker, der auf der Grundlage der Lutherschen Christologie die Realpräsenz von Leib und Blut Christi in den Abendmahlselementen zu verteidigen suchte.[18] Melanchthon aber hatte schon im Januar 1557 in einem Gutachten der Wittenberger Fakultät für den Bremer Senat die Partei Hardenbergs ergriffen.[19] In einem Brief an ihn vom April 1557 hatte er darüber hinaus Hinweise gegeben, wie der „artolatreia" und der Lehre von der Omnipräsenz der menschlichen Natur Christi wirksam entgegenzutreten sei.[20] In einem weiteren Schreiben wenige Wochen später hatte er in Aussicht gestellt,

[15] Den bucerischen Einschlag hat letzthin Wim Janse in seiner ausführlichen Untersuchung: Albert Hardenberg als Theologe. Profil eines Bucerschülers, Leiden-New York-Köln 1994 (Studies in the History of Christian Thought 57) herausgearbeitet.

[16] Vgl. Heinz Scheible, Art. Major, Georg, in: TRE 21 (1991), 725-730.

[17] Diese Verbindung wird durch etwa 74 Briefe dokumentiert, die Melanchthon in einem Zeitraum von ca. fünfzehn Jahren an Hardenberg geschrieben hat.

[18] Vgl. zu Böttker, Mahlmann, Das neue Dogma, bes. 83-93 und 174-176.

[19] Vgl. Responsum Theologorum Vitebergensium ad Senatum Bremensem, in: CR 9, Nr. 6150, 15-18. Das vorausgegangene Schreiben der Bremer an die Wittenberger Theologen vom 22.12.1556 findet sich in: CR 8, Nr. 6136, 928-930. Vgl. dazu auch Janse, Hardenberg, 63-77.

[20] Vgl. Melanchthon an Hardenberg, 18.4.1557 in: CR 9, Nr. 6230, 137f. Vgl. außerdem Melanchthon an Hardenberg, 9.3.1557, in: CR 9, Nr. 6208, 115.

daß man auch während des Wormser Kolloquiums eventuell mit Gesandten des Königs über die anstehenden Fragen zu einer Lösung kommen könne.[21] Auf diesem Hintergrund ist zu verstehen, warum Melanchthon auf das neuerliche Drängen Christians hin empfohlen hatte, die Entscheidung über diese Lehrfragen noch aufzuschieben und an ein größeres Theologengremium zu verweisen. Aber Christian gelang es schnell, seinen Schwiegersohn, den Kurfürsten August von Sachsen, während dessen Aufenthalt in Kopenhagen von der Dringlichkeit der Probleme zu überzeugen. August wandte sich an seine Theologen und Räte, die bereits in Worms zu dem Religionsgespräch versammelt waren, und mahnte, der Beseitigung der innerprotestantischen Differenzen vor allem im Blick auf das Abendmahl und die mißverständliche Lehre Majors den Vorrang vor einer Einigung mit den Altgläubigen zu geben.[22] Melanchthon war daraufhin schließlich bereit, die Abfassung eines solchen Gutachtens in Angriff zu nehmen.[23] Aber die notwendige Einheit der Evangelischen auf dem Religionsgespräch war nicht mehr zu erreichen.

Durch die geschickte Argumentation des Jesuiten Petrus Canisius war in Worms nicht nur die theologische Pluralität auf der protestantischen Seite, sondern auch die Unversöhnlichkeit der darin liegenden Gegensätze mehr als deutlich hervorgetreten. Sie betrafen, über die bereits genannten Punkte hinaus, die Erbsündenlehre, die Rechtfertigungslehre Osianders und die Frage namentlicher Verwerfungen. Die Delegation der ernestinischen Gnesiolutheraner (der Jurist Basilius Monner und die Theologen Erhard Schnepf, Victorin Strigel und Johann Stössel) nämlich hatte den von Flacius gesetzten gewichtigen Akzent auf der Kraft der Erbsünde mitgetragen und auf diesem Hintergrund die Lehre des von Melanchthon beeinflußten Georg Major von der Unabdingbarkeit guter Werke für die Seligkeit des Menschen und die darin angelegte

[21] Vgl. Melanchthon an Hardenberg, 9.5.1557, in: CR 9, Nr. 6247, 154.
[22] Vgl. Kurfürst August an Melanchthon, 11.9.1557, in: Wolf, Geschichte der deutschen Protestanten, Anhang, Nr. 61, 376-379 und Melanchthons Stellungnahme an August, 19.10.1557, in: CR 9, Nr. 6380, 344f.
[23] Vgl. Wolf, Geschichte der deutschen Protestanten, 110f.

positive Bewertung guter Werke stets heftig abgelehnt. Gemeinsam mit der Mehrzahl der Evangelischen hatten sie sich zugleich gegen Osianders Lehre von der dem Menschen einwohnenden Gerechtigkeit Christi gewandt, um einer spiritualisierenden und zugleich 'katholisierenden' Auffassung des Rechtfertigungsgeschehens entgegenzutreten und an der von Melanchthon gemeinsam mit Luther vertretenen „iustitia imputata" festzuhalten. Dagegen gehörte der ebenfalls in Worms anwesende Stuttgarter Propst Johannes Brenz zu den wenigen, die sich vermittelnd für Osiander eingesetzt hatten.[24] Er geriet durch Canisius' Hinweis auf den Osiandrischen Streit ins Zwielicht. Als dieser zudem auf Verurteilung der falschen Lehren im protestantischen Lager drängte, kam es zum Eklat. Die Weimarer Theologen, die sogar mit Hilfe von namentlichen Verwerfungen die Frage des rechten Bekenntnisses entscheiden wollten und darin auf den entschiedenen Widerstand der übrigen evangelischen Delegationen stießen, überreichten den altgläubigen Verhandlungspartnern eine Protestationsschrift und veranlaßten durch ihre Abreise am 28. September 1557 schließlich den ergebnislosen Abbruch des Religionsgesprächs.

Dieses auch auf politischer Ebene problematische Resultat war der Anlaß für die beiden großen protestantischen Kräfte im Süden des Reichs, Kurfürst Ottheinrich von der Pfalz und Herzog Christoph von Württemberg, sich nun auch das Anliegen des dänischen Königs und des sächsischen Kurfürsten, der sich unterdessen an den Landgrafen von Hessen gewandt hatte, zu eigen zu machen. Sie forderten jetzt ihrerseits die Theologen auf, feste Lehrnormen auszuarbeiten und sich außerdem gutachterlich darüber zu äußern, ob eine Synode eine erfolgversprechende Möglichkeit zur Beilegung der Differenzen biete. Die noch anwesenden Theologen und der inzwischen zurückgekehrte Johannes Brenz trafen sich im November 1557 zu einer kleinen Konferenz. Melanchthon erstellte dazu einen bereits früher zugesagten Entwurf, die lateinische „Formula Consensus"[25], die allerdings lediglich als Übergangslösung dienen sollte, zumal sie nur für die kleine Gruppe der

---

[24] Vgl. Melanchthon an Christian III. von Dänemark, 26.1.1558, in: CR 9, Nr. 6446, 432-434.

[25] Der Text ist abgedruckt in: CR 9, Nr. 5399, 365-372.

noch Anwesenden sprechen konnte. Die Entscheidung zur Einberufung einer Synode wurde den Fürsten anheimgestellt, denen man anriet, zunächst untereinander zu einer Verständigung zu kommen.

Melanchthons Einigungsformel bestand aus einem Bekenntnis zur Confessio Augustana, deren Apologie und den Schmalkaldischen Artikeln und schloß daran namentliche Verwerfungen an. Ausdrücklich diskutiert wurden die noch ungelösten Streitigkeiten: die osiandrische Rechtfertigungslehre, Majors Lehre von der Notwendigkeit guter Werke, das Abendmahlsverständnis und die seit dem Interim mit den Flacianern ausgefochtene Frage der Adiaphora. Konzeption und Inhalt der Formel zeigen, daß Melanchthon versuchte, die Anliegen der gnesiolutherisch gesinnten Weimarer Theologen, die diese auf dem Wormser Religionsgespräch geäußert hatten, aufzugreifen, um sie so möglicherweise doch noch integrieren zu können. Aber schon in den eigenen Reihen konnte sich Melanchthon nicht mehr durchsetzen. Brenz verweigerte seine Zustimmung zu dem Artikel gegen den Osiandrismus, so daß letzten Endes keine Einhelligkeit zustandekam. Sollte eine weitere Spaltung verhindert werden, so blieb Melanchthon nichts anderes übrig, als seine Formel zurückzuziehen. Darüber berichtete er im Dezember 1557 seinem Landesherrn, Kurfürst August, und ließ ihm eine überarbeitete Fassung der „Formula Consensus“[26] zugehen. In diesem ins Deutsche gebrachten und deutlich veränderten Text war allerdings von der einstigen Kompromißbereitschaft mit den Flacianern nichts mehr zu spüren. So stellte Melanchthon z.B. jetzt seine Ausführungen zu den umstrittenen Lehrfragen nur noch in den Horizont der Confessio Augustana und verzichtete auf das Bekenntnis zu den Schmalkaldischen Artikeln, auf dem die Gnesiolutheraner stets insistiert hatten. Außerdem tilgte er die namentlichen Verwerfungen, die in der „Formula Consensus“ ein deutliches Zugehen auf die Weimarer Theologen signalisiert hatten, wenn sie auch so gefaßt waren, daß hier nur diejenigen benannt wurden, in deren Ausgrenzung ohnehin Ein-

---

[26] Vgl. den Abdruck in: CR 9, Nr. 6425, 403-411.

[27] Das betraf den Antitrinitarier Michael Servet, den Konvertiten Theobald Thamer, den Spiritualisten Caspar Schwenckfeld und die Täufer, vgl. CR 9, 366f.

helligkeit bestand.[27] Und schließlich verzichtete er auf den kurzen Artikel zur Frage der Adiaphora, die seit 1548 Melanchthon und Flacius zu erbitterten Gegnern gemacht hatte. Allerdings bedeutete dies keine große inhaltliche Kürzung, denn Melanchthon hatte in seiner „Formula Consensus" das Problem zwar zur Sprache gebracht, aber unter Verweis auf die Richtschnur der Bekenntnisse und das Urteil einer gegebenenfalls abzuhaltenden Synode nicht weiter diskutiert.[28] Dagegen berichtete er offen über die osiander-freundliche Haltung des Johannes Brenz, die den Konsens im eigenen Lager unmöglich gemacht hatte. Auf diesem Hintergrund läßt der überarbeitete Text zugleich erkennen, daß die Adressaten der Einigungsbemühungen nicht mehr nur die Weimarer Theologen waren.

Diese Entwicklung ließ den Wunsch nach einer Synode unter den Theologen wieder erstarken. Auf der Seite der Fürsten trat dem besonders Herzog Christoph von Württemberg zur Seite, nachdem die Einigung der Theologen am Votum seines theologischen Vertrauten und herzoglichen Rats, Johannes Brenz, gescheitert war. Er favorisierte eine Zusammenkunft der Fürsten in Begleitung ihrer Theologen und politischen Räte. Hierin sah er das einzig praktikable Instrument, um noch eine umfassende Einigkeit der Evangelischen durchzusetzen. Dieses Konzept entsprach auch der Ansicht Melanchthons, der befürchtete, daß durch eine nur von Theologen gestalteten Synode lediglich weitere Spaltungen heraufbeschworen werden könnten. Bereits während des Wormser Religionsgesprächs hatte sich Christoph um das Zustandekommen eines solchen Konvents bemüht. Ziel sollte auch diesmal sein, unter dem Bekenntnis zur Confessio Augustana, der Apologie und auch zu den Schmalkaldischen Artikeln – so der Württemberger Herzog – eine solche Norm für Bekenntnis und Lehre aufzustellen, die die schon seit 1548 im deutschen Bereich eingetretene theologische Pluralität kanalisieren konnte, ohne jedoch die Schweizer auszuschließen.[29] Allein schon dieses Ziel setzte eine möglichst offene Formulierung

---

[28] Vgl. CR 9, 372.

[29] Vgl. zu diesem Vorhaben Christophs Brief an Melanchthon vom 1.12.1557, abgedruckt bei Heppe, Geschichte des deutschen Protestantismus, Bd. 1, 266f, Anm. 1.

der Artikel und einen Verzicht auf Verwerfungen voraus. Nachdem die Kurfürsten von Sachsen, Brandenburg und Pfalz sowie der Landgraf von Hessen ihre Bereitschaft zur Teilnahme am Fürstenkonvent signalisiert hatten, traf man sich anläßlich der feierlichen Übertragung der Kaiserwürde auf Ferdinand I. am 25. Februar 1558 in Frankfurt. Melanchthon fiel aufs neue die Aufgabe zu, eine Konsensformel zu erstellen. Mit seinem „Bedenken vom Synodo aller Chur und Fürsten und Stände Augsburgischer Confession“[30] machte er zunächst vorab deutlich, welche Fragen problemlos entschieden werden könnten bzw. an welchen Punkten Bereitschaft zu gegenseitiger Duldung bestehen sollte[31] und welche Streitfragen noch zu schlichten seien.[32] Dabei ließ er immer wieder anklingen, daß eine Synode zum gegenwärtigen Zeitpunkt eher weitere Spaltungen heraufführen als ausgleichend wirken könne. Anders als Flacius, der stets heftig dafür eingetreten war, die Kirche von obrigkeitlichem Einwirken frei zu halten, betonte Melanchthon im Dienste seines ökumenischen Ziels gerade die Verantwortlichkeit der Fürsten als „praecipua membra ecclesiae“[33] für rechte Lehre und Bekenntnis in ihren Territorien zu sorgen. Sie sollten deshalb zuvor untereinander Einigkeit erreichen.[34] Diesem Ziel diente der Frankfurter Fürstentag, dessen von Melanchton formulierter Rezeß ein Einigungsdokument ersten Ranges darstellte. Es führte die drei Kurfürsten Ottheinrich von der Pfalz, August von Sachsen und Joachim II. von Brandenburg, Landgraf Philipp von Hessen, Herzog Christoph von Württemberg und Pfalzgraf Wolfgang als Unterzeichner zusammen. Dieser theologische und politische Einigungserfolg nach dem Scheitern des Wormser Religionsgespräch ließ zunächst darauf hoffen, auch weitere evangelische Stände unter der Einigungsformel zusammenzuführen. In die-

---

[30] Der Text ist abgedruckt in: CR 9, Nr. 6471, 462-478.

[31] Das betraf die Bilder, die Frage des Exorzismus bei der Taufe und die Verwendung des Chorrocks, vgl. CR 9, 465-467.

[32] Vgl. CR 9, 467.

[33] Vgl. Bedenken, in: CR 9, 464. Vgl. zu diesem Gedanken Johannes Heckel, Cura religionis. Ius in sacra. Ius circa sacra, in: Kirchenrechtliche Abhandlungen 117/118, Festschrift Ulrich Stutz, Stuttgart 1938, 224-298.

[34] Vgl. Bedenken, in: CR 9, 465.

sem Sinne sollten sich die diplomatischen Bemühungen aller Unterzeichner darauf konzentrieren, den ernestinischen Fürsten Johann Friedrich den Mittleren von Sachsen zu gewinnen, an dessen Theologen alle bisherigen Konsensbemühungen gescheitert waren.[35]

III. Der Frankfurter Rezeß

Die einigende Kraft des Frankfurter Rezesses lag vor allem in drei Punkten: 1. Er verstand sich als Wiederholung und Kommentar des Augsburgischen Bekenntnisses und der Apologie der Confessio Augustana. 2. Er verzichtete auf jegliche disqualifizierende Namensnennungen. 3. Seine Lehrformulierungen betrafen lediglich die derzeit offenen Streitfragen und boten die Grundlage für einen Minimalkonsens, ohne eine in diesem Rahmen mögliche theologische Pluralität einzuschränken.

Zu 1. Wie die „Formula Consensus" vom November 1557, mit der Melanchthon noch gehofft hatte, die gnesiolutherisch orientierten Ernestiner Theologen nach den Auseinandersetzungen in Worms zurückzugewinnen, ordnete sich der Frankfurter Rezeß ausdrücklich in den Rahmen der protestantischen Bekenntnisbildung ein. Allerdings verzichtete er auf die Nennung der von Luther abgefaßten Schmalkaldischen Artikel, die der im weiteren Verlauf von Melanchthon sehr offen formulierten Abendmahlslehre entgegengestanden hätten. Stattdessen rückte der Frankfurter Rezeß allein die Confessio Augustana und deren Apologie in den Vordergrund und definierte beide ausdrücklich als „Summarium und Corpus Doctrinae", in dem die Aussagen der Heiligen Schrift und die

[35] Außerdem sollte sich der pfälzische Kurfürst um Straßburg und die benachbarten Städte bemühen. August von Sachsen und Joachim von Brandenburg sollten sich gemeinsam an Markgraf Georg Friedrich von Brandenburg-Ansbach, die Fürsten zu Anhalt, die Stadt Magdeburg und weitere Nachbarstädte wenden; Joachim selbst wurde nahegelegt, seinen Bruder, Markgraf Johann von Brandenburg-Küstrin, zu gewinnen, außerdem u.a. die Häuser Lüneburg, Mecklenburg und Pommern. Christoph von Württemberg sollte u.a. um den Beitritt seines Vetters, Georg von Württemberg, und den der oberdeutschen Städte werben. Vgl. CR 9, 504-505.

Lehre der drei altkirchlichen Symbole zusammengefaßt und Orientierung gebend niedergelegt seien.[36] Über sie wollte man nicht hinausgehen. Der Frankfurter Rezeß sollte also lediglich auf dieser bereits allseits im deutschen Protestantismus anerkannten Bekenntnis- und Lehrgrundlage die noch existierenden Streitfragen klären. Insofern verstand er sich zu Recht als eine „repetitio" der Augsburgischen Konfession, die „niemanden unverhört verdammen, aber bekenntnisweise das widerholen wolle, was bereits in der CA erklärt worden sei.[37] Auf dieser Grundlage hoffte man, die Augsburger Konfessionsverwandten, einschließlich der ernestinischen Sachsen einen zu können. Die am Ende des Rezesses gegebenen Direktiven zur Werbung um weitere Beitritte unter den Städten und Fürsten zeigt, wie umfassend man dieses Einigungswerk konzipiert hatte und durchsetzen wollte.[38]

Zu 2. Gerade unter diesem Aspekt umfassender Geltung mußte Melanchthon ebenso wie den Fürsten daran gelegen sein, keine *personalen* Ausgrenzungen vorzunehmen.[39] Damit wählten sie ein anderes Konzept als die Gnesiolutheraner, die die Praxis namentlicher Verwerfungen nicht nur zum Erhalt der reinen Lehre, sondern auch als Mittel zur Wiedergewinnung einer wahren Einheit einsetzen wollten.[40] Dagegen wurden im Frankfurter Rezeß die Repräsentanten jener Lehrvari-

---

[36] Vgl. CR 9, 494.- Der Terminus "corpus doctrinae" umschreibt an dieser Stelle noch keine Zusammenstellung von normsetzenden Schriften, sondern sozusagen das Kondensat der reinen Lehre.

[37] Vgl. den Frankfurter Rezeß, in: CR 9, Nr. 6483, 494. Die Verwendung des Terminus "repetitio" zur Bezeichnung eines auslegenden Kommentars zur Confessio Augustana ist vorgeprägt im Titel der deutschen Übersetzung der "Confessio Saxonica"; vgl. CR 28, 481f.

[38] Vgl. o. 131 mit Anm. 35.

[39] Während Melanchthon in der Confessio Augustana 1530 und noch in der Confessio Saxonica von 1551 ebenfalls in ökumenischer Zielsetzung, nämlich zum Nachweis der Übereinstimmung mit den Altgläubigen in der rechten Lehre, Verwerfungen der Irrtümer folgen ließ, verzichtete er im Frankfurter Rezeß ganz auf diese Praxis, die hier der erstrebten Concordia nicht dienlich gewesen wäre. Allerdings wird aus dem Zusammenhang der einzelnen Artikel des Rezesses deutlich, gegen welche Lehrvarianten man sich abgrenzt. Vgl. zur Frage der Verwerfungen in der CA Hans-Werner Gensichen, Damnamus. Die Verwerfung von Irrlehre bei Luther und im Luthertum des 16. Jahrhunderts, Berlin 1955 (Arbeiten zur Geschichte und Theologie des Luthertums 1), 65-84.

[40] Vgl. Gensichen, Damnamus, 94-117, bes. 104f.

anten, denen man mit den vier Lehrartikeln begegnen wollte, gar nicht erst genannt. Das bedeutete in diesem Punkt aber auch eine vollkommene Abwendung von der bisher von Melanchthon in seinen Entwürfen gepflogenen Praxis. Noch in der umgearbeiteten Fassung der „Formula Consensus", die Melanchthon seinem Landesherrn mitgeteilt hatte, war deutlich geworden, *wer* im einzelnen für die falschen Lehren und damit einhergehenden Spaltungen verantwortlich zu machen war, auch wenn er bereits in dem zugrundeliegenden Text der „Formula" die Namensnennungen auf ein Minimum eingeschränkt hatte. Bei einer deutlichen Bezeichnung der Irrlehrer blieb Melanchthon auch später noch in seinem „Bedenken vom Synodo".[41] So erwähnte er z.B. Nikolaus Gallus und Anton Otho als diejenigen, die mit ihrer radikalen Ablehnung jeglichen Vermögens des menschlichen Willens die ethische Verantwortlichkeit des Menschen untergrüben.[42] Es waren Andreas Osiander und dessen Kollege Johann Funck, die die Akzente in der Rechtfertigungslehre gefährlich verlagerten.[43] Falsche Lehre im Blick auf das Abendmahl sah der Wittenberger vertreten von den Gegnern Hardenbergs in Bremen und dem Hamburger Theologen Joachim Westphal. Darüber hinaus benannte er unmißverständlich die römisch-katholische Seite und die Zwinglis als Vertreter abzulehnender Abendmahlslehren. Ja, Melanchthon war sogar bereit eine kleine Episode vom Regensburger Religionsgespräch zu berichten, um die Unhaltbarkeit der altgläubigen Verehrung und Anbetung der Abendmahlselemente an zwei hervorragenden Repräsentanten aufzuweisen: dem gelehrten Kontroverstheologen und Ingolstädter Professor Johannes Eck und dem kaiserlichen Be-

[41] Freilich stand hier zusätzlich im Hintergrund, all die Gegner im voraus zu benennen, die, sollte es tatsächlich zu einer Synode kommen, ihre jeweiligen Argumente würden verfechten wollen.
[42] Melanchthon vergröberte allerdings die Positionen beider in seiner Charakterisierung ihrer Lehre; vgl. CR 9, 467f.
[43] Vgl. CR 9, 468ff.

vollmächtigten Granvella.[44] Abgelehnt wurde auch die Lehre von den guten Werken, die Melanchthon bei den Gnesiolutheranern Nikolaus von Amsdorff, Nikolaus Gallus und Johannes Wigand fand. Matthias Flacius trat deutlich als der verhaßte Gegner Melanchthons hervor, wenn die Frage der Wiedereinführung bzw. Zulassung katholischer Zeremonien als Adiaphora zur Debatte stand.

Dagegen hatte Melanchthon schon bei seinen ersten Einigungsentwürfen gezögert, die Namen derer zu nennen, deren Lehre er selbst nahestand, die aber dennoch in einzelnen Äußerungen nicht weniger umstritten waren. Dazu gehörten vor allem Georg Major, der mit seiner Formulierung, gute Werke seien nötig zur Seligkeit, Widerspruch heraufbeschworen hatte, und Albert Hardenberg, dessen reformatorisches Wirken in Bremen ihn zu Unrecht in den Verdacht des Zwinglianismus gebracht hatte.[45] Ihre Namen tauchten verständlicherweise genausowenig im Frankfurter Rezeß auf wie all jene, die Melanchthon als Gegner in der Lehre sehr wohl kannte, zu benennen bereit war, aber unbedingt für eine übergreifende Einheit und für ein solches gemeinsames Bekenntnisformular gewinnen wollte, das in den Grenzen der Confessio Augustana eine theologische Pluralität zulassen konnte. Der konsequente Verzicht auf jegliche personengebundene Diskussion der Lehre sollte also eine größtmögliche Integration der Gegensätze ermöglichen und darüber hinaus eine über die Zeiten gültige Formulierung des rechten, an der Confessio Augustana orientierten Bekenntnisses garantieren.

Zu 3. Es ist bereits deutlich geworden, daß der Frankfurter Rezeß kein von Melanchthon vollkommen neu konzipiertes Stück darstellt. Die vier Lehrartikel, die er enthält, sind viel-

---

[44] Diese Begebenheit steht schon in der Überarbeitung der "Formula Consensus". Hier heißt es: "Wider diese und dergleichen Papisten Abgötterey habe ich diese Regel vor zwanzig Jahren gesetzt, und oft in Schriften repetirt, daß nichts Sacrament seyn könne, außer der göttlichen Einsetzung, habe auch diese Regel zu Regensburg wider Ecken in öffentlicher Audienz, darin Granvel gewesen, angezogen wider ihr Umtragen etc. Und dieweil Eck nichts gründliches dagegen sagen konnte, ward er sehr zornig, soff denselbigen Abend, daß er tödtlich krank wurde, und Granvel war sehr ungeduldig über mich". So CR 9, 409. Sie wurde leicht verändert im "Bedenken vom Synodo" wiederholt, vgl. CR 9, 472 und zum Abendmahl insgesamt 470-473.

[45] Vgl. o. 125, Anm.15 und 16.

mehr weitgehend aus seiner Überarbeitung der „Formula Consensus“ übernommen.[46] Auf weite Strecken hin folgt der Rezeß der Vorlage fast wörtlich. Lediglich Artikel 4 über die Adiaphora ist gegenüber der überarbeiteten „Formula Consensus“ neu aufgenommen, greift dabei zwar Gedanken des „Bedenken vom Synodo“ auf, aber gibt dem Thema doch eine neue Richtung. Die Ausführungen über die Rechtfertigung (Art. 1), die Notwendigkeit guter Werke (Art. 2) und über das Abendmahl (Art. 3) jedoch reproduzieren im großen und ganzen die überarbeitete „Formula Consensus“. Gegenüber den Vorlagen, vor allem gegenüber Melanchthons „Bedenken vom Synodo“ aber zeichnet sich der Rezeß in allen Artikeln dadurch aus, daß er durchgehend auf eine explizite Entfaltung der jeweiligen Streit- und Gegenpositionen verzichtet.

So beginnt der Rechtfertigungsartikel mit der Erklärung der reformatorischen Lehre von der iustificatio des Sünders, die allein aus Glauben an die Barmherzigkeit Gottes und das Verdienst Christi erfolgt. Auf diese „iustitia imputata propter Christum“[47] folgt selbstverständlich die Erneuerung des Menschen, die darauf zurückgeht – so formulierte Melanchthon –, daß Gott im gerechtfertigten Menschen Wohnung nimmt. Er griff damit bewußt einen von Osiander gewählten Sprachgebrauch positiv auf. Aber Melanchthon insistierte darauf, daß diese Erneuerung nur der Beginn eines langen Prozesses sein kann, in dem der Mensch trotz der Anrechnung des Werkes Christi in diesem Leben Sünder bleibt. Lediglich zwischen den Zeilen wird deutlich, daß die ausdrückliche *Nachordnung* der Erneuerung hinter das Rechtfertigungsgeschehen sowie ihre Beschreibung als Gottes *angefangenes* Werk auf die Lehre Osianders abgrenzend Bezug nimmt. Dieser hatte nämlich die Lehre vertreten, daß der Mensch durch die Einwohnung der „iustitia essentialis“ Christi von Grund auf verändert werde und so Christi Gerechtigkeit in „naturhaft-substantieller“ Weise die des Menschen sei.[48] Gott handelte nach Osiander im Rechtfertigungsgeschehen weniger durch äußere Mittel als

---

[46] Es war nicht die “Formula Consensus“ selbst, die dem Frankfurter Rezeß zugrunde gelegen hat, so fälschlich in BSLK 744, Anm. 1.
[47] Vgl. Frankfurter Rezeß, in: CR 9, 495.
[48] Vgl. zu Osiander Gottfried Seebaß, Art. Osiander, Andreas, in: TRE 25 (1995), 507-515.

vielmehr durch eine innere Einwirkung in dem Menschen. Dies hatte ihm den Vorwurf des Spiritualismus und eine Parallelisierung mit Caspar Schwenckfeld eingetragen. Durch diese Lehre von einer Eingießung der göttlichen Gerechtigkeit Christi wiederum sahen die Gegner Osianders das menschliche Vertrauen auf eigene Werke wachsen und Osiander zugleich in deutliche Nähe zu altgläubigen Vorstellungen gleiten. Melanchthon ging im Frankfurter Rezeß auf diese in der Vergangenheit heftig diskutierten Positionen ebensowenig ein wie auf Johannes Brenz' Sympathieäußerungen Osianders Lehre gegenüber. Die Verhältnisbestimmung von Rechtfertigung und Erneuerung, die Definition der Erneuerung als erst angefangenes, den Menschen immer wieder an das Rechtfertigungsgeschehen rückbindendes Werk Gottes und die Betonung einer durch Glauben an das Werk Christi aus Barmherzigkeit zugerechneten Gerechtigkeit reichten für den Frankfurter Rezeß aus, um Osianders Variante als Sonderweg erkennbar zu machen. Kompromisse waren hier nicht notwendig, denn – so formulierte Melanchthon: „Diese Lehre ist klar in göttlicher Schrift ausgedrückt, und ist durch Gottes Gnade in unsern Kirchen bekannt, ist nicht unrichtig oder unverständlich, sondern muß in täglicher Anrufung, Glauben und Vertrauen geübt werden".[49] In der impliziten Ablehnung Osianders bezog der Frankfurter Rezeß eine Position, die Gnesiolutheraner und Philippisten gemeinsam hatten. Zugleich wurde dem bisher noch vermittelnd für Osiander eingetretenen Brenz, der in Osianders Lehre die genuin Luthersche Rechtfertigungslehre zu erkennen glaubte[50], die Möglichkeit für einen zustimmenden Beitritt nicht verstellt.

In ähnlicher Weise ging Melanchthon auf die Lehren Georg Majors und dessen Gegenparts Nikolaus von Amsdorff ein, wieder unter Verzicht auf die Darstellung beider Positionen. Sie lassen sich aber im Hintergrund der positiven Lehrformulierungen Melanchthons erschließen. Von Majors Behauptung, gute Werke seien nötig zur Seligkeit, ließ Melanchthon den ersten Teil „nova obedientia est necessaria" und sogar die Aus-

[49] Frankfurter Rezeß, in: CR 9, 496.

[50] Vgl. dazu Bundschuh, Wormser Religionsgespräch, 104 und 468. Vgl. außerdem Wolf (wie Anm. 23) 114.

sage „nova obedientia est debitum“[51] durchaus gelten und sicherte durch entsprechende Definitionen der Begriffe „nötig“, „neuer Gehorsam“ und „gute Werke“ ein Verständnis des Satzes, das mit der zuvor erläuterten Rechtfertigungslehre in Einklang stand: Erneuerung, neuer Gehorsam, gute Werke folgen notwendig auf die Rechtfertigung des Menschen allein aus Glauben. Schon von daher war die Lehre Amdorffs zurückgewiesen, der, in überzogener Reaktion auf Major, aber im Anschluß an eine frühreformatorische Position Luthers[52], die Schädlichkeit der guten Werke für die Seligkeit vertreten hatte, um den Geschenkcharakter der Rechtfertigung festzuhalten. Dagegen behauptete Melanchthon den Satz „der neue Gehorsam ist notwendig“ mit Entschiedenheit. Zugleich aber bestand er darauf, daß der Zusatz „ad salutem“, zur Seligkeit, getilgt werden müsse, um ein Mißverständnis im Sinne einer Verdienstlichkeit der Werke auszuschließen. Melanchthon hatte damit weder Major noch Amsdorff Recht gegeben. Ebensowenig hatte er einen von beiden ganz ins Unrecht gesetzt. Auch hier blieb dadurch beiden Seiten die Tür zu einer Verständigung offen.

Dasselbe Ziel verfolgte der Abendmahlsartikel. Während die Abgrenzungen von der altgläubigen Abendmahlslehre und -praxis deutlich ausgesprochen wurden, ging der Frankfurter Rezeß, wie schon die „Formula Consensus“ und deren Überarbeitung, nur äußerst zurückhaltend auf die innerprotestantischen Differenzen ein. Sie waren hier, im Gegensatz zu Melanchthons „Bedenken vom Synodo“ und auch den vorangegangenen beiden Artikeln des Rezesses, kaum noch zu erkennen. Dagegen sprach sich jetzt deutlich die für Melanchthon typische Abendmahlslehre aus[53], wie sie bereits in der Confessio Augustana variata bekenntnismäßige Gestalt gewonnen hatte. Wenn sich also die Unterzeichner des Rezesses zur Augsburgischen Konfession von 1530 und ihrer Apologie bekannten und im Rezeß eine auf die Beilegung der Streitigkeiten hin

[51] Frankfurter Rezeß, in: CR 9, 496f.
[52] Vgl. z.B. die Liste der Nachweise bei Karl Thieme, Die Schädlichkeit der guten Werke bei Luther, in: Theologisches Literaturblatt 29 (1908), 41f.
[53] Stupperich behauptet mit Blick auf die Abendmahlslehre fälschlich, daß der Frankfurter Rezeß “die römische Auffassung festhielt“; vgl. Ders. Der unbekannte Melanchthon (wie Anm. 10) 120f.

ausgerichtete Interpretation der CA sahen, dann war damit einem offenen Verständnis des Artikels X der Confessio Augustana auch offiziell der Weg geebnet. Diese Entscheidung sollte vom Naumburger Fürstentag im Jahre 1561 in ähnlicher Weise wiederholt werden.[54]

Es waren nur zwei Punkte, die Melanchthon für den innerprotestantischen Ausgleich im Frankfurter Rezeß hervorhob. Zunächst betonte er die wahrhaftige, lebendige und wesentliche Gegenwart Christi *im Abendmahl*, sofern es einsetzungsgemäß *vollzogen* wird. Damit hatte er die von Luther stets betonte wahrhafte und wesentliche Präsenz von Leib und Blut Christi in und unter den Elementen auf eine von der ganzen Person Christi auszusagenden wesentlichen Gegenwart *im Vollzug* des Sakraments konzentriert. Im Zusammenhang dieser Gegenwart der ganzen Person Christi im Abendmahlsgeschehen werden sein Leib und Blut den Christen – nicht den Ungläubigen – *mit* den Abendmahlselementen, Brot und Wein, ausgeteilt. Essen und Trinken im Abendmahl stehen also für eine reale und wesentliche Selbstmitteilung Christi an die Gläubigen. Zum zweiten legte Melanchthon unmißverständlich den Akzent auf den Gemeinschaftscharakter des Abendmahls. Brot und Wein stiften – nach Paulus (I Kor 10,16) – eine wahre Gemeinschaft des Christen mit Leib und Blut, d.h. mit der Menschheit Christi. Einerseits distanzierte sich Melanchthon so von dem Lutherschen Verständnis einer „manducatio impiorum" und einer „manducatio oralis" im Abendmahl; andererseits konnte auf diesem Hintergrund ein bloß zeichenhaftes Verständnis des Abendmahls als unrecht abgewiesen werden.

Damit hatte Melanchthon eine Abendmahlslehre in den Frankfurter Rezeß gebracht, die zwar im Gegenüber zu den altgläubigen Mißbräuchen formuliert war, die aber zugleich in den Augen der Gnesiolutheraner ein unmißverständliches Gegenüber zu ihrem an Luther orientierten Standpunkt schuf. In seinem Bekenntnis vom Synodo hatte Melanchthon dies auch deutlich zur Sprache gebracht und die Abendmahlsdiskussion

[54] Vgl. dazu Robert Calinich, Der Naumburger Fürstentag 1561. Ein Beitrag zur Geschichte des Luthertums und des Melanchthonismus aus den Quellen des Königlichen Hauptstaatsarchivs zu Dresden, Gotha 1870.

in den Zusammenhang der beginnenden christologischen Kontroversen gestellt. Hier hatte er sich u.a. entschieden gegen die von Westphal in Hamburg vertretene Auffassung von der Omnipräsenz der Menschheit Christi gewandt[55] und ihr die Omnipräsenz der ganzen Person Christi in Gottheit *und* Menschheit entgegengesetzt. Einer Lehre von der Allgegenwart der *Person* Christi kraft der communicatio idiomatum konnte sich Melanchthon durchaus anschließen. Von der Allgegenwart des *Leibes* Christi zu sprechen allerdings hielt er für unrecht. Für ihn lag dann die Gefahr nahe, daß aufgrund dieser Allgegenwartsvorstellung eine Verehrung Christi in den Abendmahlselementen („artolatreia") wiederaufkommen und damit solche Mißbräuche auch im evangelischen Raum erneut Gestalt gewinnen könnten, die von der Transsubstantiationslehre ausgegangen waren.[56]

Diese christologische Komponente war im Frankfurter Rezeß wohlweislich nicht zur Sprache gekommen, zumal es darum gehen sollte, Einigkeit und nicht weitere Spaltungen heraufzuführen. Allein der Abendmahlsartikel, auch wenn Melanchthon ihn noch so zurückhaltend formuliert hatte, brachte ihn in den Auseinandersetzungen der folgenden Jahre zwischen die Fronten von Luthertum und Calvinismus.

Während Melanchthon im Blick auf die Rolle der guten Werke im Leben des Wiedergeborenen einen Mittelweg gegangen war und in der Abendmahlslehre die Confessio Augustana nach dem Maßstab der CA variata interpretiert hatte, vollzog er in der Frage der Adiaphora eine deutliche Annäherung an die Gnesiolutheraner um Flacius. Noch in seinem „Bedenken vom Synodo" hatte Melanchthon den flacianischen Grundsatz, daß nichts als ein freigelassenes Mittelding gelten könne, wenn das rechte Bekenntnis auf dem Spiel stehe, und die prinzipielle Kompromißlosigkeit der Flacianer den Altgläubigen gegenüber[57], zurückgewiesen. Dem hatte er mit Hinweis auf seine eigenen Erfahrungen und sein eigenes Han-

[55] Vgl. Bedenken vom Synodo, in: CR 9, 470. Vgl. zu Westphal Mahlmann, Das neue Dogma, 198-202.
[56] Vgl. Bedenken vom Synodo, in: CR 9, 470f.
[57] Bedenken vom Synodo, in: CR 9, 476. Vgl. die Formulierung des Flacius: "Nihil est adiaphoron in casu confessionis et scandali" und dazu von Hase, Die Gestalt der Kirche Luthers (wie Anm. 6) bes. 59-63.

deln die Notwendigkeit des Kompromisses entgegengehalten, den er dann geboten sah, wenn Fortbestand und Betreuung der Gemeinden andernfalls nicht mehr gesichert werden konnten.[58] Von dieser schroffen Ablehnung der flacianischen Position war im Frankfurter Rezeß nichts mehr enthalten. Zwar blieb Melanchthon dabei, daß bekenntnisunabhängige Zeremonien nach den Erfordernissen der Zeit und der Situationen frei gebraucht oder abgeschafft werden könnten, aber indem er den „casus confessionis" mit in die Formulierung des Artikels aufnahm, kam der Frankfurter Rezeß zugleich auch den Flacianern entgegen: „Da aber die rechte christliche Lehre des heiligen Evangelions verunreiniget und verfolgt würde, da sind nicht allein die mittelmäßigen, sondern auch andere Ceremonien schädlich und nachtheilig".[59]

Aber der Frankfurter Rezeß, der für eine Einigung der sich bildenden theologischen und konfessionellen Fronten zunächst so vielversprechend zu sein schien, konnte sein Ziel letzten Endes nicht erreichen. Die gnesiolutherisch gesinnten Ernestiner Sachsen konnten nicht für die Konsensformel gewonnen werden. Sie antworteten mit ihrem Weimarer Konfutationsbuch. Die sich daran anschließenden Auseinandersetzungen bestimmten auch noch die Jahrzehnte nach Melanchthons Tod. Dennoch blieb und bleibt Melanchthons ökumenischer Einsatz richtungweisend. Mit seiner Erinnerung an die gemeinsamen theologischen Wurzeln in der Heiligen Schrift, den grundlegenden Bekenntnissen der Alten Kirche und der Confessio Augustana betonte er das allen Gruppierungen gemeinsame Fundament und sie einigende Band. Er schuf einen Rahmen, innerhalb dessen sich theologische Pluralität artikulieren konnte, ohne sich in kompromißlosem Anspruch auf die Wahrheit gegenseitig auszuschließen. Zugleich benannte er damit die Richtschnur und Prämisse allen theologischen Arbeitens, die in ihrer jeweils zeitgebundenen und von den Umständen bestimmten Auslegung der gemeinsamen

---

[58] Melanchthon hatte in diesem Zusammenhang auf die Situation der Pastoren in Franken hingewiesen, denen er geraten hatte, daß sie wegen der Wiedereinführung des Chorrocks und der alten, schon beseitigten Feste und Gesänge ihre Gemeinden nicht verlassen sollten; vgl. Bedenken vom Synodo, in: CR 9, 476.

[59] Frankfurter Rezeß, in: CR 9, 501.

Grundlagen orientierend und auch impulsgebend wirken kann. Auf diesem Hintergrund gewann seine Suche nach einem Kompromiß darin Gestalt, daß er einerseits Lehrformulierungen vorschlagen konnte, die ein Aufeinanderzugehen der Parteien in die Wege leiten sollten. Andererseits eröffnete sich auf dieser Basis für ihn aber auch die Möglichkeit, seine eigene theologische Einsicht – etwa im Blick auf das Abendmahlsverständnis – als gangbaren Weg vorzuschlagen und selbstbewußt zu vertreten. Sein Verzicht auf personale Ausgrenzungen zeigt, daß er bereit war, auch in der Position des jeweiligen Gegners ein legitimes theologisches Anliegen zu erkennen und dies als Chance für eine Verständigung und Integration zu nutzen. Daß ein solches Bemühen um einen Konsens aber immer auch das Risiko in sich trägt, dabei selbst zwischen die Fronten zu geraten, hatte Melanchthon bereits selbst zu Genüge erfahren und sollte sich nach seinem Tod noch deutlicher zeigen. Der Einsatz für eine umfassende Verständigung und Integration unter Bewahrung theologischer Pluralität blieb durch die Geschichte der Kirche hindurch immer nur ein angefangener Prozeß, an dem weiterzuarbeiten eine bleibende Aufgabe der Theologie ist.

Melanchthon zwischen den Konfessionen*

Rolf Schäfer

Der Platz zwischen den Konfessionen ist ungemütlich – meist steht dort nicht einmal ein Stuhl. Noch bis vor wenigen Jahrzehnten klaffte zwischen den evangelischen „Konfessionen“ ein so tiefer Abgrund, daß bewußte Lutheraner und Reformierte kein gemeinsames Abendmahl feierten. Die Barmer Bekenntnissynode 1934 wußte noch keine Antwort auf die Frage, wie „das vor mehr als 300 Jahren abgebrochene Gespräch zwischen Lutheranern und Reformierten über das heilige Abendmahl“ wieder aufgenommen werden könnte.[1]

Nach der Annahme der Leuenberger Konkordie ist die Spaltung von einst so unbegreiflich geworden, daß große Mühe aufzuwenden ist, von ihr auch nur zu erzählen, geschweige denn sie zu erklären. Die alten Gegensätze in der Prädestinations- und in der Abendmahlslehre sind ausgeglichen; neben der einigenden Lehre von der Rechtfertigung haben sie ihr Gewicht und damit auch ihre konfessionstrennende Wirkung verloren.

Sieht man sich unter den Gestalten des Reformationsjahrhunderts danach um, wo die mittlere „evangelische“ Linie zwischen den alten Konfessionen begonnen haben mag, dann stößt man neben Martin Bucer auch auf Philipp Melanchthon. Zwar gilt er so sehr als Luthers engster Freund, daß in der üblichen Konfessionsstatistik an seiner Zugehörigkeit zum Luthertum kein Zweifel aufkommt. Beim Augsburger Reichstag 1530 gab er sich beim Abendmahl (CA X) gegenüber den Oberdeutschen und den Schweizern fast noch unversöhnlicher als Luther selbst kurz zuvor in Marburg. Und im Blick auf die Prädestinationslehre folgt die Konkordienformel, in

* Abdruck nach MdKI 48, 1997, 39ff.

[1] Hans Asmussen, Vortrag über die Theologische Erklärung zur gegenwärtigen Lage der Deutschen Evangelischen Kirche, in: Alfred Burgsmüller und Rudolf Weth (Hrsgg.), Die Barmer Theologische Erklärung, Neukirchen-Vluyn 1983, 41-58, 45. – Im folgenden sind die Zitate nach Rechtschreibung und Zeichensetzung modernisiert.

der sich das Luthertum abschließend definiert, nicht etwa Luther, sondern Melanchthon. Doch der Dank des Luthertums dafür floß spärlich. Schon im 16. Jahrhundert geriet Melanchthon offenbar so sehr zwischen die evangelischen Konfessionen, daß ihn keine so recht als den ihrigen anerkennen mochte. Hat sich das geändert? Luther und Calvin gelten uns als die großen Gestalten der Reformation, deren Jubiläen öffentlichkeitswirksam begangen werden. Wenn sich aber am 16. Februar 1997 der Geburtstag Melanchthons zum 500. Mal jährt, hält sich der Aufwand in Grenzen. Zwar wurde der Abgrund zwischen den Reformierten und den Lutheranern geschlossen. Ob aber die Leuenberger Kirchengemeinschaft dort einen Ehrenstuhl für Melanchthon aufstellt, darf man gespannt sein.

Immerhin sollten die Kirchen, die auf dem Boden der unveränderten – 1530 von Melanchthon maßgeblich mitverfaßten – Augsburgischen Konfession stehen, bei der heutigen Auslegung ihrer Bekenntnisgrundlage zur Kenntnis nehmen, wie weit Melanchthon ihnen 1540 in der Confessio Augustana variata schon vorangegangen ist. In Art. X strich er die Verwerfung der andersdenkenden Reformierten; in Art. V ließ er den Merkposten für die doppelte Prädestination, den er bei den Kommissionsberatungen 1530 offenbar hatte zugestehen müssen, wie schon in der Apologie stillschweigend fallen.[2] Methodisch schlug er damit die Richtung ein, die vor kurzem zur Kirchengemeinschaft im evangelischen Bereich geführt hat.

[2] Wilhelm Maurer, Historischer Kommentar zur Confessio Augustana, Band 2, Gütersloh 1978, 150, bestreitet zwar den prädestinatianischen Sinn der Formel „ubi et quando visum est Deo". Daran ist soviel richtig, daß Melanchthon 1530 den Standpunkt seiner frühen Loci schon längst verlassen hatte. Vermutlich nahm er deswegen die Formel auch nicht in den ersten Entwurf auf (Na 4, BSLK 59). Daß sie dann schließlich doch aus den Schwabacher und Marburger Artikeln herübergeholt wurden, ist möglicherweise auf die anderen in Augsburg mitwirkenden reformatorischen Theologen zurückzuführen, von denen Brenz und Rhegius als Vertreter der doppelten Prädestination galten (vgl. Otto Ritschl, Dogmengeschichte des Protestantismus Band 4, Göttingen 1927, 107).

I.

„Zwischen den Konfessionen" – heute denken wir bei diesem Stichwort nicht mehr an die ausgestandene innerevangelische Kirchenspaltung, sondern an die um so schmerzlicher empfundene Trennung zwischen der römisch-katholischen und der evangelischen Kirche. Der Riß sitzt so tief, daß es sogar schwierig erscheint, ihn richtig zu bezeichnen. Im römisch-katholischen Sprachgebrauch geht es nicht um das Verhältnis zwischen zwei Konfessionen oder gar zwischen zwei Kirchen. Die römisch-katholische Kirche sieht sich nicht als eine Konfession neben anderen, sondern als die eine, heilige, katholische und apostolische Kirche, neben der es nur communiones confessionales oder communiones ecclesiales gibt.[3] Die kirchenrechtlich immer noch gültige Verurteilung der heilsvergessenen pestifera haereticorum secta Martini[4] wird zwar praktisch zurückgestellt; eine Kirche ist aber diese noch nicht geworden. Eine Betrachtung der Stellung Melanchthons „zwischen den Konfessionen" muß sich also – zumindest vorläufig – darüber klar sein, daß sie von einem evangelischen Standpunkt aus angestellt wird.

Schon im 16. Jahrhundert trat diese Asymmetrie auf. Die Confessio Augustana legte nicht nur größten Wert auf die Zugehörigkeit zu der einen Kirche,[5] sondern besaß auch ein klares, aus Paulus geschöpftes Bild vom Verhältnis der einzelnen (Pfarr-)Kirchen zur universalen Kirche. Die Confutatio hütete sich, auf diesen Sprachgebrauch einzugehen.[6] Sie ist weder eine Bekenntnisschrift noch eine kirchliche Stellungnahme, sondern wird dem Kaiser in den Mund gelegt, der am Be-

---

[3] Vat II Decretum de oecumenismo 13.19.

[4] Bulle „Decet Romanum pontificem" (3.1.1521) cap. 2, in: QGRKP [6]1,513.

[5] Dies zu bestreiten war der Hauptzweck, den Johann Eck mit seinen 404 Artikeln verfolgte (Wilhelm Gußmann, Quellen und Forschungen zur Geschichte des Augsburgischen Glaubensbekenntnisses Band 2, Kassel 1930, 95-151). Umgekehrt lag den Reformatoren daran, durch das feierliche Bekenntnis zum altkirchlichen Dogma und zur Verdammung der davon abweichenden Häresien ihre Zugehörigkeit zu der allezeit bleibenden einen Kirche zu beweisen.

[6] Die Confutatio der Confessio Augustana vom 3. August 1530, hg. von Herbert Immenkötter (CCath 33) Münster [2]1981, 39.204f.

kenntnis einiger weniger Fürsten und Städte Kritik übt und bei allem Verständnis abschließend feststellt, was an diesem Bekenntnis zu ergänzen oder zu ändern ist. Die Kirche selbst bleibt oberhalb dieses Streites und erwartet Gehorsam.

Der Augsburger Reichstag 1530 endete für die Evangelischen mit einem Mißerfolg – freilich nicht auf die Dauer. Denn die Entwicklung des Verhältnisses von Katholizismus und Protestantismus in der Neuzeit wurde doch stärker, als man es hätte erwarten können, von der Konzeption beeinflußt, mit der Melanchthon in der Confessio Augustana gearbeitet hatte. Dabei verliert sogar die Frage ihr Gewicht, ob Melanchthon in Augsburg bei den Verhandlungen auf dem für ihn schwierigen und ungewohnten politischen Parkett immer die überzeugende und starke Figur dargestellt hat, die wir von einem Reformator aus Wittenberg erwarten. Seine bleibende Leistung war die Confessio Augustana, die erstaunlicherweise in den letzten Jahrzehnten auch von katholischen Theologen als „Bekenntnis des einen Glaubens" erkannt worden[7] ist und nicht mehr mit Hilfe des Hinweises auf die Furchtsamkeit und Charakterschwäche ihres Verfassers entwertet wird.

Melanchthon muß wohl durch seine „leisetretenden" Friedensbemühungen in Augsburg unter den Zeitgenossen ein Bild seiner Persönlichkeit hinterlassen haben, das es Johannes Cochlaeus erlaubte, ihn in seinen Philippicae quatuor (1534) moralisch hinzurichten und ihn damit im römisch-katholischen Bereich des Denkens und Fühlens auf Jahrhunderte hinaus mit Schweigen zu umgeben.[8] Er kennzeichnete Melanchthon mit den Attributen: verschlagen, hinterlistig, betrügerisch, heuchlerisch, tückisch, verleumderisch und dergleichen mehr. Cochlaeus machte sich noch die Mühe, Melanchthons Irrtümer und Lügen aus seinen Schriften zu beweisen. Für die Nachwelt war die Arbeit damit getan; das Abschlußurteil konnte auch ohne erneutes Studium der Werke weitergereicht werden.

---

[7] Harding Meyer und Heinz Schütte (Hrsgg.), Confessio Augustana. Bekenntnis des einen Glaubens. Gemeinsame Untersuchung lutherischer und katholischer Theologen, Paderborn und Frankfurt/M. 1980.

[8] Vinzenz Pfnür, Einig in der Rechtfertigungslehre? Wiesbaden 1970, 286ff.

In einem instruktiven Literaturbericht hat der katholische Melanchthonkenner Siegfried Wiedenhofer die Folgen beschrieben: „Zum katholischen Melanchthonbild im 19. und 20. Jahrhundert".[9] Er führt die Vernachlässigung der Wirkung Melanchthons zum einen auf die allgemeine apologetische und polemische Gesamtperspektive zurück, in der katholische Theologen auf die Reformation blickten; zum andern aber wirkt, wie Wiedenhofer durch Belege dartut, die moralische Verurteilung Melanchthons unvermindert fort.

Dies beginnt sogleich bei Johann Adam Möhler.[10] Im revolutionären Geschehen der Reformation ist Melanchthon eine unselbständige Figur: Zunächst von Luther beherrscht, zog er sich später zurück und schwankte dann „haltungslos zwischen Katholizismus und Luthertum", ja zusätzlich noch zwischen Luthertum und Calvinismus. Er vermied „schlau" die Berührung heikler Punkte. Sein „zweideutiges Benehmen" offenbart sich in Augsburg, wo er sich „wider besseres Wissen" auf Augustins Rechtfertigungslehre beruft.

Auch für Ignaz von Döllinger[11] fallen der offizielle und der privat sich äußernde Melanchthon auseinander; sein moralischer Charakter sei nicht zu retten. Je weiter Wiedenhofer den Leser ins 19. Jahrhundert hineinführt, desto düsterer gerät Melanchthons Bild. Auch die Antwort auf Rankes Reformationsgeschichte, die durch Johannes Janssen[12] und Ludwig von Pastor gesucht wird, bringt gegenüber der Neuscholastik keinen grundsätzlichen Wandel. Melanchthon nimmt – wenn auch gemäßigt – an Luthers Revolution teil, zeigt sich aber oft schwankend und mutlos; er scheut sich nicht, sogar im offiziellen Glaubensbekenntnis seiner Partei „absichtlich die Unwahrheit zu sagen".[13] Im 20. Jahrhundert bringen Denifle und Grisar[14] nichts Neues herbei, außer daß nun der Humanismus, von dem Melanchthon herkommt, als Erklärung für sein oberflächliches Dilettieren in der Theologie herangezogen wird. Dieser Linie bleibt sogar derjenige Kirchengeschichtler treu,

---

[9] ZKTh 102, 1980, 425-454.
[10] Ebd. 427ff.
[11] Ebd. 429ff.
[12] Ebd. 435f.
[13] Ebd. 437.
[14] Ebd. 442ff.

dem die katholische Theologie ihr neues Lutherbild verdankt: Joseph Lortz.[15] Auf den Humanisten Melanchthon geht zwar das dogmatische System der Reformation zurück, zugleich aber auch die Relativierung des Dogmas, die dann in der Aufklärung enden wird.

Erst bei Erwin Iserloh[16] wird Melanchthon theologisch ernst genommen. Er steht neben Luther als eine positive Gestalt und hat das Luthertum stark geprägt. Nicht mehr in den von Cochlaeus suggerierten Charaktermängeln, sondern in der Sorge um die Einheit der Kirche liegt das Motiv der „Mäßigung".

Wiedenhofer beschließt seinen Rückblick mit dem Hinweis auf neuere Monographien zu einzelnen Themen. Diese Arbeiten bringen auch insofern etwas Neues, weil sie einzelne Gebiete des fast unübersehbaren Melanchthonschen Werks genauer analysieren und damit der Gefahr vorbauen, sich im Kreise der herkömmlichen Deutungen und Vorurteile zu drehen. Hermann Pfister[17] untersucht die Rückwirkung der Auseinandersetzungen mit den Täufern auf Melanchthons Theologie; hier liegt für ihn die Ursache dafür, daß sich der humanistische Charakter verstärkt. Vinzenz Pfnür[18] geht in seinem materialreichen Buch „Einig in der Rechtfertigungslehre?" nicht nur der Entstehung der Confessio Augustana – besonders der Artikel I bis IV – und Melanchthons Beitrag nach, sondern betritt damit zugleich das Feld der ökumenischen Frage nach einer möglichen Verständigung zwischen den Konfessionen. Schließlich skizziert Wiedenhofer noch seine eigene Untersuchung über die „Formalstrukturen humanistischer und reformatorischer Theologie bei Philipp Melanchthon".[19] Auf der Basis der Werke von Erasmus, Pirckheimer und des jungen Melanchthon erarbeitet er einen Begriff von „humani-

---

[15] Ebd. 444f.

[16] Ebd. 447f.

[17] Ebd. 448f.

[18] Ebd. 450f (vgl. Anm. 8). Die von Wiedenhofer gleichfalls vorgestellte Arbeit von Alfons Brüls, Die Entwicklung der Gotteslehre beim jungen Melanchthon 1518-1535, Bielefeld 1975, läßt die Konfessionsdifferenz ganz in den Hintergrund treten.

[19] 2 Bände, Frankfurt/M. und München 1976. Vom selben Verfasser stammt der Aufsatz: Bekenntnis, Schrift, Tradition. Zu Form, Funktion und Kriterien der Confessio Augustana, in: ThPh 55, 1980, 161-203.

stischer Theologie", der den alten, fehlerhaften und polemischen Begriff ablöst. Anschließend dient die so gefundene Eigenart humanistischer Theologie zur Erklärung von Melanchthons Entwicklungsgang im Rahmen der reformatorischen Bewegung. Wiedenhofer gibt damit zu erwägen, ob nicht die unpolemische Neubestimmung des humanistischen Elements auch ökumenische Relevanz besitzen könnte.

In eine ähnliche Richtung zielt die neueste Arbeit zu diesem Themenkreis: „Die theologische Philosophie Philipp Melanchthons (1497-1560)" von Günter Frank (Leipzig 1995). Diese Dissertation, die vom Philosophisch-Theologischen Studium Erfurt in Verbindung mit der Pontificia Universitas Gregoriana in Rom angenommen worden ist, arbeitet auf Grund der von Theologen wenig gelesenen Werke aus der artistischen Fakultät die Differenz Melanchthons zur mittelalterlichen Philosophie heraus: seinen Verzicht auf die Wesensmetaphysik. Dies führt zu einer subjektiven Wende, durch die Melanchthons „Philosophie der Prämoderne" der Zukunft wichtige Anstöße gibt. Melanchthons Philosophie bleibt aber theologisch verankert. Sie geht von einer schöpfungsmäßig begründeten Teilhabe des menschlichen Geistes am göttlichen aus (Methexis), behält so den Zugang zu den einschlägigen Lehren der Kirchenväter und hat keine Schwierigkeiten bei der Auslegung der entsprechenden Stellen bei Paulus. _ Wie wichtig die Philosophie Melanchthons für die Einschätzung des Reformatorischen ist, geht schon aus der Überlegung hervor, daß auch Luthers Lehrtätigkeit seit 1518 bewußt auf der philosophischen Propädeutik Melanchthons aufbaut.

Ein zweites Ergebnis aus dem Rückblick auf die katholischen Arbeiten ist aber ebenso wichtig: Die Confessio Augustana wird der Haupttext sein, wenn es die Rolle Melanchthons zwischen den Konfessionen zu bestimmen gilt. Insofern mündet die von Wiedenhofer aufgezeigte Linie direkt in das Augustana-Jubiläum 1980.

Der schon erwähnten Monographie von Vinzenz Pfnür und einem zusätzlichen Aufsatz, der explizit die Frage aufwirft „Anerkennung der Confessio Augustana durch die katholische Kirche?",[20] folgt eine schwer überschaubare Fülle von Büchern, Aufsätzen, Referaten, Tagungsbeiträgen und Er-

[20] IKaZ 4, 1975, 298-307; 5, 1976, 374-384; 477f.

klärungen, an der sich viele katholische Theologen beteiligten. Melanchthon spielt dabei eine große Rolle, ohne daß freilich das bisher gewonnene Bild sich wesentlich veränderte. Die wichtigsten Titel sind von Heiner Grote und Joachim Lell dargestellt und gewürdigt worden.[21] Der große Anteil der Titel, die von akademischen Theologen in Pressediensten und überregionalen Zeitungen veröffentlicht wurden, ist ein deutliches Anzeichen dafür, daß die Erforschung einer Gestalt aus der Kirchengeschichte hinter dem kirchenpolitischen Ziel zurücktrat. Dies gilt auch für die gewichtigste Veröffentlichung des Jubiläumsjahres: „Confessio Augustana. Bekenntnis des einen Glaubens. Gemeinsame Untersuchung lutherischer und katholischer Theologen".[22]

Grote hat in seinem Bericht zur Literatur des Augustana-Jubiläums mit Recht auf die große Bedeutung hingewiesen, die der Edition der altgläubigen Widerlegung des Augsburger Bekenntnisses zukommt: „Die Confutatio der Confessio Augustana vom 3. August 1930", herausgegeben von Herbert Immenkötter als Band 33 des Corpus Catholicorum.[23] Endlich liegt damit eine gut erschlossene Ausgabe des deutschen und des lateinischen Textes der Confutatio vor. Weil ohne ihn Melanchthons Apologie nicht verstanden werden kann, mußte man sich bisher mit der nicht mehr ausreichenden Ausgabe im Corpus Reformatorum, Band 27 (1859), behelfen.

Es scheint im ganzen genommen kein Zufall zu sein, daß die Bemühungen um Melanchthons Theologie immer wieder auf die Confessio Augustana zurückkommen. Dies gilt sowohl für die Frage nach seiner damaligen Stellung zwischen den

---

[21] Heiner Grote, Die Augustana-Debatte und die Wiedergewinnung einer Bekenntnisschrift, in: MdKI 29, 1978, 27-34, Ders., Das Augsburger Bekenntnis. Seine Neuaneignung und Verlebendigung mit Hilfe jüngster Veröffentlichungen, in: MdKI 31, 1980, 46-53; Joachim Lell, Die Confessio Augustana von 1530 im Jubiläumsjahr 1980, in: JEB 24, 1981, 80-96.

[22] S. Anm. 7.

[23] S. Anm. 6. Vom selben Autor stammt die zusammenfassende Darstellung: Der Reichstag zu Augsburg und die Confutatio, Münster 1980. Viele Materialien und Perspektiven enthält: Erwin Iserloh und Barbara Hallensleben (Hgg.), Confessio Augustana und Confutatio. Der Augsburger Reichstag 1530 und die Einheit der Kirche. Internationales Symposion der Gesellschaft zur Herausgabe des Corpus Catholicorum in Augsburg vom 3.-7. September 1979, Münster 1980.

Konfessionen als auch für seine heutige Beurteilung, die zwischen den Konfessionen diskutiert wird. Wie wichtig es dabei ist, die Confessio Augustana auch einmal – mit Immenkötter – von der Confutatio her zu lesen und zugleich – mit Wiedenhofer – auf Formalstrukturen und humanistisches Regelwerk zu achten, kann vielleicht folgendes Beispiel veranschaulichen.

II.

Am Wortlaut der Confutatio fällt stilistisch ins Auge, daß die Artikel I bis XXI pünktlich durchgezählt sind, und zwar so, daß die jeweilige Nummer sowohl im deutschen als auch im lateinischen Text am Anfang der Artikel in Worten ausgeschrieben ist. Nun ist aber andererseits bekannt, daß die Artikel der Confessio Augustana in den offiziell überreichten Exemplaren (deutsch und lateinisch) nicht durchgezählt waren und auch in Artikel I-XIX und XXI keine Überschrift besaßen. Die reformatorischen Theologen hielten die kleinlich wirkende Zahleneinteilung bei der Verlesung im Reichstag vielleicht deswegen für entbehrlich, weil der Anfang jedes Artikels durch die Einleitungsformel („Weiter wird gelehrt ..." oder ähnlich) und der Schluß durch die Damnatio ausreichend gekennzeichnet und das Ganze somit auch ohne Zahlen durchsichtig gegliedert war. Schon die Nürnberger Handschrift aus der von Scheuerlschen Familienbibliothek (Nb bzw. N l), die uns die Redaktion des deutschen Textes um den 15. Juni zeigt, läßt die Artikelzahlen weg, die in früheren Stadien benutzt worden sind.[24]

---

[24] BSLK 50 Apparat. – Ergänzend zu den dortigen Angaben zeigt das Faksimile der Handschrift N 1 oder Nb (Johannes Ficker, die Augsburger Konfession in der ersten Gestalt. Schriften der Gesellschaft der Freunde der Universität Halle-Wittenberg, Band 2, Halle/Saale 1930), daß auch die Zahlen 15 und 21 fehlen. Die Zahlen 2 bis 14 und 16 bis 20 sind offenkundig nachträglich hinzugefügt worden. Dasselbe gilt für die Bezifferung der Artikel in der Handschrift A 1. Auch bei anderen Handschriften muß man mit nachträglicher Beifügung von Zahlen rechnen. Vor allem die Weimarer Handschrift Spalatins (Sp) verdiente eine genauere Untersuchung. Ihre Erweiterungen und Änderungen – beispielsweise die Umsetzung des Ambrosiasterzitats von CA VI nach CA IV – setzen den fertigen Text der Confessio Augustana und die Zählung der Confutatio voraus.

Wenige Tage nach der Übergabe des Bekenntnisses begannen die altgläubigen Theologen mit der Widerlegung der Confessio Augustana. Schon die Responsio Theologorum – der fragmentarisch erhaltene erste Entwurf einer Widerlegung – enthält bereits Zahlen für die behandelten ersten vier Artikel.[25] Anfang Juli ist dann in der Catholica Responsio die vollständige Zählung erstmals greifbar.[26] Am 3. August wird diese Zählung durch die Verlesung der Confutatio öffentlich, weil die Nummern als Bestandteil des Textes nicht weggelassen werden konnten. Camerarius konnte sie mitschreiben; Melanchthon übernahm sie beim ersten Entwurf der Apologie, für den ihm nur diese Nachschrift zur Verfügung stand.[27]

Nun könnte man diese Details als reine Äußerlichkeiten ansehen, wenn nicht in zwei Fällen die Frage zu bedenken wäre, ob die Konfutatoren bei ihrer Zählung die Struktur der betroffenen Artikel ganz durchschauten oder ob sie Zusammengehöriges trennten.

Schon immer war es bei der Auslegung und Gestaltung von Texten für den Humanisten Melanchthon selbstverständlich, daß er die Regeln der Dialektik und der Rhetorik anwandte. Deshalb ist zu erwarten, daß diese Regeln unaufdringlich auch zur Gestaltung des Wortlauts der Confessio Augustana beigetragen haben.[28]

Dies wird bestätigt, wenn man die Lehre von der Kirche (CA VII und VIII) auf ihre Struktur hin überprüft.[29] Gleich der erste Satz antwortet auf die Existenzfrage (an sit) und auf die Frage nach der Zeit (quando): Die Kirchen lehren bei uns, daß eine heilige Kirche ununterbrochen bleiben werde. Der zweite Satz trägt mit der congregatio sanctorum die Definition (quid sit) nach und fügt im Relativsatz den Ort (ubi) hinzu, wo die Kirche zu finden ist, sowie Evangelium und Sakramente als Ursache (causa instrumentalis). Daraufhin werden

---

[25] CR 27, 85-97.

[26] Johannes Ficker, Die Konfutation des Augsburgischen Bekenntnisses. Ihre erste Gestalt und ihre Geschichte, Leipzig 1891.

[27] CR 27, 275ff.

[28] Die CR 13, 507ff abgedruckte dritte Fassung der Dialektik (1547) ist gegenüber der zweiten (1527) stark erweitert. Die nachstehenden Überlegungen beruhen auf letzterer gemäß dem Abdruck in: Operum Phil. Melanthonis Tomi quinque, Basel 1541, Band 5, 174-192.

[29] BSLK 61f.

nacheinander die beiden nizänischen Wesensmerkmale aus dem Eingangssatz erläutert: VII, 2-4 die Einheit und VIII, 1f die Heiligkeit. Die abschließende Verdammung bezieht sich auf das Ganze, da eine unwirksame Wortverkündigung oder Sakramentsverwaltung nicht nur die Heiligkeit, sondern auch die Einheit der Kirche zerstören würde.

Zur Teilung dieses durchsichtig aufgebauten Abschnitts scheint es dadurch gekommen zu sein, daß die Konfutatoren das „Item" in VIII, 1 des deutschen Textes im Sinne des „Item docent" des lateinischen Textes (z. B. VII, 1) genommen und als Signal der Eröffnung eines neuen Artikels mißverstanden haben.

Ein ähnlicher Tatbestand scheint in CA IV und V vorzuliegen.[30] Auch dort war in der offiziellen Fassung nur der stilistische Hinweis auf Anfang und Ende enthalten: „Item docent" (IV, 1) und „Damnant ..." (V, 4).

Die Entstehungsgeschichte der Confessio Augustana zeigt, daß ihre ersten Artikel am Leitfaden der Trinitätslehre ausgerichtet waren; auf die Christologie hätte die Lehre vom Geist folgen und die Soteriologie (Rechtfertigung, gute Werke) eröffnen sollen. Um nun aber die Geistverleihung nicht im Sinne Augustins der Rechtfertigung vorhergehen zu lassen, wurde der pneumatologische Entwurf so in den soteriologischen eingeschoben, daß sich die richtige Reihenfolge ergab.

Der Artikel beginnt deswegen korrekt mit der forensischen Rechtfertigung. Sie wird durch die Beziehung (relatio) von Glaube und Gnade definiert, wobei letztere ihre Ursache (causa efficiens) in Christi Genugtuung hat (IV, 1-3). Der Glaube wird durch Wort und Sakrament hervorgebracht (causa instrumentalis); das gleiche Mittel sorgt aber auch für das Kommen des Geistes zu denen, die glauben (V, 1-3). Die abschließende Verdammung der Wiedertäufer und anderer – wie es vorsichtig heißt – greift mit dem Stichwort „opera" auf IV, 1 zurück und bezieht sich auf den gesamten Zusammenhang: Weder die fromme Bereitung der Täufer noch das opus operatum der Altgläubigen bringen den Geist herbei; dies vermag vielmehr nur das Wort.

---

30 Ebd., 56-59.

Die Aufspaltung des Artikels blieb nicht ohne Folgen. Einmal, die Isolierung der ersten Hälfte erzeugte den Eindruck, als sei mit der reformatorisch verstandenen forensischen Rechtfertigung keinerlei Bewegung im Herzen oder Sinn des Gerechtfertigten verbunden. Bis heute muß sich der Protestantismus gegen diese Mißdeutung wehren.[31] Zum andern, durch die Teilung wird das Verhältnis zur Rechtfertigungslehre Augustins undeutlich. Melanchthon beruft sich sowohl in der Confessio Augustana als auch in der Apologie auf Augustin, sofern dieser die Rechtfertigung den Werken abspricht und sie mit dem Glauben verbindet.[32] Nur hütet Melanchthon sich davor, die geistgewirkte Gesetzeserfüllung, die er an sich durchaus bejaht, als Grund des göttlichen Rechtfertigungsurteils anzusetzen. In seinem bekannten Brief an Johannes Brenz (Mai 1531) über die Apologie faßt er sein Verhältnis zu Augustin nach der bejahenden und nach der verneinenden Seite völlig zutreffend in die Worte: „... ich zitiere Augustin, der [mit mir] gleichsam gänzlich übereinstimmt wegen seines öffentlichen Ansehens, obwohl er freilich die Glaubensgerechtigkeit nicht ausreichend erklärt."[33] Man hat diesen Satz später so verstanden, als übernähme Melanchthon offiziell die Rechtfertigungslehre Augustins, verwerfe sie aber in privaten Äußerungen. Daß CA V aber genau erklärt, wie weit Melanchthon der augustinischen Lehre vom Geist zu folgen bereit ist, blieb bei der Auslegung von CA IV beiseite. Dieses Mißverständnis führte dann auch zu dem generellen Urteil, daß Melanchthon wider besseres Wissen argumentiere und daß sein moralischer Charakter nicht zu retten sei.

Die Apologie gibt darüber Auskunft, wie Melanchthon auf die Texteingriffe reagierte. Diese erst später als Bekenntnisschrift gelesene Antwort an den Kaiser war ja zunächst nur eine Verteidigung der Confessio Augustana gegen die Vorwürfe der Confutatio und hätte sollen noch auf dem Reichs-

---

[31] Karl Lehmann und Wolfhart Pannenberg (Hgg.), Lehrverurteilungen – kirchentrennend? Band 1, Freiburg i. Br. und Göttingen 1986, 38.53ff.192.

[32] BSLK 77 (CA XX); 165.179.182; außerdem 222.

[33] CR 2, 502 (MBW 1151; WA.B 1818, 23) Et ego cito Augustinum tamquam prorsus ὁμόψηφον propter publicam de eo persuasionem, cum tamen non satis explicet fidei iustitiam.

tag übergeben werden. Sie zeigt sowohl in ihrer Urgestalt als auch im endgültigen Text, daß Melanchthon möglichst schnell zur Sache kommen wollte und deshalb von allen Zänkereien über Zäsuren und Paragraphen absah. Stillschweigend akzeptierte er die von Camerarius mitgeschriebene Artikelzählung und blieb auch später dabei, als er den Text der Confutatio vor sich liegen hatte. Als Bezugssystem war ihm die Zählung vielleicht sogar willkommen.

Die Antwort auf die Kritik an der Rechtfertigungslehre zeigt, daß Melanchthon den Eingriff sehr wohl erkannt hat. In einer großen Abhandlung über Rechtfertigung, Glauben und Liebe behandelt er zusammenfassend die Themen von CA IV, V, VI und XX, um dann die Argumente der Widersacher aus den analogen Artikeln der Confutatio zu beantworten.[34] Die Aufteilung des Kirchenartikels macht er gleichfalls ohne viel Umstände rückgängig. Er setzt seine Verteidigung unter den Titel De Ecclesia und behandelt dort CA VII und VIII in ihrem gegenseitigen Bezug zueinander.[35] Sein Verfahren in beiden Themenbereichen ist beispielhaft für die Haltung, die er laut der Vorrede der Apologie bei den Verhandlungen bewahren will: Er hat keine Freude am Streit und geht deshalb nicht auf alle Spitzfindigkeiten der Gegner ein, sondern beschränkt sich auf die Hauptargumente. Weil ihm an der Eintracht liegt, drückt er sich möglichst gelinde aus.[36] In der Hauptsache aber läßt er sich nichts abmarkten: in der Lehre von der Rechtfertigung ohne des Gesetzes Werke allein durch den Glauben an die Vergebung. Um dieser Hauptsache willen läßt er vieles weniger Wichtige auf sich beruhen – auch die Aufspaltung von einheitlich konzipierten Artikeln.

III.

Wilhelm Dilthey sieht in der Confessio Augustana und in der Apologie Meisterstücke von Melanchthons Darstellungs-

[34] BSLK 158-233.
[35] Ebd., 233-246.
[36] Ebd., 143. – Wie Melanchthon auch im persönlichen Verhalten zwischen den Konfessionen eine Brücke zu schlagen suchte, zeigt seine Begegnung mit der Äbtissin Caritas Pirckheimer in Nürnberg 1525; Martin H. Jung, Ökumene im Zeitalter der Glaubensspaltung, in: DtPfrBl 96, 1996, 374-381.

kunst und beurteilt den Augsburger Reichstag als „die glorreichste Zeit Melanchthons". Andererseits stellt Dilthey fest: „Der größte Fehler seines Lebens war das Leipziger Interim. In dieser Vereinbarung gestand er den größten Teil des katholischen Zeremoniells als gleichgültig zu ... Nicht leicht kann ein Urteil über diesen Schritt zu hart sein."[37]

Ähnlich lautet Leopold von Rankes Auffassung. Während der Protestantismus anderwärts Widerstand gegen das Augsburger Interim leistete, habe sich die Mutteruniversität Wittenberg, „ja der große Lehrer selbst, der allgemeine genannt, welcher das höchste Ansehen genoß", der religiösen Verordnung des Kaisers näher angeschlossen als jemand für möglich gehalten hätte.[38]

Bekanntlich war Melanchthon bereit, zur Vermeidung des größten denkbaren Übels – des Verstummens des Evangeliums durch Vertreibung der Prediger – für Kursachsen 1548 ein geringeres zu erdulden: die Zulassung mittelalterlicher Zeremonien und bischöflicher Jurisdiktion, sofern sie die Rechtfertigung aus dem Glauben nicht antasteten.[39] Demgemäß enthielt das sogenannte Leipziger Interim[40] einen grundlegenden Abschnitt über die Rechtfertigungslehre; dabei griff man auf den Wortlaut der Pegauer Formel zurück, die kurz zuvor (Juli 1548) unter Beteiligung Melanchthons zwischen reformatorischen und altgläubigen Theologen ausgehandelt worden war.[41] Anschließend folgte eine Reihe von Bestimmungen, die die Rückkehr zu den alten Kirchenbräuchen vorschrieben (Firmung, Letzte Ölung, Messe mit Gewändern und Ministranten, Bilder, Horen, Fronleichnamsfest, Fasten und dergleichen mehr). Melanchthon hielt es für möglich, diese Zeremonien als Adiaphora zu ertragen, weil er die Rechtfertigungspredigt

---

[37] Das natürliche System der Geisteswissenschaften im 17. Jahrhundert, in: Gesammelte Schriften, Band 2, Stuttgart und Göttingen [5]1957, 90-245, 165f.

[38] Deutsche Geschichte im Zeitalter der Reformation, hg. von Horst Michael, Hamburg o. J., Band 5/6, 164f (9. Buch, 2. Kapitel).

[39] HDThG 2, 108ff.

[40] CR 7, 258ff (MBW 5387).

[41] CR 7, 51-60 (MBW 5268). Näheres hierzu bei Heinz Scheible, Melanchthons Auseinandersetzung mit dem Reformkatholizismus, in: Rolf Decot (Hrsg.), Vermittlungsversuche auf dem Augsburger Reichstag 1530, Stuttgart 1989, 68-90, besonders 77f.

für stark genug hielt, auch die ursprünglich mit der Werkgerechtigkeit verquickten Bräuche zu neutralisieren.

Die Rechtfertigungslehre der Pegauer Formel konnte an den entsprechenden Abschnitt des Regensburger Buches von 1541 anknüpfen. Schon damals hatte Melanchthon den konfessionellen Graben vor allem dadurch zu überbrücken gesucht, daß er mit Johannes Gropper und anderen verständnisbereiten altgläubigen Theologen eine gemeinsame Erklärung über die Rechtfertigung ausarbeitete.[42]

Ohne die Einzelheiten der verwickelten Entstehungsgeschichte des Leipziger Interims aufzurollen, wird man sagen können, daß mit der Aufnahme der Pegauer Formel für die Rechtfertigung in den Augen Melanchthons der Wesenskern des Evangeliums bewahrt blieb. Gott macht den Menschen „nicht gerecht ... durch Verdienst eigener Werke, die der Mensch tut, sondern aus Barmherzigkeit, umsonst, ohne unser Verdienst, daß der Ruhm nicht unser sei, sondern Christi, durch welches Verdienst allein werden wir von Sünden erlöset und gerecht gemacht ...“[43] Dieser Grundgedanke, der CA IV entspricht, wird ergänzt durch die Beschreibung der menschlichen Beteiligung an diesem Geschehen. Einmal, die Rechtfertigung wirkt auf den menschlichen Willen, indem der Mensch notwendigerweise vor Gottes Zorn erschrickt, um dann aber im Glauben die Verheißung auf sich anzuwenden und den Trost zu empfangen. Zum andern: „Und wird darum zugleich der heilige Geist in unsre Herzen gegeben, so wir also die göttliche Verheißung mit Glauben fassen und uns damit trösten und aufrichten ...“[44] Der Heilige Geist wirkt dann Trost, Leben und alle nötigen Tugenden. Damit fängt ein neuer Gehorsam an, der aber nie als Grundlage der Sündenvergebung an Christi Stelle treten kann. Wie der Gehorsam praktisch geübt wird, erläutert das Dokument – ohne die

---

[42] Martin Bucers Deutsche Schriften, Band 9/1, Gütersloh 1995, 397-401. Dazu: Athina Lexutt, Rechtfertigung im Gespräch. Das Rechtfertigungsverständnis in den Religionsgesprächen von Hagenau, Worms und Regensburg 1540/41, Göttingen 1996, besonders 243ff. Für Melanchthons Beziehung zu Gropper: Reinhard Braunisch, Die Theologie der Rechtfertigung im „Enchiridion“ (1538) des Johannes Gropper. Sein kritischer Dialog mit Philipp Melanchthon, Münster 1974.
[43] CR 7, 51.
[44] Ebd., 53.

Fachausdrücke zu benutzen – mit Hilfe der Lehren vom tertius usus legis und von den peccata contra conscientiam, die Melanchthon in den Loci theologici inzwischen ausgebildet und der Ethik bzw. der Lehre von der Buße eingepaßt hatte. Diejenigen Werke sind gut und nötig, die Gott in den Geboten vorschreibt; deshalb tritt zu der grundlegenden Gerechtigkeit aus Glauben noch eine weitere „Gerechtigkeit" aus Tugenden und guten Werken hinzu – wie schon in der Confessio Augustana variata (1540) Artikel VI zu lesen stand. Wenn allerdings der Christ gegen die Gebote handelt und „wider das Gewissen" sündigt, verfällt er der ewigen Strafe, es sei denn, daß er aufs neue Buße tut.

Es half Melanchthon wenig, daß er für Kursachsen die Rechtfertigungslehre der Confessio Augustana festschreiben konnte – noch dazu in einem Wortlaut, dem die altgläubigen Bischöfe des Landes zugestimmt hatten. Damals galten solche Kosensdokumete wenig. Die Wiedereinführung der Kirchengewalt dieser Bischöfe und der Kirchenbräuche beanspruchte die Aufmerksamkeit der Zeitgenossen viel mehr, weil sie als Abschaffung der Reformation und Rückkehr zum alten Kirchenwesen verstanden wurde. Melanchthon wehrte sich vergeblich gegen diese Deutung. Offenbar unterschätzte er die Rolle, welche den Rechtsverhältnissen und den Symbolen neben der reinen Lehre des Evangeliums zukommt.

IV.

Ohne die Berechtigung der Zeitgenossen zur Verurteilung Melanchthons näher zu untersuchen, lohnt es sich aber doch, aus dem Zeitenabstand das Leipziger Interim erneut zu lesen und dabei auch die Assoziationen zuzulassen, die sich auf Grund des inzwischen veränderten Verhältnisses zwischen den Konfessionen aufdrängen. Solche Überlegungen verändern zwar nichts an der Geschichte; aber umgekehrt erweist sich die Geschichte immer wieder hilfreich beim Blick auf moderne Fragen.

Zu den zeremoniellen Ärgernissen des Leipziger Interims gehörte auch die Wiedereinführung der von Luther als unbiblisch erwiesenen Firmung. Der Leser erwartet unter dieser Überschrift einen bischöflichen Salbungsritus und findet statt dessen – die Konfirmation. Die herangewachsene Jugend soll geprüft werden, ihr Bekenntnis ablegen und in ihrem Glauben durch den Bischof oder seinen Beauftragten unter Handauflegung konfirmiert und bestätigt werden.[45] In der Rückschau auf die geschichtliche Entwicklung von der Einführung der Konfirmation durch den Pietismus bis hin zur modernen Debatte über die komplexen Inhalte dieser Kasualfeier wird dieser verdächtige Urahn nie erwähnt, falls man sein flüchtiges Auftauchen im Stammbaum nicht sogar gänzlich vergessen hat.

Viel wichtiger indessen als dieser Ritus ist die Grundsatzfrage, die das Leipziger Interim aufwirft: ob Melanchthon der schriftgemäßen Rechtfertigungspredigt mehr zutraute als man von ihr vernünftigerweise erhoffen durfte. Er konnte 1548 nicht sicher sein, daß die Gefahr des Augsburger Interims binnen weniger Jahre gebannt sein würde. Er mußte deshalb dafür sorgen, daß das Evangelium nicht verstummt, die Bischöfe es respektieren und die alten Zeremonien nicht mehr im Sinne der Werkgerechtigkeit geübt werden. Die Kirchengeschichte urteilte anders.

Nun ist aber Melanchthons Zuversicht in die Überzeugungskraft der Botschaft von der Rechtfertigung aus Gnaden ohne Gesetzeswerke auf lange Sicht bestätigt worden. Zwar hat die Bibelauslegung die dialektischen und rhetorischen Schemata, mit denen Melanchthon noch arbeitete, längst durch bessere Werkzeuge ersetzt. Kein Zufall aber dürfte sein, daß die wissenschaftliche Zusammenarbeit der Exegeten aller Konfessionen eine Konvergenz des Rechtfertigungsverständnisses erzielte, die für die Lehre der Kirche im Ganzen bedeutsam ist. Offiziell tritt dies unter dem Datum des 26. Oktober 1985 im Schlußbericht der „Gemeinsamen Ökumenischen Kommission“ zutage, deren Mitglieder vom Rat der Evangelischen Kirche in Deutschland, von der katholischen Deutschen Bischofskonferenz und vom Vatikan entsandt waren. Die Kommission stellt in diesem Schlußbericht fest, daß sich heute ein „gemeinsames Zeugnis beider Kirchen von der freisprechenden Rechtfertigung Gottes zum Ausdruck bringen“ läßt. Es enthält folgende Elemente: Der Mensch kann Gott gegenüber keine eigenen Bemühungen geltend ma-

---

[45] CR 7, 261 und 217.

chen; er ist ganzheitlich von der Rechtfertigung betroffen; die Antwort des Menschen ist vom Heiligen Geist gewirkt durch das Wort. „Mitwirkung in dem Sinne, daß das Herz bei dem Glauben dabei ist, wenn das Wort es trifft und den Glauben schafft, kann nicht strittig sein". Auf Grund dieser „Übereinstimmung zwischen den Kirchen" stellt die Kommission die rhetorische – ohne Zweifel mit „nein" zu beantwortende – Frage, ob die Verwerfungssätze des 16. Jahrhunderts „noch mit kirchentrennender Wirkung" gelten.[46]

Noch weiter scheint die in Vorbereitung befindliche evangelisch-lutherische/römisch-katholische „Gemeinsame Erklärung zur Rechtfertigungslehre" zu gehen. Nach dem Entwurf von 1996 wird gemeinsam die Überzeugung ausgesprochen, „daß die biblische Botschaft von der Rechtfertigung uns in besonderer Weise auf die Mitte des neutestamentlichen Zeugnisses von Gottes Heilshandeln in Christus verweist ..." (§ 17). „Darum ist auch die Lehre von der Rechtfertigung ... nicht nur ein Teilstück der christlichen Glaubenslehre. Sie will als Kriterium die gesamte Lehre und Praxis unserer Kirchen unablässig auf Christus hin orientieren" (§ 18).[47]

Melanchthon bezeichnete die Rechtfertigungslehre als den praecipuus locus doctrinae christianae.[48] Ein Konsens in dieser Lehre schafft die Einheit der Kirche auch dann, wenn Traditionen und Zeremonien verschieden sind (CA VII). Offenbar sind diese Grundsätze, mit denen Melanchthon für das Gespräch zwischen den Konfessionen weit über sein Jahrhundert hinauswies, in ihrer Kraft immer noch nicht erschöpft.

---

[46] Karl Lehmann (Anm. 31) aaO. 191f. Der „Ökumenische Arbeitskreis evangelischer und katholischer Theologen" hat dieses Ergebnis vorbereitet (ebd. 35ff, besonders 74f). Kirchenpolitisch entscheidend ist jedoch nicht diese wissenschaftliche Untersuchung, sondern der „Schlußbericht" der „Gemeinsamen Ökumenischen Kommission" (ebd., 187-196), deren Mitglieder von den Kirchen delegiert waren.

[47] Den Zitaten liegt die Fassung des Entwurfs (Genf 1996) zugrunde. Vgl. ferner: Edward J. Kardinal Cassidy, Der Päpstliche Rat zur Förderung der Einheit der Christen im Jahr 1995, in: Cath(M) 50, 213-231, besonders 225f; Heinz-Albert Raem, Dialog ohne Ende? Ebd., 232-246.

[48] BSLK 159.

Melanchthon für die Gemeinde
Eine Flugblattaktion zum 500. Geburtstag 1997

Walter Fleischmann-Bisten

Die theologischen und pädagogischen Impulse Melanchthons sind heute in Kirche und Gesellschaft weithin unbekannt. Wie selten bei einem der einst wirkungsvollsten Gelehrten Europas klaffen Popularität und Bedeutung enorm auseinander. Obwohl er das erste evangelische Lehrbuch geschrieben und die wohl wichtigste Bekenntnisschrift des 16. Jahrhunderts verfaßt hat, sind seine Spuren in den Gemeinden der reformatorischen Kirchen verblaßt. Obwohl er als größte ökumenische Persönlichkeit unter den Reformatoren gilt, ist das katholische und ökumenische Interesse an ihm weit geringer als an Luther.[1] Obwohl er schon zu Lebzeiten den Ehrentitel „Praeceptor Germaniae" (Lehrer Deutschlands) trug und viele seiner nicht-theologischen Werke lange als Lehrbücher innerhalb und außerhalb Deutschlands weit verbreitet waren, dürften seine pädagogischen Forderungen und Konzepte heute nur noch wenige Lehrerinnen und Lehrer interessieren. Bezeichnenderweise fehlt das Stichwort „Melanchthon" etwa völlig in einer in vieler Hinsicht bedeutsamen religionspädagogischen Veröffentlichung, wo sich auf 750 Seiten in den Lebenswegen von 32 engagierten Persönlichkeiten die unterschiedlichsten Erfahrungen und Konzeptionen religiöser Bildung und Erziehung in diesem Jahrhundert spiegeln.[2] Auch gibt es in Deutschland heute nur 28 Gemeinden, fünf Schulen und eine Akademie, die nach Melanchthon benannt sind.

„Evangelisch aus gutem Grund" heißt ein Projekt kirchlicher Öffentlichkeitsarbeit. Es wendet sich gegen das oft schlechte Bild der Evangelischen Kirche und ihrer Aktivitäten.

---

[1] Vgl. dazu den Beitrag Siegfried Wiedenhofers in diesem Band – sowie meinen kleinen Bericht „Philipp Melanchthon – ökumenische Aspekte im Melanchthonjahr 1997, Gustav-Adolf-Blatt 43, 1997, H.1.

[2] Rainer Lachmann/Horst F. Rupp (Hgg.), Lebensweg und religiöse Erziehung. Religionspädagogik als Autobiographie, 2 Bde, Weinheim 1989.

Ausgehend von Versuchen im südlichen Hessen wird es inzwischen auch in anderen Regionen erprobt. Es will nicht antiökumenisch mißverstanden werden. Das eigene theologische Profil soll wieder bewußter werden: „Wenn wir als Evangelische Kirche uns neu bewußt machen, woher wir geistig kommen und wem wir uns verpflichtet fühlen, wird die Identität anderer nicht verletzt. Echter Dialog wird erst möglich, wenn wir mit der protestantischen Geschichte und evangelischen Überzeugung mit unseren eigenen Stärken und Schwächen bewußt umgehen."[3] Dies ist letztlich nichts Neues, sondern nur der lange schon von evangelischen Verbänden beschrittene Weg der Wahrung des reformatorischen Erbes und Förderung eines evangelisch-ökumenischen Profils. Hierzu ist nach dem Lutherjahr 1996 gerade anläßlich des 500. Geburtstages von Philipp Melanchthon eine gute Gelegenheit.

Als der Rat der Evangelischen Kirche in Deutschland im Februar 1996 ein Melanchthon-Komitee berufen hat, dem neben dem Ratsvorsitzenden neun weitere Kirchenvertreter, ein Theologieprofessor sowie der Leiter der Wittenberger Lutherhalle und der Kustos des Brettener Melanchthonhauses angehören, wurde als klare Absicht dieses Jubiläums die Verlebendigung der noch ziemlich unbekannten Gestalt Melanchthons in Kirche und Schule genannt.[4] Optimistisch betont Klaus Engelhardt in einen Interview mit der Brettener „Melanchthon Zeytung"[5]: „Zunächst ist das Melanchthonjahr eine Sache der Kirche". Er erhofft sich eine Verdeutlichung der „Urbotschaft der Reformation": „Die Frage nach der Gerechtigkeit vor Gott und den Menschen – das wird für uns der rote Faden bei diesem Jubiläum sein."

---

[3] Projektbeschreibung/Arbeitsmappe hg. von der Ev. Kirche in Hessen und Nassau, Darmstadt, September 1996.

[4] Ev. Pressedienst Nr. 33 v. 19.2.1996, 9f. Das von beiden Institutionen in Bretten und Wittenberg zusammengestellte Programm ist breitgefächert und trägt auch den evangelischen wie ökumenischen Impulsen Melanchthons Rechnung. Es kann angefordert werden beim Melanchthonhaus, Melanchthonstr. 1, 75015 Bretten und bei der Geschäftsstelle Melanchthonjubiläum 1997, Collegienstr. 62, 06886 Lutherstadt Wittenberg.

[5] Hg. von Gabriele Meyer und Stefan Rhein, Ausgabe Nr. 3 (Dezember 1996), 3.

Zur zumindest teilweise möglichen Erfüllung dieser Erwartungen ist der nachfolgende Beitrag konzipiert. Er ist als Arbeitshilfe für die Praxis in Gemeinde und Schule gedacht. Er kann in Form von 12 farbigen und vielseitig verwertbaren Flugblättern (Plakate DIN A 1) separat zum Preis von DM 90,– (zuzüglich Versandkosten) bestellt werden.[6]

Für die Vorbereitung der Unterrichtenden sowie zur pädagogischen und didaktischen Weiterarbeit an Melanchthons Impulsen für die Christenheit heute sei aber ausdrücklich auf die verschiedenen Beiträge in diesem Bensheimer Heft sowie auf folgende Hilfsmittel und Literatur hingewiesen:

* Michael Beyer, Stefan Rhein, Günther Wartenberg (Hrsgg.), Melanchthon deutsch, 2 Bände, Leipzig (Ev. Verlagsanstalt) 1997

* Ulrike Fritz, Melanchthon Zeitung, hrsg. vom Ev.-Luth. Dekanat Nürnberg 1997 (Bestellungen über das Amt für Gemeindedienst, Postfach 440465, 90209 Nürnberg, Tel. 0911-4316-0 / Fax 4316-101)

* Martin H. Jung (Hrsg.), Ich rufe zu dir. Gebete des Reformators Philipp Melanchthon, Frankfurt am Main (Spener Verlag) 1997

* Frank Pauli, Philippus. Ein Lehrer für Deutschland – Spuren und Wirkungen Philipp Melanchthons, Berlin (Wichern Verlag) 1996

* Stefan Rhein, Philipp Melanchthon. Reformator – Lehrer Deutschlands – Weggefährte Luthers, (Verteilheft 16 Seiten) Lahr (Verlag Ernst Kaufmann) 1996

* Hans-Rüdiger Schwab (Hrsg.) Philipp Melanchthon: Der Lehrer Deutschlands, Leben-Werk-Wirkung. Ein biographisches Lesebuch, München (DTV-Verlag) 1997

---

[6] Bestellungen sind nicht über den Verlag oder Buchhandel möglich, sondern ausschließlich an folgende Anschrift zu richten: Evangelischer Bund, Postfach 1255, 64602 Bensheim, Tel. 06251-8433-25 / Fax 06251-8433-28. Für die Konzeption, Beratung und graphische Gestaltung dieser Flugblattaktion sei auch an dieser Stelle ausdrücklich Stefan Rhein (Melanchthonhaus Bretten) und Thomas Reinheimer (Druckerei Darmstadt) gedankt.

* Heinz Scheible, Philipp Melanchthon. Eine Gestalt der Reformationszeit, hg. von der Landesbildstelle Baden (Karlsruhe) und dem Melanchthonhaus (Bretten). Begleitbuch zu einer Lichtbild- und Folienreihe (50 Dias), Karlsruhe (Landesbildstelle) 1995.

* Ders., Melanchthon – eine Biographie, München (Beck Verlag) 1997

* Philipp Melanchthon – ein Lehrer Deutschlands, hg. von der Landeszentrale für politische Bildung Baden-Württemberg, Heft 17, Stuttgart 1989 (Nachdruck 1996)

* Philipp Melanchthon. Sein Leben in Bildern und Geschichten. Kindern erzählt von Friederike Bachmeier-Schnitzler, Stefan Rhein u.a., Lahr 1997.

Das Melanchthonhaus in Bretten (erbaut zwischen 1897 und 1903)

Auch besteht kein Zweifel, daß die Entdecker manches bisher Unbekannten von Gott zu seiner Erforschung angetrieben worden sind. Wer hätte die Wirkungen so vieler Pflanzen und so vieler Heilmittel bemerkt, wer hätte die Vielfalt der Bewegungen am Himmel herausgefunden, wenn nicht Gott die Menschen bei ihren Bemühungen angetrieben und geleitet hätte? Was die Dichter von ihrer Kunst sagen, läßt sich mit Fug und Recht von der Erfindung und Weiterentwicklung aller wissenschaftlichen und künsterlischen Fächer sagen: „Dieses Streben enthält Samen göttlichen Geistes."

Scholia in Epistolam
Pauli ad colossenses (1527) Kap. IV

Melanchthon – ein Brettener Wunderkind wird Luthers Weggefährte

Am 16. Februar 1497 wird Philipp Melanchthon in Bretten geboren. Vor 500 Jahren gehörte diese Kleinstadt zur Kurpfalz, heute zu Baden-Württemberg. Anstelle des zerstörten Geburtshauses am Marktplatz wurde vor rund 100 Jahren zu seinem Gedächtnis das heutige Melanchthonhaus errichtet mit einer wertvollen Bibliothek und einem Museum.

Philipp Schwartzerdt, wie Melanchthon zunächst hieß, wuchs mit einem Bruder und drei Schwestern auf. Er erhielt eine gute Schulbildung, zuerst in Bretten und nach dem Tod seines Vaters und Großvaters (1508) dann in Pforzheim. Latein – damals so wichtig wie heute Englisch – lernte er schnell und gut. Griechisch wurde sein Lieblingsfach. Bereits mit zwölf Jahren studierte er in Heidelberg. Knapp 17jährig schloß er in Tübingen das für alle Studierenden vorgeschriebene Grundstudium mit der Magisterprüfung ab.

Johannes Reuchlin, von Beruf Richter und ein berühmter Kenner der hebräischen Sprache, war schon bald auf dieses „Wunderkind" aufmerksam geworden. 1509 hatte er den Namen seines weitläufigen Verwandten ins Griechische übersetzt: Aus Schwartzerdt wurde Melanchthon , wörtlich „schwarze Erde". Das war damals Brauch bei den Humanisten, mit denen Melanchthon immer mehr Kontakt bekam. Sie setzten sich für eine umfassende Studienreform ein und hatten großes Interesse an der griechisch- römischen Antike.

Beim Studium lernte Melanchthon nicht nur viele Freunde kennen, mit denen er über Jahre hinweg im Briefwechsel stand. In Tübingen unterrichtete er selbst Schüler und vertiefte sich in verschiedene Wissensgebiete: Philosophie, Mathematik, Naturwissenschaften und vor allem Geschichte. Daneben half er in einer Druckerei bei Korrekturen. Erste Veröffentlichungen und besonders ein Lehrbuch der griechischen Grammatik machten Melanchthon schnell bekannt. Auch berühmte Gelehrte wie Erasmus von Rotterdam, der 1516 eine wissenschaftliche Ausgabe des griechischen Neuen Testaments herausbrachte, wurden auf ihn aufmerksam.

Mit 21 Jahren wird er auf Empfehlung Reuchlins Professor für Griechisch an der Universität in Wittenberg. An dieser Reformuniversität lehrte bereits ein anderer berühmter Professor: Martin Luther. Noch kein Jahr war vergangen, seitdem Luther seine 95 Thesen zur Ablaßfrage veröffentlicht hatte. Nun kreuzten sich die Wege dieser beiden von Charakter, Herkunft, Lebenserfahrung und Alter sehr unterschiedlichen Persönlichkeiten. Ihre baldige Freundschaft und theologische Kampfgemeinschaft für die Reformation der Kirche war in vieler Hinsicht bestimmend für den Verlauf und den Erfolg der Reformation des 16. Jahrhunderts.

Handzeichnung Albrecht Dürers für den Kupferstich von 1526
(Florenz, Horne-Stiftung)

Denn ich bin ganz und gar der Auffassung, daß einer, der in der Theologie oder der Jurisprudenz etwas leisten will, wenig erreichen wird, wenn er nicht vorher seinen Geist in den allgemeinbildenden Fächern, so nenne ich die Philosophie, mit Bedacht und zur Genüge geübt hat. Ich möchte nämlich nicht, daß jemand beim Philosophieren irgendwelche Possen treibt; so kann ihm nämlich schließlich sogar der bloße gesunde Menschenverstand abhanden kommen.

Aus Melanchthons Wittenberger Antrittsvorlesung „De corrigendis adolescentiae studiis" (1518) Kap. III

„Zu den Quellen“ – ein junger Professor begeistert Wittenberg

Wittenberg war damals eine noch wenig bekannte Provinzstadt an der Elbe. Erst 1502 hatte sie der sächsische Kurfürst Friedrich der Weise durch die Gründung einer Landesuniversität aus dem Dornröschenschlaf geweckt. Mit Melanchthons Übersiedlung und Amtsantritt im August 1518 kommt eine gewaltige Bewegung in die Stadt. Die Studentenzahlen steigen sprunghaft an. Schon 1520 zählte man in seinen Vorlesungen 500 bis 600 Hörer, bei Luther 400.

Johann Keßler, einer seiner Studenten, hat ihn wenig später so beschrieben: „Eine kleine, magere, unachtbare Person, vermeintest, er wäre ein Knabe nicht über 18 Jahre.“

Melanchthons Programm, das er in seiner berühmt gewordenen Antrittsvorlesung über die Studienreform vorlegte, war klar und überzeugend. Ihm ging es um die Quellen des christlichen Glaubens und der Bildung, um geschichtliche und naturwissenschaftliche Erkenntnisse und um die Ergebnisse der Wissenschaft für die Fragen der Zeit. „Zurück zu den Quellen“ – so die Forderung der Humanisten – hieß für Melanchthon auch zurück zum griechischen Neuen und zum hebräischen Alten Testament. Zurück zu den Ursprüngen der Bibel bedeutete auch zurück zur ganzen Hl. Schrift, ihrer Übersetzung und eigenverantwortlichen Auslegung und schließlich zurück zu den Quellen sittlicher Besserung.

Diesen bewußten und völlig neuen Rückgriff auf die Quellen hat Melanchthon vom Humanismus und besonders von Erasmus von Rotterdam übernommen. Deren Ruf „ad fontes“ (= zu den Quellen) hat er bewußt auf die Ursprachen der Bibel bezogen. Zeitlebens hat er dieses Schriftprinzip betont. Luther hat es bald übernommen und 1520 betont, daß die Schrift allein gelten soll und sie ihr eigener Ausleger sei.

Die Sprache insgesamt bezeichnet Melanchthon als das wichtigste Instrument des Denkens und aller geistigen Arbeit: „Es gibt nichts, dessen Gebrauch sich auf so weite Gebiete erstreckt, wie die Vorteile der Sprache.“ Wenn Melanchthon von Sprache spricht, hat er zunächst das Lateinische vor Augen, das bereits in den Elementarschulen für das Erlernen des Lesens und Schreibens benutzt wurde. Den heutigen Lateinunterricht, sofern er nur passive Sprachbeherrschung betreibt, würde Melanchthon heftig kritisieren. Durch bloßes Zuhören oder allein durch die Lektüre antiker Schriftsteller werden das sprachliche Empfinden und die Schärfung des Geistes nicht trainiert.

Außerdem bricht Melanchthon eine Lanze für eine solide Grundausbildung der Jugend. Die allgemeinbildenden Fächer und besonders die Geschichte sind ihm zeitlebens wichtig geblieben.

Loci Com-
munes /
das ist / die furne-
mesten Artikel Christ-
licher lere /
Philippi Melanch.
Aus dem Latin verdeudscht /
durch
Justum Jonam.
Wittemberg.
M. D. xxxviij.

Titelseite der Loci communes – Deutsche Übersetzung von 1538

Aber wir haben – unter dem Einfluß der philosophischen Lehrer – nicht nur den Inhalt, sondern auch die Sprache der Heiligen Schrift verlernt. Und ich will daher, daß du beim Studium dieser Hauptbegriffe in mir nicht einen Lehrer, sondern einen Erinnerer erblickst, und du so aus der Schrift, nicht aus meinem Kommentar lernst. Denn glaub mir, es liegt viel daran, ob du solch große Inhalte aus Quellen schöpfst oder aus Wasserlachen.

Loci Communes (von 1521) 2,62a und 3,2 (Auszüge)
in der Übersetzung von Horst Georg Pöhlmann

Die Loci – die erste Zusammenfassung der reformatorischen Lehre

Seit dem Wormser Reichstag und dem Wormser Edikt vom 26. Mai 1521 standen Martin Luther und seine Anhänger in der Reichsacht. Sie schwebten in Todesgefahr. Da Luther von seinem Landesherrn auf der Wartburg versteckt gehalten wurde, war Melanchthon praktisch sein Stellvertreter in Wittenberg. Hatte er zunächst – wie dies damals unter den Professoren der einzelnen Fakultäten üblich war – bei Luther Theologie studiert und dann auch in der Theologischen Fakultät Vorlesungen gehalten, so war Melanchthon jetzt voll gefordert.

Viele der lange mit Melanchthon verbundenen Humanisten, distanzierten sich jetzt von der reformatorischen Bewegung. Eine herbe Enttäuschung! Selbst Reuchlin, der väterliche Freund und Förderer Melanchthons, wandte sich von diesem wegen der Unterstützung Luthers ab. Voller Angst schrieb Luther von der Wartburg an Melanchthon in einem seiner berühmten Briefe: „Auch wenn ich zugrunde gehe, wird doch nichts vom Evangelium zugrunde gehen. In ihm übertriffst du mich jetzt und folgst als Elisa dem Elias."

Nun mußte gehandelt werden. Die offiziell verbotenen und von ihrer Verbreitung bedrohten Erkenntnisse der Reformation mußten als biblisch begründete Glaubenslehre zusammengefaßt und systematisch erklärt werden. Hier war der „Systematiker" Melanchthon im Zugzwang. Er konzentriert sich auf die für die Reformation der Kirche wichtigsten Themen der Theologie. Im Römerbrief findet er deren „Hauptbegriffe" (=Loci): Sünde, Gesetz, Evangelium, Gnade, Rechtfertigung und Glaube, Unterschied zwischen Altem und Neuem Testament sowie die Aufhebung des Gesetzes. Nur kurz werden die Sakramente, die Nächstenliebe und die Obrigkeit verhandelt. Seine Erkenntnis, daß die Menschwerdung und der Kreuzestod Jesu in den Mittelpunkt der Theologie gehören, bestimmen Inhalt und Abfolge dieses Lehrbuches und lassen ihn radikal folgern: „Wer die anderen Hauptthemen aber nicht kennt: die Macht der Sünde, das Gesetz, die Gnade, von dem sehe ich nicht ein, wie ich ihn einen Christen nennen könnte."

Von den Humanisten übernimmt Melanchthon, daß das Evangelium eine Bildungsmacht ist. Seine wahrheitsgemäße Verkündigung wird eine neue Humanität begründen. Nur durch das Evangelium kann der Mensch ganz umgeformt und geändert werden. Immer wieder hat Melanchthon diese Dogmatik überarbeitet und aus seiner Sicht verbessert bis hin zu einer viel umfangreicheren Ausgabe von 1559. Für Melanchthons Ethik bedeuteten die langen Diskussionen über das Verhältnis von Gesetz und Evangelium und über die Frage der Notwendigkeit guter Werke folgendes: Gute Werke sind die sichtbare menschliche Bestätigung der Annahme der Rechtfertigung. Sie sind heilsnotwendig. Das Gewissen des Menschen wird zu einer wichtigen Instanz und zeigt die Entscheidungsfreiheit des Menschen.

Das Melanchthonhaus in Wittenberg

Es ist notwendig, daß ein König mit allen Tugenden ausgestattet ist,/
vor allem aber jeder, der Knaben regiert und beherrscht,/
denn ihren Herrschern werden gerade Knaben ähnlich./
Es ist nötig, daß du tüchtig bist und auch die anderen tüchtig machst.

„Ad regem“ – griechisches Gedicht Melanchthons (CR 10, 495, Nr. 40) in der Übersetzung von Stefan Rhein

Wohngemeinschaft mit Studenten – Melanchthons Haus in Wittenberg

Melanchthon hatte sich bereits in den ersten Monaten seiner Wittenberger Lehrtätigkeit enorm für seinen Beruf und die ihm anvertrauten Menschen eingesetzt. Der große Lehrerfolg, die wachsende Freundschaft mit Luther und deren beider Einsatz für den Fortgang der reformatorischen Bewegung vermittelten ihm bald in Wittenberg zu Hause zu sein. Aber die Freunde sorgten sich um Melanchthons Gesundheit. Schon deshalb wurde ihm geraten, bald zu heiraten, was der Gelehrte zunächst ablehnte – mit dem Argument, seine Begierde gelte zuerst der Wissenschaft. Doch im November 1520 heiratete er dann die etwa gleichaltrige Katharina Krapp (1497-1557).

Die Melanchthons zogen in ein kleines Lehmhaus, das bis 1536 dort stand, wo heute in der Collegienstr. 60 das Melanchthonhaus steht. Die Tochter des Gewandschneiders und Bürgermeisters Hans Krapp dürfte es mit in die Ehe gebracht haben. Vier Kinder wurden geboren. Der Tod des Sohnes Georg, der mit drei Jahren vor der Geburt der jüngsten Tochter Katharina begraben wird, schmerzte die Eltern ebenso wie die unglückliche Ehe der Tochter Anna, die als Mutter von sechs Kindern mit 24 Jahren starb. Neben der fünfköpfigen Familie lebte 34 Jahre lang der für die Kindererziehung und Hauswirtschaft verdienstvolle Mitarbeiter (famulus) Melanchthons, Johannes Koch, mit im Haus. Dazu kommen zeitweise mehrere Studenten, für die eine Art Privatschule eingerichtet worden war. Melanchthon wollte sie wegen der allzuoft feststellbaren geringen Vorkenntnisse so auf das Studium vorbereiten. Durch individuelle Lehrpläne und wohngemeinschaftsähnliche Bindung – so fordert es Melanchthon als Rektor der Universität Wittenberg auch von seinen Kollegen – sollen Moral und Bildung der Studenten gefördert werden.

Melanchthons Anfangsgehalt von 100 Gulden wurde 1526 auf 200 erhöht und später zählte er wie Luther zu den Spitzenverdienern der Universität. Als immer mehr auswärtige Universitäten Melanchthon abwerben wollten, wurde auf Veranlassung des Kurfürsten im Frühjahr 1536 das alte Haus abgerissen und ein neuer Renaissancebau errichtet. Die Baukosten von fast 950 Gulden trugen zu einem erheblichen Teil Kurfürst Johann Friedrich der Großmütige und die Universität. Der dreigeschossige Renaissancegiebelbau mit einem herrlichen Garten dahinter gilt als das schönste Bürger- und Gelehrtenhaus Wittenbergs, bis heute fast unverändert. Zum 500. Geburtstag des auch dort verstorbenen Gelehrten wurde die Ausstellung in den einstigen Wohn-und Arbeitsräumen der Familie Melanchthon neu konzipiert.

Die Gastlichkeit dieses Hauses spiegelt sich in den vielen Berichten über die zahlreichen Gäste aus fast ganz Europa. In einem Brief aus dem Sommer 1544 erwähnt Melanchthon, daß heute elf Sprachen an seinem Tisch gesprochen wurden. Berichte über die Studienerfahrungen der vielen ausländischen Studenten schildern Melanchthon auch als vorbildlichen Seelsorger: Da sie die deutsche Sprache kaum und gar nicht beherrschten, hielt ihnen Melanchthon „Sonntagsvorlesungen“ in Latein.

Die Eröffnung des späteren Melanchthon-Gymnasiums in Nürnberg
(Wandgemälde von August Groh (1871-1941) im Melanchthonhaus Bretten)

Non enim ulla propugnacula aut moenia firmiora urbium monumenta sunt, quam eruditione, prudentia et aliis virtutibus praediti cives.

Nicht Türme oder Mauern sind so feste Bollwerke für die Städte wie eine Bürgerschaft, die Bildung, Einsicht und andere Tugenden besitzt.

Aus Melanchthons Ansprache bei der Eröffnung der neuen Schule in Nürnberg (1526) – StA III,66

Neue Konzepte für die Bildung – Melanchthon, der Lehrer Deutschlands

Melanchthon war von Natur aus Erzieher, Lehrer mit Leib und Seele. Er bezeichnete auch sein eigenes Leben als eine immerwährende Schule: Nach dessen Abschluß werde er durch das Tor des Todes in die himmlische Akademie eingehen. Seine pädagogischen Zielvorstellungen waren Glaube (pietas) und Bildung (eruditio); sie stützen sich gegenseitig. Die Entwicklung des Glaubens fördert die Bildung und umgekehrt. Der Glaube bewirkt die Verbesserung der Sitten, die Bildung macht sensibel für die oft verborgenen Dimensionen des Lebens, seiner Wirklichkeit und Herausforderungen.

Gott hat das Licht des Evangeliums wiederhergestellt. Melanchthon sagt dies im Blick auf die Ereignisse und Erkenntnisse, die die Wittenberger Reformation gebracht hat. Die Universität hatte daran erheblichen Anteil. Schließlich wurde sie selbst in einem von den Reformatoren mit Melanchthon an der Spitze eingeleiteten Prozeß reformiert. Seine Ordnungen wollten zunächst die sog. Artistenfakultät vom mittelalterlichen Geist befreien. Sprachen und Philosophie sollten gelernt und geübt werden. Er förderte mit seiner universalen Gelehrsamkeit den für eine Universität auch heute noch unverzichtbaren Austausch aller Disziplinen.

Als durch die Reformation wesentliche Bereiche der bisherigen Kirchenordnung und Kirchenorganisation zusammengebrochen waren, wurden sog. Visitationen (Besuchsdienste) durchgeführt. Kommissionen mit Vertretern des Fürstenhofes, mit Juristen und Theologen untersuchten die finanzielle und geistliche Situation in den Gemeinden. Melanchthon war maßgeblich daran beteiligt. Der schlechte Bildungsstand der Pfarrer gab ihm zu denken. Sein wichtiges Buch „Unterricht der Visitatoren" von 1528 ist das Ergebnis dieser Untersuchungen. Mit einer Schulordnung, einer Zusammenfassung der wichtigsten Teile der reformatorischen Lehre und einer Vorrede Luthers wurde es schließlich ein offizielles staatlich-kirchliches Anweisungsbuch.

Demnach sollte der Unterricht zunächst in drei Kursen („Haufen") klassenübergreifend erfolgen: Beim 1. Haufen wurde das Alphabet, Lesen und Schreiben in Deutsch, Vater unser, Glaubensbekenntnis sowie die Anfangsgründe des Lateinischen gelernt. Beim 2. Haufen stand die lateinische Grammatik im Vordergrund, bei dritten Haufen wurden klassische Schriftsteller gelesen und selbst Verse geschrieben. Großer Wert wurde darauf gelegt, die Kinder nicht zu überfordern. Die wie die meisten Professoren schlecht bezahlten Lehrer sollten den Magistergrad haben. Bald waren diese Stellen über lange Zeit hinweg der Einstieg in ein Pfarramt. Um die besonders begabten Schüler besser für die Universität vorzubereiten, wurde nach Melanchthons Konzept 1526 in Nünberg eine „Obere Schule" errichtet, wesentliche Keimzelle der späteren Gymnasien.

Melanchthon – Gemälde von Lucas Cranach d. Ä. 1532
(Dresden, Gemäldegalerie)

Mein Herz ist voll Kümmernissen. Die beiden Männer, Luther und Zwingli, können nicht übereinkommen, welches doch mein sehnlichster Wunsch wäre. Da disputieren sie über das Abendmahl, gleich als ob sie in den Himmel gesehen und Jesum gefragt hätten, wie er die Worte: „Das ist mein Leib" verstanden habe. Sie werden es doch hier auf Erden nicht ausmachen, und es gehört auch wohl nicht für uns Schwache, alles ergrübeln und erforschen zu wollen. Genug, wenn wir nur wissen, und glauben, was zu unserem Heile nötig ist. Das übrige macht nur Zank, woran gewiß der Herr keinen Gefallen hat.

Aus einem Brief Melanchthons aus Marburg an seinen Bruder Georg in Bretten (1529)

„Wir sind zum wechselseitigen Gespräch geboren"

Melanchthon hat einmal behauptet, der Mensch sei zum wechselseitigen Gespräch geboren. Durch Sprache entsteht Kommunikation und Gemeinschaft. Mit Recht wurde daraus das offizielle Motto des Jubliläumsjahres 1997 abgeleitet: „Zum Gespräch geboren". So wird der Humanist und Theologe Melanchthon bestens charakterisiert. Sein unermüdlicher Briefwechsel (über 9000 Briefe sind erhalten!), seine Beratung vieler Städte und Universitäten sowie seine Vermittlung als Brückenbauer zwischen Standpunkten und Konfessionsparteien belegen dies.

Schon im Streit zwischen Luther und Erasmus von Rotterdam hatte er vermittelnd eingegriffen. Er war wie Luther der Auffassung, daß der Mensch die Freiheit zu verantwortlichem Handeln hat, nicht aber „zum wirklich Guten" vor Gott. Dennoch sprach er nicht wie Luther pauschal vom „unfreien Willen" des Menschen, sondern bezeichnete wie Erasmus die Freiheit als Verpflichtung für alles menschliche Handeln. Diesen Kompromiß scheint Luther gebilligt zu haben.

Im Abendmahlsstreit zwischen Luther, dem Zürcher Reformator Zwingli und den Vertretern der oberdeutschen Städte lehnte er das rein symbolische Sakramentsverständnis Zwinglis ab. Er hielt an der wirklichen Gegenwart Christi im Abendmahl fest. Um das völlige Auseinanderfallen der Reformation zu verhindern mußte verhandelt werden. Wie Melanchthon und dem Straßburger Reformator Martin Bucer aus theologischen Gründen, so lag dem hessischen Landgrafen Philipp aus kirchenpolitischen Gründen die protestantische Einigung am Herzen. Er war Melanchthon bei dessen ersten Besuch in der Brettener Heimat begegnet. Auf dem Marburger Schloß kam 1529 das berühmte Religionsgespräch zustande. Während man in 14 wichtigen Fragen der reformatorischen Theologie Einigkeit erzielte, fehlte diese beim Abendmahl. Melanchthon war lange betrübt über den unglücklichen Ausgang der Verhandlungen.

Doch auch später wurde er nicht müde, doch noch einen Kompromiß zu erreichen. Dieser kam nach langen Vorarbeiten zumindest mit den „gemäßigt reformierten" Oberdeutschen zustande. Im Gegensatz zu Zwingli hielten sie an der wahrhaften und wirkenden Gegenwart Christi im Abendmahl fest. Im Mai 1536 wurde die Wittenberger Konkordie unterzeichnet.

Noch fast 450 Jahre hat es allerdings gedauert, bis – nach den Unionsbemühungen zu Beginn des 19. Jahrhunderts – in der Leuenberger Konkordie von 1973 fast alle reformatorischen Kirchen in Europa sich Kanzel- und Abendmahlsgemeinschaft gewährten. Darin heißt es unter Verwendung von Melanchthons Kompromiß: Im Abendmahl schenkt sich der auferstandene Herr „in seinem für alle dahingegebenen Leib und Blut durch sein verheißendes Wort mit Brot und Wein".

Übergabe des Augsburgischen Bekenntnisses an Kaiser Karl V. am 25. Juni 1530
Kupferstich (Lutherhalle Wittenberg)

Weiter wird gelehrt, daß wir Vergebung der Sünde und Gerechtigkeit vor Gott nicht durch unser Verdienst, Werk und Genugtuung erlangen können, sondern daß wir Vergebung der Sünde bekommen und vor Gott gerecht werden aus Gnade um Christi willen durch den Glauben.

Es wird auch gelehrt, daß allezeit eine heilige, christliche Kirche sein und bleiben muß, die die Versammlung aller Gläubigen ist, bei denen das Evangelium rein gepredigt und die heiligen Sakramente laut dem Evangelium gereicht werden.

Auszüge aus den Artikeln IV und VII der Confessio Augustana (BSLK 463f.)

Evangelisches Bekenntnis vor Kaiser und Reich

Wegen der Abendmahlsfrage war ein politisches Bündnis aller Protestanten gescheitert. Die betroffenen Reichsfürsten und Reichsstädte mußten aber ihre durchgeführten Reformen vor dem Kaiser verteidigen. Auf dem 1530 nach Augsburg einberufenen Reichstag sollte eine gütliche Einigung gefunden werden. Karl V., der die letzten aufregenden neun Jahre nicht mehr in Deutschland gewesen war, wollte „eines jeglichen Gutdünken, Opinion und Meinung zwischen uns selbst in Liebe und Gütlichkeit hören, ersehen und erwägen, die Zwiespaltung zu einer einigen christlichen Wahrheit zu bringen und zu vergleichen".

Luther durfte als Geächteter nur bis Coburg reisen, dem damals südlichsten Teil des Kurfürstentums Sachsen. Bei den ersten Verhandlungen, die seitens der „evangelischen" Theologen Melanchthon leitete, zeigte sich bald: Der Kaiser hatte an den von den Wittenbergern aufgezeigten Übereinstimmungen der reformatorischen Lehre mit der katholischen Kirche kein Interesse. Ihm ging es um die eigenmächtige Änderung der kirchlichen und gottesdienstlichen Praxis. Es sollten die Reformen beim Laienkelch, bei der Priesterehe, bei der Gottesdienstform, bei der Heiligenverehrung und bei den Rechten der Bischöfe begründet werden. Dennoch mußte auch das Zentrum und das Ganze der evangelischen Lehre als Bekenntnis formuliert werden. Damit wurde Melanchthon beauftragt. Er griff auf Luthers und auf eigene Vorarbeiten zurück. Luther, der mit Melanchthon von der Veste Coburg aus in ständigem Briefkontakt stand, billigte den Entwurf in sachlicher Hinsicht ohne Einschränkung.

Im ersten Teil dieses Bekenntnisses wollte Melanchthon zeigen, daß die evangelische Position nicht gegen die Bibel und die Fundamente der christlichen Kirche sei. In einer Anmerkung am Ende des ersten, 21 Artikel umfassenden Teils, sagt Melanchthon zutreffend: „Das ist die Summa der Lehre, welche in unseren Kirchen gepredigt und gelehrt wird. Da dieselbige in der Heiligen Schrift klar gegründet ist und dazu der gemeinen christlichen, ja auch der römischen Kirche nicht zuwider noch entgegen ist, so meinen wir, unsere Widersacher können in obenangezeigten Artikeln nicht uneinig mit uns sein." Erst im zweiten Teil werden sieben Themen behandelt, „von welchen Zwiespalt" ist: Priesterehe, Klostergelübde, Abendmahlsfeier in deutscher Sprache und in beiderlei Gestalt und Bischofsamt. Hier ist Melanchthon zu Zugeständnissen bei der Amtsausübung bereit, wenn sie die geänderten Gottesdienst- und Gemeindeformen nicht behindern würden.

Das Augsburgische Bekenntnis wurde in deutscher und lateinischer Sprache (confessio Augustana) abgefaßt. Erstunterzeichner sind: Kurfürst Johann von Sachsen, Landgraf Philipp von Hessen, Markgraf Georg von Brandenburg, Herzog Ernst von Lüneburg und Fürst Wolfgang zu Anhalt sowie die Reichsstädte Nürnberg und Reutlingen. Am 25. Juni 1530 fand die Verlesung durch den kusächsischsen Kanzler vor dem Kaiser statt. Er war nicht im Sinne Melanchthons zu überzeugen. Eine Kommission unter Leitung des katholischen Theologieprofessors Eck wurde beauftragt, sofort eine Widerlegung (confutatio) zu verfassen. Melanchthon, dessen Verständigungsbemühungen gescheitert waren, verfaßte dagegen noch eine Verteidigungsschrift (Apologie), die der Kaiser nicht mehr entgegennahm. Bald danach schlossen sich die evangelischen Fürsten zum „Schmalkaldischen Bund" zusammen. Eine kriegerische Auseinandersetzung mit dem Kaiser, die Luther und Melanchthon lange abgelehnt hatten, stand nun unmittelbar bevor. Erst Jahre später konnten im Augsburger Religionsfrieden 1555 dieses evangelische Bekenntnis und seine Anhänger reichsrechtliche Anerkennung erlangen.

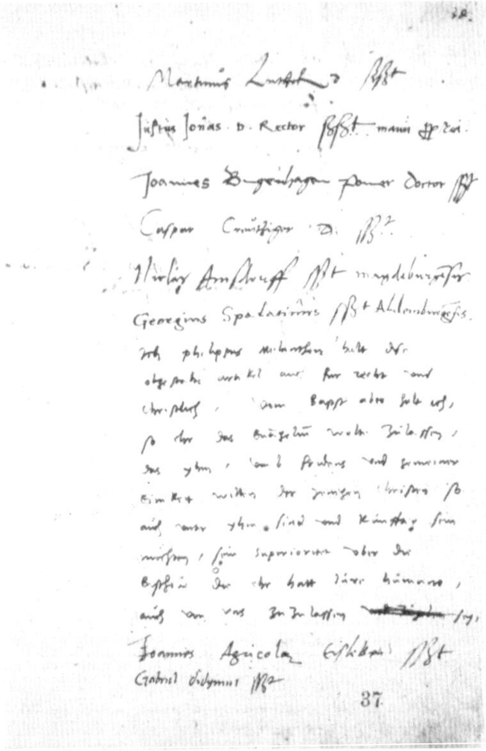

Unterschrift Melanchthons unter die Schmalkaldischen Artikel von 1537

Ich Philippus Melanthon halt dise
obgestalte artikel auch fur recht vnd
christlich. Vom Bapst aber halt ich,
so ehr das Euangelium wolte zulassen,
das yhm, vmb fridens vnd gemeiner
Einikeit willen der jenigen Christen so
auch vnter yhm sind vnd kunfftig sein
möchten, sein superioritet vber die
Bischoue die ehr hatt iure humano,
auch von vns zuzulassen ‹vnd zugeben› sey.

Melanchthon als Vermittler bei den Religionsgesprächen

Für das Jahr 1537 hatte Papst Paul III. ein Konzil angekündigt, das allerdings nicht stattfand. Luther hatte dazu im Auftrag seines Landesherrn ein Bekenntnis abgefaßt, das er als sein theologisches Testament bezeichnete. Bei einer Tagung des Schmalkaldischen Bundes wurde es neben dem nochmals bestätigten – und durch eine Abhandlung über das Papsttum von Melanchthon erweiterten – Augsburgischen Bekenntnis von 43 Personen unterzeichnet. Als einiziger unterschreibt Melanchthon mit einem gewissen Vorbehalt: Er will eine denkbare Vorrangstellung (Primat) des Papstes „nach menschlichem Recht" nicht ausschließen. Im Unterschied zu Luther und anderen Reformatoren, die solche Kirchenleitung als grundsätzlich schädlich bezeichneten, versuchte Melanchthon hier einen Weg theoretisch freizuhalten: Der Papst dürfte dann allerdings sein Amt und Regiment nicht auf göttliches Recht stützen. Das historisch gewachsene Papstamt seiner Zeit hatte Melanchthon allerdings sehr eindeutig als antichristlich bezeichnet.

Melanchthon wurde in den Jahren bis 1557 bei mehreren Religionsgesprächen mit der römisch-katholischen Partei zu einem geschätzten Partner und unentbehrlichen Vertreter der evangelischen Sache. Im Januar 1541 in Worms – gerade erst von einer lebensbedrohlichen Krankheit genesen – mußte Melanchthon bald die Problematik seiner Vermittlungsmission einsehen. Die „Altgläubigen", wie man später die Gegenseite bezeichnete, waren zu keinem Entgegenkommen bereit. Damals hatte er erstmals seine überarbeitete und besonders in der Abendmahlsfrage den oberdeutschen Wünschen angenäherte Fassung der Confessio Augustana vorgelegt, die später als „Variata" bezeichnete Ausgabe. Hier und bei der Gotteslehre ergaben sich für den Kontrahenten Eck unüberwindliche Gräben.

Nach Luthers Tod wurde Melanchthon sehr in die unerfreulichen Auseinandersetzungen mit einigen von Luthers Anhängers gezogen, die sich allein für die bekenntnismäßig korrekten Ausleger dessen Theologie hielten (Gnesiolutheraner). Nach unglücklichen Formulierungen im Verlaufe des Augsburger Interims 1548, womit die Protestanten wieder der Jurisdiktion der katholischen Bischöfe unterworfen werden sollten, verlangte etwa Matthias Flacius sogar eine öffentliche Buße Melanchthons. Sicherlich war Melanchthon in Fragen der Kirchenverfassung und der Liturgie zu Kompromissen bereit, die andere bereits als Verrat bezeichneten. Aber er war hier konservativer und an der Erhaltung des reformatorischen Grundgedankens interessiert.

In den Regionen, wo die reichsrechtlichen Drohungen mit voller Härte kaiserlicher Macht durchgesetzt wurden, war für Melanchthons irenische Denkweise wenig Verständnis.

Die in der ökumenischen Bewegung immer wieder diskutierten Einheitsmodelle und die Anregung des derzeitigen Papstes, über sein Amt neu zu sprechen, könnten daher auch Melanchthons Gedanken neu bewerten. Einerseits wird aus Rom selbst anerkannt, der Papst sei das größte ökumenische Hindernis. Andererseits wird betont, daß evangelischerseits nur eine Gemeinschaft mit, aber nicht unter dem Papst denkbar sei.

Philipp Melanchthon - Gemälde von Hans Holbein d.J. (1531/32)
(Landesmuseum Hannover)

Um unseren Philipp zu hören, sind von allen Gegenden Deutschlands, was sage ich Deutschlands, vielmehr von fast allen Provinzen und Königreichen ganz Europas, aus Frankreich, England, Ungarn, Siebenbürgen, Polen, Dänemark, Böhmen, auch aus Italien, ja aus Griechenland zu allen Zeiten Studenten in sehr großer Zahl nach Wittenberg zusammengeströmt, weil sie vom Ruf seines Namens angelockt wurden.

Aus der Trauerrede des Melanchthon-Schülers Jakob Heerbrand (CR 10, 301)

Philipp Melanchthon - ein angesehener Lehrer Europas

Melanchthon ist dem gleichaltrigen Maler Hans Holbein d.J. (1497-1543) zwar nie begegnet, doch hat dieser ein besonders schönes Gemälde von ihm geschaffen. Es läßt „etwas von der Hintergründigkeit und Schwermut des Denkers erahnen" - so der Melanchthonforscher Heinz Scheible. Anlaß und Entstehung dieses Bildes zeigen sogleich das hohe Ansehen und die weitreichende Bedeutung Melanchthons in vielen Ländern Europas. Namentlich unbekannte Personen, die damals sehr um die innere Reform der Kirche in England bemüht waren, sollen dem in England weilenden Holbein den Auftrag erteilt haben.

Bekannt ist jedenfalls eine große Anzahl von englischen Bewunderern Melanchthons. 20 seiner Werke wurden im 16. Jahrhundert auf der Insel in die Volkssprache übersetzt. So wurde der „Praeceptor Angliae" (Lehrer Englands), wie er in Anlehnung an einen schon von Zeitgenossen in Deutschland verliehenen Ehrentitel genannt wurde, bekannt. An den berühmten Universitäten in Cambridge und Oxford wurden Vorlesungen über Melanchthons Veröffentlichungen gehalten. Selbst der englische König Heinrich VIII., der sich aus persönlichen und kirchenpolitischen Gründen in einem schweren Konflikt mit dem Papst befand, versuchte Melanchthon für eine Professur in England zu gewinnen. 1553 bemühte sich die Universität Cambridge mit großem finanziellen Anstrengungen um ihn. Diese wie andere ehrenvolle Berufungen ins In- und Ausland lehnte Melanchthon ab und blieb Wittenberg treu.

Melanchthon wurde von vielen Regierenden als Berater gerufen. Er scheute die vielen anstrengenden und gefährlichen Reisen nicht. Studenten aus Italien und Frankreich, aus Skandinavien, Polen, Ungarn, Siebenbürgen und aus der heutigen Slowakei und Tschechien studierten in Wittenberg. Es hatte die meisten Studierenden in Deutschland. Selbst der englische Schriftsteller William Shakespeare läßt bekanntlich seinen Hamlet in Wittenberg studieren. In den Unterlagen der Universität Wittenberg sind für das 16. Jahrhundert 680 Dänen verzeichnet. Viele sogenannter Empfehlungsschreiben Melanchthons sind überliefert. Das hatte allein durch die Spuren der Melanchthonschüler in ihren Heimatländern eine nachhaltige Wirkung: Im Norden Europas, bis zu Island, wo 1550 die Reformation eingeführt wurde, war Melanchthon durch seine Lehrbücher der maßgebliche „Schultheologe".

Immer wieder wird im Ausland seine Gesprächsbereitschaft für die Einheit der Kirche gelobt. Große Erwartungen über Melanchthons Vermittlerrolle sind aus europäischen Herrscherhäusern überliefert. Er wechselte viele Briefe mit Kardinälen und Bischöfen, um doch noch die theologischen Kernfragen einmütig lösen zu können. Er war – so Stefan Rhein – „die ökumenische Hoffnung seiner europäischen Zeitgenossen". Selbst an einer Jesuitenuniversität in Portugal waren seine Lehrbücher im Einsatz, obwohl Ignatius von Loyola vor Melanchthon als Häretiker gewarnt hat. Selbst seine nicht-theologischen Werke sollten vor der Jugend namentlich nicht erwähnt werden: „Denn bei ihr könnten sich die Häretiker durch solche Werklein Eingang verschaffen."

Die italienischen Humanisten, die schon vor 500 Jahren vom „Haus Europa" sprachen, wollten gerade angesichts der Völkervielfalt aus den antiken Quellen den Blick auf die gemeinsame Kultur und ein friedliches Miteinander lenken. Noch heute stimmt Melanchthons Trauer nachdenklich: „ Das gemeinsame Wohl Europas wird innenpolitischen Vorteilen geopfert."

Der alte Melanchthon – Bildnis von Lucas Cranach d.J. 1559
(Städelsches Kunstinstitut Frankfurt am Main)

Ich zwar für meine Person pflege mich und andere, so neben mir in diesem schweren Stande die Jugend zu lehren, dienen und arbeiten, mit diesem Sprüchlein des Paulus zu trösten und zu stärken: Eure Arbeit wird nicht vergeblich sein in dem Herrn. Und ich zweifle gar nicht, Gott selbst regiert und führt unsere Arbeit, und ich rufe ihn mit stetigen und unaufhörlichen Seufzern an, er wolle mich gnädiglich zu einem Gefäße der Barmherzigkeit und Gnade machen, daß ich der Jugend seliglich und nützlich dienen möge.

Aus einer Widmung Melanchthons im „Chronicon Carionis" an Sigismund von Magdeburg (1558) (CR 9, Nr. 5613)

„Ich rufe zu dir" - Melanchthons Frömmigkeit

Meist völlig unbekannt ist der geistliche Reichtum Melanchthons, der sich besonders in seinen Gebeten erhalten hat. Von keinem der Reformatoren sind mehr Gebete überliefert als von ihm. Auch fast alle akademischen Reden hat er mit einem Gebet beschlossen. Beten war für ihn hauptsächlich Gebetsbitte. So würde Gott nach seiner Meinung besonders geehrt. Besonders eindrucksvoll sind seine Gebete für die Einheit der Kirche sowie seine Morgen- und Abendgebete. Daraus wird deutlich, wie sehr die Wurzeln evangelischer Frömmigkeit nicht nur im Pietismus, sondern sehr wohl bereits in der Reformationszeit selbst liegen. Ein Gebet um Schutz schließt nach der Anrufung des gekreuzigten und auferstandenen Christus mit folgenden Worten:

„Ich bitte dich, vergib uns in deiner unermeßlichen Barmherzigkeit die Sünden. Du kennst unsere Wunden. Du weißt, daß wir in dieser so großen Schwachheit die Last unserer Trübsal nicht ertragen können. Hilf uns also in privaten und beruflichen Schwierigkeiten. Sei du unser Beschützer. Behüte und bewahre in unserem Land die Kirchen..."

Das Gebet hatte bereits als Kind für Melanchthon einen hohen Stellenwert. Auch wenn er die am Mönchsleben orientierte Gebetspraxis seines Vaters nicht nachvollzog, sondern freie Gebetsformen bevorzugte, spielt die väterliche Frömmigkeit eine prägende Rolle. Besonders der Abschied vom todkranken Vater unter Tränen blieb dem Elfjährigen in bleibender Erinnerung.

Auch als Professor in Wittenberg kannte er feste Gebetszeiten und einen von Gebet und Bibellektüre umrahmten Tagesablauf: Die Morgenandacht, die das Arbeitsprogramm des Tages mitbedachte, hielt er nach dem Aufstehen um etwa 4 Uhr für sich allein. Beim Tischgebet im Kreise der Familie, Schüler und Gäste wurden auch Psalmen und Katechismustexte gelesen. Melanchthon ging meist früh zu Bett, las noch in der Bibel und betete. Als er in Jena 1540 physisch und psychisch völlig erschöpft dem Tod nahe war, erfuhr er in überwältigener Weise die Macht des Gebets. Auch für seine ans Krankenlager geeilten Freude wurde er zweifellos durch die Kraft der Gebetsbitten wieder gesund und voll arbeitsfähig.

Als er im Oktober 1557 auf Einladung des pfälzischen Kurfürsten Ottheinrich in Heidelberg war, starb seine Frau, die schon längere Zeit krank war. Sein bester Freund und erster Biograph Joachim Camerarius, dem er oft sein Leid geklagt hatte, mußte ihm die Nachricht überbringen. Besonders seit dieser Zeit sprach und schrieb er oft vom eigenen Tod. Seine Kräfte wurden schwächer, auch wenn er wenige Tage vor seinem Tod noch Prüfungen in Leipzig abnahm und Vorlesungen hielt. In der Nacht vor seinem Tod hat ihn noch einmal seit Wahlspruch stark beschäftigt: „Ist Gott für uns, wer mag wider uns sein."

Fast genau im gleichen Alter wie Luther starb Melanchthon im Beisein seiner Freunde und Angehörigen am Abend des 19. April 1560 in seinem Studierzimmer. Zwei Tage später wurde der nach der Trauerfeier in der Wittenberger Schloßkirche Luther gegenüber begraben. Auf seinem Schreitisch fand man einen Zettel. Darauf stand links: „Du entkommst den Sünden. Du wirst befreit von aller Mühsal und der Wut der Theologen." Rechts standen Worte, die nochmals sein tiefes Glaubensleben bezeugen: „Du wirst ins Licht kommen, Gott schauen und Gottes Sohn betrachten. Du wirst jene wunderbaren Geheimnisse lernen, die du in diesem Leben nicht verstehen konntest: warum wir so erschaffen sind, wie wir sind, und worin die Vereinigung der beiden Naturen in Christus besteht."

Denkmal Melanchthons neben dem Lutherdenkmal in Wittenberg

Ich sehe Magistri Philipps Bücher im Lateinischen und Deutschen auf dem Platz lieber denn die meinen. Ich bin dazu geboren, daß ich mit den Rotten und Teufeln muß kriegen und zu Felde liegen, darum viele meiner Bücher stürmisch und kriegerisch sind. Ich muß die Klötze und Stämme ausrotten, Dornen und Hecken weghauen, die Pfützen ausfüllen und bin der große Waldrechter, der die Bahn brechen und zurichten muß. Aber Magister Philipps fähret säuberlich und still daher, bauet und pflanzet, säet und begeußt mit Lust, nach dem Gott ihm hat gegeben seine Gaben reichlich.

Aus der Vorrede Martin Luthers zu Melanchthons Kolosserbrief – Kommentar (1529) (WA 30/2, 68f)

Melanchthon und Luther - nebeneinander und miteinander

Als zu Melanchthons 300. Todestag in Wittenberg ein Denkmal errichtet werden sollte, erhitzte dies die Gemüter: Melanchthon neben Luther? Das war damals eine Frage, die heute bei vielen Christen, auch bei Fachleuten nur noch Kopfschütteln auslösen würde. Oder doch nicht? Haben sich vielleicht alte Vorurteile erhalten, die ein Denkmal Melanchthons neben Luther eine „Versündigung" an dessen Größe nannten? So wie der Bildhauer Friedrich Drake „seinen" Melanchthon dann doch betend, mit der rechten Hand die Confessio Augustana haltend und die Linke auf die Brust gelegt aufstellen konnte, wollten es jedenfalls nicht alle „Lutheraner". Die These des Theologieprofessors Albrecht Ritschl aus dem 19. Jahrhundert, Melanchthon gehöre nicht an die Seite Luthers, weil er dessen Wort und Werk verdorben und abgeschwächt habe, erfuhr heftigen Widerspruch, trug aber auch Früchte.

Als Melanchthon 1518 Luthers Kollege in Wittenberg geworden war, fanden die beiden rasch zu einer fast 30 Jahre dauernden Freundschaft und Weggenossenschaft. Trotz mancher Belastungsproben schätzte Luther stets die Sprachkenntnisse, die Kunst der systematischen Darstellung und die anderen Begabungen und den ruhigeren und ausgleichenderen Charakter des „kleinen Griechen". Sie waren beide ja ~~in~~ von ihrer Biographie her in vieler Hinsicht sehr verschieden. Aber Melanchthon war von Anfang an Luthers eifrigster und klügster Helfer, wenn es um die Durchsetzung und den Erhalt der evangelischen Wahrheit ging. Schon bei der Leipziger Disputation 1519 versorgte Melanchthon Luther mit informativen Zetteln und verteidigte das negative Urteil der Pariser Universität über Luther. Zur Verbrennung des Kirchenrechts und der Bulle, die Luther den Kirchenbann androhte, lud Melanchthon im Dezember 1520 durch Plakate die Wittenberger Studenten ein.

Als Luther auf der Wartburg versteckt gehalten wurde, setzte Melanchthon in ständigem Briefwechsel mit Luther maßvoll die notwendigen Reformen in die Tat um und distanzierte sich vom Aufruhr gegen die bürgerliche Ordnung. Eine besondere Hilfe erfuhr Luther durch Melanchthon für die Bibelübersetzung und beim Abbau von Mißverständnissen bei der Frage nach der Notwendigkeit der guten Werke. Als Luther von der Veste Coburg aus die Verhandlungen auf dem Augsburger Reichstag verfolgte, stimmte er dem ihm vorgelegten Bekenntnis inhaltlich voll zu: „Ich habe Magister Philipps Verteidigungsschrift überlesen: die gefällt mir sehr wohl und weiß nichts daran zu bessern noch ändern, würde sich auch nicht schicken, denn ich so sanft und leise nicht treten kann." Genau jene letzte Anmerkung wurde oft als Kritik an Melanchthon mißverstanden.

Sicherlich gab es einzelne Unterschiede auch in zentralen Fragen, wie bei der künftigen Gestaltung des Papstamtes oder in der Rechtfertigungslehre, die Melanchthon recht rational formuliert: Das Rechtfertigungsurteil Gottes ist allein auf das Verdienst Christi gegründet, während Luther mehr das Geheimnis der Christusverbundenheit betont. In seinem Wittenberger Nachruf nach Luthers Tod bezeichnet er diesen als den eigentlichen Wiederentdecker des Evangeliums: "Ich habe das Evangelium von ihm gelernt." Persönliche Kontroversen werden aber nicht verschwiegen. Letztlich trieben beide das Werk der Reformation der Kirche gemeinsam voran und dürfen nicht gegeneinander ausgespielt werden. Sie wollten ihre (katholische) Kirche erneuern und nicht spalten.

TEXTAUSWAHL

Die folgende Textauswahl ist weit davon entfernt, mehr als einen Einblick in Melanchthons Schaffen zu geben. Es wurden jedoch Texte ausgewählt, die seine Ausstrahlung in die Gemeindepraxis anzeigen und solche, aus denen die Grundzüge seines Standpunktes in den theologischen Auseinandersetzungen seiner Zeit erkennbar werden. Dabei sind ausschließlich deutsche Texte des „Praeceptor Germaniae" bzw. zeitgenössische Übersetzungen berücksichtigt, die in dieser Zusammenstellung nicht ohne weiteres zugänglich sind.

1. Unterschidt zwischen weltlicher und Christlicher Fromkeyt. 1521 (1522?), Abdruck nach: StA 1,171-173

2. Die zehn Gebote, der Glaube, das Vaterunser. 1549, Abdruck nach: SupplMel V/1,362-369
   Abbildungen

3. An den Stadtrath zu Soest in Westphalen. 1543, Abdruck nach: CR V,125-137

4. Epitome renovatae ecclesiasticae doctrinae ad illustrissumun principem Hessorum (deutsch). 1524, Abdruck nach: SupplMel I/1, 239-250

5. Ain urtail Philippi Melanchthonis von Doctor martin Luthers dem Cardinal und pebstlichen Legaten gen Stutgart zugeschickt. 1524, Abdruck nach: SupplMel I/1,235f

6. Die fürnemisten Unterscheid zwischen reiner Christlicher lere des Evangelii und der Abgöttischen Papistischen Lere. 1539, Abdruck nach: Robert Stupperich, Der unbekannte Melanchthon, Stuttgart 1961, 159-169.

1. Unterschidt zwischen weltlicher und Christlicher Fromkeyt

Es ist zweyerley Fromkeyt, davon geschriben steht, eyne heyst götlich, die ander Weltliche. Weltliche Fromkeit nennet Paulus zu den Colossensern [Kol 2,8] στοιχεῖα κόσμου, der Welt Ordnung. Dise steht in ausserlicher zucht, erberkeyt, geberden, sitten und breuchen, und die Vernunfft mag dise begreiffen. Ja, sie ist der vernunfft yngepflantzt von Gott, wie dem baum yngepflantzt ist, das er dyse oder andere frucht trag.

Also ist dem menschen yngepflantzt dyser verstand, das er helt, man sol niemant beschedigen, man sol gemeynen frid erhalten, man sol zucht erzeygen vor yederman. Also weyt streckt sich menschliche fromkeyt, als weyt menschliche vernunfft von yhr selb sehen mag.

Es kan aber menschlich vernunfft von yhr selb nichts gewiß beschliessen vor Gott. Denn ob Sie schon hellt, das eyn Gott sey, und hört, das er richten werd, well auch selig machen die, so ynn eren, dannocht leßt sich die vernunfft nicht bewegen, das sie sich entsetz vor seynem gericht und leßt yhr alweg träwen, die hell sey nicht so heyß, Gott sey nicht so grewlich, die weyl sie sicht, das so grosser mutwill offt, wie sie meynt, ongestrafft bleyb. Vil weniger kan die vernunfft fassen, das Gott sünd verzeyhe, sie helt yhn nicht so freuntlich und so gut, das er sich unser so gros annem. Auch leßt sie sich nicht beduncken, das Got so nahe umb uns und bey uns sey, das er inn aller nott seyn augen uff uns hab, sonder sie erdicht yhr ein Gott, der doben sitz und laß uns schaffen , was wir künden, wie dann die Poeten Jovem beschreyben [Hom. Il, 23,206; Odyss. 1, 22], das da yhn Thetis sucht, was er nicht daheym, sunder was yn eyner zech in Ethiopia. Und die Cretenses haben Jovem gemalt on oren [Plutarch πεςί ῎Ισιδος καί Ὀσίξιδος 75 E], da mit sie zuverston gaben, das er uns nicht erhort. Und solchs seind furwar weyß leut gewesen, haben die natur menschlicher vernunfft wol angesehen und haben Gott gemalt, wie die vernunfft von yhm hellt. Also sagt auch Gott im Psalmen: Der heyden Gott haben augen und sehen nicht, oren und horen nicht, So ist nun von nöten, das wir eyn Gott haben, den wir dafur haben, das er uns sehe und hore [Ps 115, 4f; Ps 135, 13f].

Dieweyl nu das die vernunfft nicht khan oder begreyfft, so hat Gott seyn son yns fleisch geworffen, das er uns des vatters willen fur hiellt Joh. 1 [14] und unser blyntheyt und erlogne meynung von Gott sampt allen sunden, die do folgen auß solcher blyntheyt, weg neme und den heylgen geyst außgosse, damit wir ynn ware erkenntnus Gottis khemen. Dazu helffen kheyne unser werck oder verdienst.

Diß ist nu gotliche Fromkeyt in uns, die Christus in uns wirckt mit dem heilgen geyst, das ist, wenn unser hertz vom heylgen geyst bewegt wurt, das es erschrickt vor dem grossen zorn Gotis von unser sunden wegen und ergreyfft die gnad und verzeyhung der sund durch Christum unnd empfahet also trost und gewint eyn sichere, frolich hertzhafftige zuversicht zu Gott, das es sich mutiglich Gott ergibt ynn allen anstossen und versicht sich guts zu Gott und merckt, das er allenthalb eyn auffsehen uff uns hatt und wirckt umb uns in allen creaturen, ernert, handhabt, erhellt alle creatur. Solchs beschleußt das hertz von Gott gewißlich, wo der heylig geyst ist, der von Got in uns also zeugnus gibt Joh. 16 [13] et Ro. 8. [16] Dis gewiß beschliessen nennet Paulus zu den Colossensern am Andern [2,2] πληροφορίας.

Solche erkantnus Gottis und solcher glaub ist gottliche Fromkeyt in uns, die Gott furnemlich foddert, wie er spricht Joh. 17. [3]. Dis ist das ewig leben, das man kenn den vatter und Christum. Und Abacuc sagt:"Der gerecht lebt seyns glawbens." [Hb 2,4] Es wirckt auch solcher glawb in uns eyn demutig hertz, das do fult, wie wir billich unterworffen sollen seyn allen creaturn, wie Christus ist worden der nidrigst unter allen menschen Esai. 53. [3] Denn wan das hertz sicht, was es woll fur Gott verdient hab und wie genediglich es doch begnadet und begabet sey, so kan es sich nicht enthalten, es mus sich selb vernichten und unterwerffen yederman, yederman dienen etc. Und wie der heylig geyst reyn ist, also wurt eyn keusch, reyn hertz, das do erschrickt vor unkeuschem lust und begird. Also spricht Gott, das er well eyn new Testament anrichten Hier. 31. [31] und seyn gebott nicht ynn eyne tabeln, sonder ynn unsere hertzen schreyben, das wir yhn kennen, und sagt Esai. 45.[19] Er well kinder machen, die Gott lere.

Hie sichstu, wie eyn Christlich hertz geschickt ist. Wo nu das ist, da ist Gott. Neben dem ist nun ausserlich Fromkeyt oder zucht, die uns vor Got nicht rechtfertig macht. Denn rechte Fromkeyt, die sol leben seyn. Darumb alleyn der geyst Christi in uns ist lebendige Fromkeyt. Ausserliche ordnung zergon mit dem fleysch und haben kheyn leben. Darumb konnens auch nicht leben oder Fromkeyt geben, Coloss. am Andern [2,23], wo auch solch ausserlich Fromkeyt alleyn ist, ist nur heucheley.

Ausserliche Fromkeyt ist gar gefaßt zum ersten ynn die gwalt, welche die schrifft das schwerdt nennet. Und wie uns Gott dem schwerdt unterworffen hatt, also foddert er auch eusserliche zucht und sitten, welche weltlich oberkeyt friden zuerhalten eynsetzt. Und ist man weltlicher oberkeyt gehorsam schuldig, sofern sie nichts wider Gott gebeut zuthon, ob sie schon sunst mit gewalt fert, denn Christus sagt: „Wer dich tringt eyn meyl zu gehn, mit dem gang zwo [Mt 5,41].“

Zum andern ist eusserlich Fromkeyt kinderzucht, von Gott gebotten, die man nennet παιδαγωγίαν, welche nicht Gottlich Fromkeyt ist, sundern ein eusserlich übung, yedoch von Gott bevolhen den eltern, das sie die kinder vor groben sunden bewaren. Als wenn man kinder oder grob leut zu fasten, zu betten, zu kirchen gehn, yn solchen kleydern zu gehn gewent. Ad Gal. am vierden [4,3]. Was das schwert nit foddert, leßt Got frey, doch das man der lieb auch da diene, alß wo kinder oder schwach gewissen synd, das man denen diene inn yhren bledikeyt.

Wenn aber nun prediger khomen und geben fur, Gottlich Fromkeyt stand in fasten oder solchen sachen, odder weltlich oberkeyt foddert solchs, als werens stuck, daran die Christenheyt stond, sol man hie wider streben und bekennen, was Christlich Fromkeyt ist und unser leben drob lassen, denn wir sollen uns nicht mit gewalt weren.

Diß alles ist gefaßt inn die zehen gebot, denn das erst foddert den glawben, so Got spricht: Ich bin Got deyn herr [Ex 20,2]. Dweyl er sich unsern Herrn nent, will er mitt uns zuthon haben. Item, ich bin yn starcker eyferer, der der vetter myßtat strafft und thue barmhertzigkeyt und wil, das man sich zu yhm wend, dann er straffe und helffe. Das ander gebott foddert, das man seyn namen dazu brauch und rume, das er der helffer und richter sey, wie geschriben ist Johel am Andern. [2,18] Wer den Namen Gottis anrufft, dem wirt geholffen. Das Dritt, das Got allein in uns würcke. Das Fierd unterwurfft uns den Eltern und aller oberkeyt.

Das funfft foddert lieb,
Das sechßt keuscheyt.
Das achtest lieb.

Das neund und zehend foddern ein rein hertz von allen fleyschlichen begirden. Solche reynigkeyt bringt mit sich der heylig geyst.

2. Die zehn Gebote, der Glaube, das Vaterunser

[Vgl. die folgenden Abbildungen]

Die zehen Gebot.

Das erste Gebot.
Du solt an einen Gott gleuben.

Das erste Gebot foddert rechte Gottes erkentnis, Gottes furcht und glauben, und ist wol zu mercken, das wir den warhaftigen Gott also erkennen sollen, wie er sich geoffenbaret hat, und sollen in absondern von aller Abgötterei. [Abb. 1]

Das ander Gebot.
Du solt Gottes namen nicht misbrauchen.

Recht brauchen Gottes namen ist in recht anruffen, rechte Lere predigen und bekennen, im dancken und in loben, den Eid treulich halten. Denn eid schweren ist Gott uber sich anruffen, das er den Eidbrüchigen straffe, wie auch gewislich geschihet. [Abb. 2]

Das dritt Gebot.
Du solt den Feiertag heiligen.

Den Feiertag heiligen heist Gottes wort daran leren und hören und rechten brauch der Sacrament, und das gantze Predigampt helfen erhalten. [Abb. 3]

Das vierd Gebot.
Du solt Vater und Mutter ehren.

Das vierde Gebot ordnet die Regiment auf Erden, das man Vater und Mutter und aller ordenlichen Oberkeit mit hertzlicher ehrerbietung sol unterthan und gehorsam sein umb Gottes willen, und das ein jeder in seinem beruff treulich dienen sol, und nicht in frembden beruff fallen, wie die Aufrhurischen thun. [Abb. 4]

Das fünft Gebot.

Du solt nicht todschlagen.

Das fünft Gebot verbeut nicht allein todschlag, sondern auch neid und hass, Wie Matthei am v. [21] geschrieben ist, Und ist gewis, das todschlag gestrafft wird, laut des Spruchs, Wer das schwert nimpt, der wird durchs schwert umbkomen. [Mt 26,52] [Abb. 5]

Das sechst Gebot.

Du solt nicht ehebrechen.

Das sechste Gebot verbeut alle vermischung ausser dem Ehestand, und das unkeuscheit hart gestrafft wird, beweisen die Exempel, und die gewisse Regel Ebreorum xiij. [4], Gott wird die Hurer und Ehebrecher straffen. [Abb. 6]

Das siebend Gebot.

Du solt nicht stelen.

Das siebend Gebot verbeut diebstal, raub und allerlei betrug in kauffen, verkauffen, leihen, Und wird solches unrecht von Gott ernstlich gestrafft Esaie xxxiij. [1], Weh dem Reuber. [Abb. 7]

Das acht Gebot.

Du solt nicht falsch zeugnis geben.

Hie sind alle schedliche lügen verboten, Wie auch der edel spruch Proverbiorum xij. [22] leret, Lügen ist ein greuel vor Gott, Aber warheit ist Gottes luft. [Abb. 8]

Das neund Gebot.

Du solt niemands gut begeren.

Gott verbeut nicht allein eusserliche unrechte werck, sondern auch böse begirden und untugent im hertzen. Wie Matthei v. [27f] das Göttlich Gesetz erkleret wird. [Abb. 9]

Das zehend Gebot.

Du solt niemands Eheweib begern.

Gott verbeut nicht allein eusserliche unzucht, sondern gebeut auch, das das hertz rein und keusch sei, und ehret und belohnet rechte keuscheit mit hohen grossen gaben, Wie die historia Joseph beweiset. [Gen 41,37ff] [Abb. 10]

Der Glaube.

Der erste Artickel.

Ich gleub an Gott den Vater allmechtigen, Schöpfer Himels und der Erden. [Abb. 11]

Der Glaub leret, Wie man Gott erkennen und anruffen sol, und wie er im ein einige Kirchen aus dem menschlichen Geschlecht samlet, die bei im in ewiger weisheit, gerechtigkeit und freuden leben, im dancken und in preisen wird. Und ist wol zu mercken, das wir Christen in aller anruffung unterscheid betrachten sollen zwischen warhaftiger Göttlicher Maiestet und zwischen Abgötterei, und sollen unsere hertzen und gedancken diesen warhaftigen Gott ansprechen, der sich mit gewissen klaren zeugnissen, als auferweckung der todten und andern wunderwercken, geoffenbart hat und seinen Son gesand, uns zu erlösen, und ernstlich geboten, das wir gleuben und vertrauen sollen, er wolle uns umb des Sons willen annemen und erhören aus gnaden, one unsere verdienst. Diese erkentnis, glaube und vertrauen sol in deinem hertzen leuchten, wenn du anfahest diese Artickel zu sprechen, Und sol das hertz gewislich die güter von Gott warten, die in diesen Artickeln genant werden.

Der erste saget von erschaffung aller Creaturn. Hie soltu verstehen, das nicht der Vater allein, sondern der Vater sampt dem ewigen Son und heiligem Geist alle Creaturn erschaffen hat und noch teglich fur und fur erhelt, und gibt leben und narung. Diese güter soltu auch von im bitten und gewarten.

Der ander Artickel.

Und an Jesum Christum, seinen einigen Son, unsern Herrn, Der empfangen ist vom heiligen Geist. [Abb. 12]
Geboren von der Jungfrauen Maria. [Abb. 13]
Gelitten unter Pontio Pilato, gecreutziget, gestorben, [Abb. 14]
Und begraben. [Abb. 15]
Nidergefaren zur Hellen. [Abb. 16]
Am dritten tage auferstanden von den todten. [Abb. 17]
Aufgefaren gen Himel, Sitzend zur rechten Gottes, des allmechtigen Vaters. [Abb. 18]
Von dannen er komen wird, zü richten die lebendigen und die Todten. [Abb. 19]

Der ander Artickel redet von erlösung der Menschen durch den Son Gottes, und sollen alle Artickel auf die letzten gezogen werden, Ich gleub vergebung der sünd, Auferstehung des fleisches und ein ewiges leben, Nemlich nicht aus unsern verdiensten, sondern durch die furbit und durch das leiden, darin der ewige Son Gottes Jhesus Christus, geborn aus der Jungfrauen Maria etc., Aus wunderbarlichem rhat Göttlicher Maiestet, fur uns ein opfer worden, und hat also den ernstlichen und schrecklichen zorn Gottes wider uns gesünet. Dieses aber mustu mit glauben und hertzlichem vertrauen tröstlich annemen, und schliessen, das das selb nicht allein andern, sondern auch dir zu gut geschehen sei, Und das Gott nicht allein andern, sondern auch dir selb deine sünd vergeben, und dich annemen wolle umb seins Sons Jesu Christi willen.

Der dritt Artickel

Ich gleube an den Heiligen Geist. [Abb. 20]
Ein heilige Christliche Kirche. [Abb. 21]
Die gemeine der Heiligen. [Abb. 22]
Vergebung der sünden. [Abb. 23, 24]
Auferstehung des fleisches. [Abb. 25]
Und ein ewiges leben, Amen. [Abb. 26]

Der dritt Artickel redet vom heiligen Geist, welchen der ewige Vater und der Son Jhesus Christus senden, durch in im Predigampt, darin das Evangelium von Christo laut dieser Artickel verkündiget wird, eine Kirche zu versamlen, und wirckt der heilig Geist in den hertzen, die das Evangelium hören und erkennen, das Gott warhaftiglich uber unsere sünde zürne, und den trost, im Evangelio furgetragen, mit glauben annemen. Diese sollen festiglich gleuben, das sie Gott mit dem heiligen Geist gnediglich regieren wolle, und wolle in inen ewiges leben anfahen. Und ist der Artickel von der Kirchen hiezu gesetzt, alle gleubige zu trösten, Das wir wissen, ob gleich die grossen weltlichen Reich im hauffen | fallen, und viel zerstrauungen werden, das gott dennoch fur und fur, allezeit auf erden bis zur auferstehung ein Heufflin erhalten wil, das seine Kirch sei, darin die stimme des Evangelii von Christo bleibe, und Gott recht erkandt und angeruffen wird, und diesem Heufflin gibt er herberg, das man die jugent leren könne, und das das Predigampt erhalten werde, und die Leute in der Kirchen öffentlich und ehrlich zusamen komen mögen.

Das Vater unser.

Vater unser, der du bist im Himel.

Das ist, Ah du allmechtiger Gott, schöpfer aller Creaturn, der du bist im Himel, das ist, umb uns und bei uns allenthalben, und wilt unser gnediger und gütiger Vater sein, umb deines lieben sons willen Jesu Christi, und sorgest hertzlich fur uns, wilt uns erhören und helfen.

Die I. Bitte.
Geheiliget werde dein Name.

Das ist, Dein name werde recht erkandt durch rechte lere und glauben, das du der warhaftig Gott, der du dich geoffenbart hast, warhaftiglich angeruffen und recht geehret werdest und abgesondert von aller Abgötterei. [Abb. 27]

Die II. Bitte.
Zu kome uns dein Reich.

Das ist, Regiere du uns mit deinem heiligen Geist, und ist zu mercken, das die stück im gebet sehr ordentlich gesetzet sind. Erstlich mus in uns sein rechte lere und rechte erkentnis, und ist das wort und das lernen gewislich der anfang. Es wird aber also im hertzen krefftig und lebendig, so der heilig Geist mit wircket, und ist seer hoch nötig, das wir bitten, das er uns regiern wolle, Wie geboten ist Luce xj. [13], Wie viel mehr wird Gott den heiligen Geist geben denen, so in darumb bitten. [Abb. 28]

Die III. Bitte.
Dein wille geschehe, auf Erden wie im Himel.

Das ist von Emptern geredt, Ah HErr, wirck du, das die Empter, Prediger, Lerer, König, Fürsten, Richter, Hausveter ire Empter recht ausrichten, das solchs geschehe, das dir wolgefellig ist, wie die Engel im Himel irer Empter warten und thun, das dir wolgefellig ist. [Abb. 29]

Die IIII. Bitte.
Unser teglich Brod gib uns heute.

Das ist, Versorge auch unsere und unserer armen Kindlin schwache leib, gibe uns narung, frieden, gesundheit, verstand und glück in unser arbeit, und andere leibliche notdurft, wie du gnediglich zugesagt hast [Mt 6,33], Erstlich suchet das Himelreich, so werden euch alle andere güter zugegeben. [Abb. 30]

Die V. Bitte.
Vergib uns unser schuldt, wie wir vergeben unsern schuldigern.

Bei aller anruffung und in allem gebet mus diese Bitte mit gehen, Vergib uns unsere schuld, und mus dieses besonder liecht des Evangelii und dieser glaub allzeit in unsern hertzen leuchten, Das Gott gewislich uns umb seins Sons willen unsere sünde vergeben wolle, Wie Gott solchs mit seinem Eid bezeuget. [Abb. 31]

Die VI. Bitte.
Und füre uns nicht in versuchung.

Das ist, Las uns nicht fallen und von dir abweichen, so wir versucht und angefochten werden, leiblich oder geistlich. Denn der Teuffel ist allen Gottes dienern grimmig feind und sucht alllerlei list, Gott zu lestern und die Menschen zu verderben, Wie S. Petrus spricht [1 Petr 5,8], Der Teuffel gehet umb wie ein brüllender Lau etc. Und one Göttliche hülf können wir allein nicht widerstehen. [Abb. 32]

Die VII. Bitte.
Erlöse uns von ubel.

Dieses Stück redet vom end, Denn dieweil dieses leben vol jamers ist, so mus dennoch endlich ein erlösung sein, sonst weren wir ewig in der angst und im tod. Darumb bitten wir endlich, das uns Gott aus diesem jamer und vom Tod und helle erretten und uns ewige gerechtigkeit und seligkeit geben wolle, Amen. [Abb. 33]

Abbildungen

Die folgenden Abbildungen gehören zu Melanchthons „Kleinem Katechismus" von 1549. (Der Abdruck erfolgt nach SupplMel V/1 424-484. Vgl. zum folgenden die Erläuterungen von Ferdinand Cohrs im gleichen Band, CXIII-CXVII). Melanchthon hat in einer seiner früheren Auslegungen des Dekalogs (1527) zu jedem Gebot ein mahnendes Beispiel aus der Schrift gebracht. Bereits in einem Fragment eines „Großen Katechismus" wurden die Bilder zu den ersten drei Geboten gebracht. Es ist ungewiß, ob sie aus der Werkstatt Lukas Cranachs d. Ä. kommen. Luther hat diese und einige Schnitte zum Vaterunser für seinen Großen Katechismus in der zweiten Auflage übernommen, obwohl bei ihm die konkreten biblischen Bezüge fehlten.

Bei Melanchthon wieder sind diese Hinweise im Text in dem „Katechismus" von 1549 durch die nun folgenden Bilder ersetzt worden. Besonders hinzuweisen wäre darauf, daß in der Illustrierung des Credo zur Vergebung der Sünden zwei Bilder geboten werden, und daß zur Wederkunft Christi und zum Schluß des Credo der gleiche Schnitt mit Jesus als Weltenrichter gebracht wird.

Abb. 1: Erstes Gebot (Ex 32: Das Goldene Kalb)

Abb. 2:
Zweites Gebot
(Lev 24,11f: Strafe
des Gotteslästerers)

Abb. 3:
Drittes Gebot
(Num 15,32: Der
Holzsammler am
Sabbat)

Abb. 4:
Viertes Gebot
(Gen 9,20: Noah und seine Söhne)

Abb. 5:
Fünftes Gebot
(Gen 4: Kain und Abel)

Abb. 6:
Sechstes Gebot
(2 Sam 11,2ff: David und Bathseba)

Abb. 7:
Siebtes Gebot
(Jos 7: Achans Diebstahl)

Abb. 8:
Achtes Gebot
(Dan 13: Susanna)

Abb. 9:
Neuntes Gebot
(Gen 30,31ff:
Jakob und Laban)

Abb. 10:
Zehntes Gebot
(Gen 39,7ff:
Joseph und die Frau
des Potiphar)

Abb. 11:
Gott der Schöpfer
(Gen 2,18ff:
Erschaffung Evas)

Abb. 12:
Empfängnis Jesu
(Lk 1,26-38: Mariae
Verkündigung)

Abb. 13:
Geburt Jesu
(Lk 2,1-20)

Abb. 14:
Kreuzigung
(Mk 15,24parr, im
Hintergrund Num
21,9: Die eherne
Schlange)

Abb. 15:
Grablegung
(Mk 15,42ffparr, im
Hintergrund Jon 2:
Jona im Fisch)

Abb. 16:
Höllenfahrt

Abb. 17:
Auferstehung

Abb. 18:
Himmelfahrt
(Apg 1,9ff)

Abb. 19:
Wiederkunft zum
Gericht

Abb. 20:
Ausgießung des
Geistes (Apg 2,1-13)

Abb. 21:
Taufe, Abendmahl
und Predigt

Abb. 22:
Letztes Abendmahl
(Mk 14,17ffparr)

Abb. 23:
Die Salbung in
Bethanien
(Mk 14,3-9parr)

Abb. 24:
Buße und Absolution

Abb. 25:
Auferstehung

Abb. 26:
Jüngstes Gericht

Abb. 27:
Gottesdienst

Abb. 28:
Apg 2,1-13:
Ausgießung des
Geistes

Abb. 29:
Obrigkeit und
Schule

Abb. 30:
Mk 6,35-44parr:
Speisung der
Fünftausend
(im Hintergrund
Joh 2,1-11 Weinwunder zu Kana[?])

Abb. 31:
Mt 18,23-35:
Gleichnis vom
Schalksknecht

Abb. 32:
Mt 4,1-11:
Versuchung Jesu

Abb. 33:
Mk 7,24-30par:
Jesus und die
kanaanäische Frau

Abb. 34:
Schlußbild

Ehre sey Gott in der Höhe /
vnd friede auff Erden /
vnd den Menschen ein wolgefallen.

3. An den Stadtrath zu Soest in Westphalen.

Gottes Gnade und Friede durch seinen eingebornen Sohn Jesum Christum, unsern Heiland zuvor. Ehrbare, weise und günstige Herren. Ich bin zum öfternmal von den würdigen Herrn, den treuen Predigern des Evangelii in eurer Kirche angesucht, an Ew. W.[eisheit] zu schreiben, und sie freundlich zu Anrichtung einer christlichen, nützlichen Kinderschul zu vermahnen. Nun bin ich für meine Person solches zu thun allezeit geneigt gewesen. Denn das ist ja der allerheiligsten Werke eins auf Erden, zu Anrichtung der Schulen treulich helfen, wie ich hernach anzeigen will. Mich haben aber etliche Ursachen aufgehalten, und nämlich die.

Die erste, daß ich weiß, daß Ew. W. selbst, als die verständigen, wissen, daß zu Erhaltung der Religion und vieler nützlichen Künften ganz vonnöthen ist, die Kinder zur Lehre zu halten, und soll keines Menschen Ansehen und Autorität auf Erden so groß gemacht seyn, daß jemand höher und mehr dadurch zu Förderung der Schulen bewegt werde, denn durch die Sache selbst, dieweil männiglich weiß, daß Gott geboten, seine Lehre zu erhalten; item, männiglich weiß, daß solches nicht möglich ist, so man die Schulen fallen läßt. Ueber das so bin ich eine geringe Person, daß ich besorgt, mein Schreiben würde mehr mit Unwillen angenommen werden, denn daß es viel Frucht schaffen würde.

Die andere Ursache, die mich aufgehalten, ist gewesen, daß ich weiß, daß der Kirchen Güter, damit Kirchen und Schulen zu bestellen, wenig in euern Händen sind, und fressen die Pfaffen im Stift und anderswo die Präbenden auf, welche nicht allein euch nicht dienen, sondern wollen auch gern die reine christliche Lehre aus euern Kirchen vertreiben. Dieweil denn dem Rathe schwer wird, so viel sonst zusammen zu bringen, daß die Pfarr etlicher Maaßen erhalten werde, so kann ich wohl achten, daß man zu Bestellung der Schule desto weniger geneigt ist, dieweil nicht übrige Güter vorhanden sind.

Die dritte Ursach ist diese, daß leider ein Krieg an diesen Ort erreget, den Gott gnädiglich stillen wolle. Nun hat man zu Kriegszeiten auch nicht großen Lust oder Raum, solche Ordnungen zu machen, die man zu Friedens Zeiten bequemlicher machen kann.

Die vierte Ursache ist, daß ich besorgt, es sind Parten [Partheien] under euch, also, daß etliche zu Unterdrückung des Evangelii gute Ordnungen verhindern. etc.

Wiewohl mich nun diese Ursachen scheu gemacht zu schreiben, gleichwohl bin ich endlich bewegt worden, guter einfältiger Meinung diese Erinnerung E.W. zuzuschicken, und bitt fleißig, E.W. wölle sie von mir freundlich annehmen. Ich weiß wohl, daß ich eine geringe Person bin, und nicht zu gebieten habe; gleichwohl bin ich durch Gottes Gnade in diesem Schulamt, und bin schuldig, so viel mir möglich, andere zu vermahnen, diese Gaben Gottes zu preißen und zu erhalten. Darum wolle E.W. meine treue Wohlmeinung freundlich verstehen.

Und erstlich bitt ich, E.W. wolle die hohe und große Nothdurft bedenken. Viel unvernünftiger Leute gedenken, ob gleich die Religion vonnöthen sey, so bedürfe man doch keiner Kunst und Studien dazu; es wisse ein jeder aus natürlichem Verstand, was er thun solle. Dieses ist ganz eine thörichte, ja gotteslästerliche Rede. Denn zur ewigen Seligkeit gehört Erkenntniß des Evangelii, davon menschliche Vernunft von ihr selbst nichts weiß. Dieweil denn Gott menschliche Natur nicht vergeblich geschaffen hat, sondern will sie richten und entlich selig machen; so hat er vom Anfang den ersten Menschen seine Gnade und Vergebung der Sünde, davon menschliche Vernunft nichts gewußt, geoffenbaret, und ist diese Offenbarung durch die ersten Väter, und hernach durch die Propheten in ein Buch gefaßt worden, welches Gott aus besonderm Rath wunderbarlich für und für erhalten hat, und hat hernach der Apostel Schrift dazu gethan, daß also beisammen ist die nöthige Kirchenlehre vom Anfang der Schöpfung bis zu Erbauung der Kirche nach den Aposteln. Dieses Buch ist der höchste Schatz, der auf Erden bleibet. Denn es lehret, wie wir Gott erkennen und anrufen, und wie wir selig werden sollen, und gibt Zeugniß, daß diese Lehre vom Anfang die einige, rechte Lehre von Gott gegeben, und ist eine besondere große Ehre und große Weisheit der Kirche Gottes, daß sie allein eine gewisse Historia hat vom Anfang der Welt, an einander hangend und für und für, daß wir den Ursprung und die Ausbreitung unsrer Religion eigentlich wissen mögen, und ist unsre Religion nicht wie die heidnische, die blind eingeschlichen, daß man nicht weiß, woher sie kommen. Darum auch

Gott dieses Buch selber wunderbarlich erhält, gebeut aber daneben allen Menschen, daß man es hören und lernen soll; gebeut auch allen Regenten in seiner Kirche, daß Sie diese Bücher sollen helfen erhalten und andere Lehren. Darum müssen Leute seyn, die es lesen können, die die Sprachen verstehen etc., und also andere zu lehren und zu unterweisen geschickt sind.

Darum sind allezeit von Anfang der Welt bei der Kirche Gottes Schulen und Studia gewesen, diesen edlen Schatz, Gottes Verheißung und Zeugniß, nämlich dieses Buch, darin der Kirche Lehre gefasset gewesen, zu erhalten, und auf die Nachkommen zu erben. Und um dieser Ursache willen ist das schöne Regiment Israel gestellet, und das Königreich Juda mit großen Wunderwerken erhalten, daß es dieses Buch bewahren und auf die Nachkommen erben sollte. Es wird auch für und für Gott etliche Regiment zu diesem Dienst erhalten, daß bei Ihnen dieses Buch bleiben und gelesen werde, daß man es nicht verliere. Und ist ganz kein Zweifel, wo es dahin kommt, daß in einem Regiment dieses Buch nicht bekannt ist, wird auch nicht gelernet, daß dasselbige Regiment bereits von Gott verworfen, daß sein Ende vor der Thüre ist, wie im Osea geschrieben stehet cap. 4. [6]: Dieweil du die Lehre von dir geworfen hast, so will ich dich auch verwerfen, daß du in meinem Priesterthum nicht dienen sollst; und dieweil du mein Gesetz vergessen hast, will ich deiner Kinder auch vergessen. Dieses sind ernstliche Gottes Worte, die fleißig zu betrachten, und uns bewegen sollen, rechte Lehre zu pflanzen und zu fördern. Ew. Weisheit sehen, wie viel Plagen, Krieg und mancherlei Zerrüttung auf Erden sind. Ohne Zweifel aber ist der Ursache dieser Strafen eine, daß die Regenten, denen Gott befohlen, rechte Lehre zu fördern, wie der andre Psalm [2,10] spricht: et nunc reges intelligite etc., solches Werks gar nicht achten, sagen, dies sey den Pfaffen befohlen. Wahr ists; aber Päpste und Bischöffe sind jetzund weltliche Regenten, achten der Bibel auch nichts, darum ihr Priesterthum ein Ende haben wird. Die frommen christlichen Prediger schreien, als viel Ihnen möglich ist, daß die weltlichen Regenten Kirchen und Schulen bestellen, und den Studiis helfen sollen; denn ohne der Regenten Hülfe kann solches nicht geschehen, und ist den weltlichen Regenten gleich so wohl von Gott befohlen dieses Werk zu fördern mit Anrichtung und Gütern, Als uns mit unsrer Schularbeit: dieweil aber wenige diesen göttlichen Befehl achten, so kommen die Strafen.

Dagegen bedenke man doch, daß Gott so stark gehalten hat ob den Königen und Städten, bei welchen seine arme Schulerein Schutz gehabt, als ob David, Tofaphat, Ezechia, Josia, der Wittfrau zu Sarepta, Abdia, der die armen Schüler heimlich ernähret, da Sie Jesahel tödten wollte, und Abdemelech, der den Jeremia errettet, dem saget Gott zu, er sollte nicht beschädiget werden von den Feinden wie die andern, Jerem. 39. Also auch hernach, wie großen gnädigen Sieg hat Gott Ciro, Constantino, Theodosio, Carolo gegeben, daß Sie Fleiß gethan, die Kirchen und Schulen zu bestellen. Denn Gott hält seine Regel: Wer mich ehrt, den will ich wieder ehren, und wer mich verachtet, den will ich auch verachtet machen. Er wird auch die Herren und Städte, so Kirchen und Schulen Gutes erzeigen, in der jetzigen Verfolgung ohne Zweifel schützen und bewahren. Ich will heidnischen Königen nicht sagen, deren Dienste an Schulen und Studien dennoch der Kirche auch nützlich gewesen, darum Sie Gott mit großer Ehre gezieret hat, als Ptolemeum Philadelphum, der die Propheten in die griechische Sprache erstlich gebracht hat. Dieweil es denn Gottes Gebot ist, daß wir alle, und besonders die Regenten, zu Erhaltung seines Buchs dienen sollen; zudem daß die ewige Seligkeit ohne dies Buch nicht mag erlangt werden: so ist ja öffentlich, daß die Regenten schuldig sind, Schulen anzurichten und zu handhaben.

Zum Andern bedenke doch ein jeder, wozu soll vornehmlich weltliche Regierung dienen? Darauf spricht man kurz: zu Frieden! Ja; [aber] nicht daß man allein ein sanft Leben habe, sondern daß man in solchem Friede Gott erkennen lerne, die Jugend aufziehe zu Gottes Erkenntniß und guter Tugend. Also sprich S. Paulus 1 Timoth. 2. [2]: Ihr sollt beten für Könige und Oberkeit, daß wir ein still, friedlich Leben haben in aller Gottesfurcht, in Glauben und in Ehrbarkeit. S. Paulus lehret, die weltliche Regierung solle also zu Frieden dienen, daß man auch den Frieden wohl gebrauche zu Gottes Lobe, und gute Zucht zu erhalten, welche in Unfrieden und Kriegen sehr verhindert wird. Dieweil denn all unser Leben und Regieren entlich zu Gottes Erkenntniß dienen sollen, so sind darum Städte und Regiment, nicht daß sie allein große Güter und Wollust haben, sondern daß sie Kirchen und Schulen wohl halten sollen. Dieses soll das vornehmste Ende und Ziel sein löblicher Regierung. Daß aber dieses Ziels nicht geachtet wird, darum straft Gott die Welt.

Zum Dritten: ein jeder Vater ist schuldig, nach seinem Vermögen die Kinder zu Erkenntniß göttlicher Lehre aufzuziehen, wie Ephes. 6. [4] geschrieben stehet: Ihr Väter sollet eure Kinder aufziehen in Zucht und Unterweisung des Herrn, das ist in göttlicher Lehre in Propheten und Aposteln. Nun kann nicht ein jeder gemeine Bürger allein solche Personen erhalten, die zu gründlicher Unterweisung der Jugend vonnöthen sind. Darum soll in Regimenten die Obrigkeit, als gemeiner Vater, solche Personen bestellen, und Rath finden, wie Sie zu unterhalten sind.

Diese Ursachen wollen Ew. W. betrachten, Gottes Gebot, Erhaltung rechter Erkenntniß Gottes und rechter Religion, Erlangung ewiger Seligkeit, und derhalben Gott zu Lobe und den Euern zu Gute eine lateinische Schule anrichten, und mit Personen und Besoldung ziemlich bestellen. Denn diese Rechnung ist sehr leicht zu machen. So niemand Leute aufzöge, was wolle endlich werden, so man keine Religion, keine Gotteserkenntniß hätte? Es werden auch ohne Zweifel am letzten Gericht vor Christo und aller Welt viel hundert Tausend verlohrne Menschen schreien und klagen über die Obrigkeit in aller Welt, die solchen Dienst versäumet haben vom Anfang her der Heidenschaft. Solche Klage sollen wir nicht über uns lassen kommen, sondern dieweil uns Gott das Licht des Evangelii wiederum gnädiglich angezündet, und dabei Verstand der nöthigen Sprachen und nützlichen Künste gegeben, ohne Zweifel um dieser Ursach willen, daß sie zu Erhaltung und Ausbreitung rechter Lehre dienen sollen. Der Herr Christus spricht Johann. 15 [8]: Dadurch wird mein Vater gepreiset so ihr viel Frucht bringet und werdet meine Jünger. In diesen Worten gebeut er allen Menschen, daß wir göttliche Lehre fördern sollen, und lobet dieses Fördern als den höchsten Gottesdienst. Darum wisset, daß rechte Bestellung einer christlichen Schule der höchsten Gottesdienst einer ist.

So sollt auch billig euch dieses anreizen, daß die Versammlung der Kinder in christlicher Schul ein sehr schöner Theil ist der wahren Kirche Gottes. Dieses ist der Hauff, da Christus von sagt [Mk 10,14]: Lasset die Kinder zu mir kommen, solcher ist das Reich der Himmel; und sollen Schulmeister und

Jungen, so sie in die Schul zusammenkommen, nicht anders gedenken, denn als wären Sie in einer Kirche vor Gott und Engeln, die auch allda bei dem jungen Volk in der Schule sitzen, und sie bewahren.

Wiewohl nun die gemeldeten Ursachen die vornehmsten sind, die in gemein alle, und einen jeden nach seinem Stand, Beruf und Vermögen zu Förderung der Schulen bewegen sollen, so ist doch weiter zu betrachten, daß Gott mehr Künste gegeben hat, die zu diesem leiblichen Leben dienen, und dennoch Anleitung geben zu Verstand göttlicher Schrift. Die weltliche Regierung muß vernünftige, ehrbare, ordentliche, klare geschriebene Rechte haben. So bedarf man im ganzen Leben allerlei Historien, Geographi, Rechnung, Messens, Calender, Sprachen, Item der Arznei; und ob wohl viel ingenia schwach sind, und allein bei den ersten Künsten, die allen zugleich nöthig sind, bleiben müssen: so gibt doch Gott etliche große Ingenia, die fortfahren, daß sie andere hernach unterweisen, und die Künste erhalten sollen. Gleichwohl sind beide, die Schwachen und Scharfen, erstlich Kinder, und bedürfen der ersten Anleitung zugleich. Nun ist die Obrigkeit auch schuldig, diese erzählten Künste zu erhalten; denn es sind Gottes Gaben, zu gemeinem, menschlichen, vernünftigen, sittigen, ehrbaren und ordentlichen Leben nöthig. Denn welche Blindheit wäre in allen Händeln, so man keine Calender, keine Historien hätte? Und obgleich etliche Menschen so grobe sind, daß sie dieser großen Dinge nicht achten, so sollen doch die Regenten darnach gedenken, und für gemeinen Nutz sorgen. Denn was wäre dieses für eine Stadt, da alle Bürger in großem Reichthum, Frieden und Wollust lebten, und wäre doch in solcher Stadt kein Erkenntniß Gottes, kein Mensch, der schreiben und lesen könnte; hätten keine Calender, wüßten gar nichts von Historien und alten Geschichten, die uns ein Spiegel seyn sollen unsers Lebens, und uns allerlei erinnern? Welcher Vernünftige wollte in solcher Stadt wohnen? Darum auch die heidnischen Regenten ihre Städte mit diesen nützlichen Künsten schön geziert haben. Wir aber sollen sie noch fleißiger erhalten; denn sie geben auch Anleitung zu Verstand göttlicher Schrift. Denn ohne Verstand der Sprachen kann man das alte und neue Testament nicht lesen dazu bedarf man auch allerlei Historien, Geographi, Rechnung der Zeit, und andrer Künste, so man die göttliche Lehre ordentlich und verständlich fassen will, und sind in Summa die löblichen Künste eine große Zier der Kirche.

Dieses alles, bitte ich, wollen Ew. W. mit Ernst bedenken, und Gott zu Lob, und den Euern und Euern Nachkommen zu Gut eine ziemliche lateinische Schule anrichten, und nicht zweifeln, Gott wird solche Wohlthat belohnen. So werden euch auch die jetzigen und Nachkommen im ewigen Leben vor Gott danken, die durch diesen Euern Dienst zu Gottes Erkenntniß kommen werden.

Nun acht ich wohl, daß Ew. W. zu diesem Werke nicht ungeneigt sind, es mangelt aber an Gütern. Dieses ist ja zu beklagen, daß man in der Welt zu allen andern Sachen leichtlicher Geld finden kann, denn zu Erhaltung göttlicher Lehre; so wir doch dieses Edelgestein höher achten sollen denn alle Güter; wie Christus im Evangelio spricht, und Gott darum allein die Regiment erhält, daß sein Buch nicht verloren werde. Es sollten billig die Canonici bei euch selbst der Tugend seyn, daß sie etliche Präbenden absonderten, dieselbige auf eine Schule zu wenden; und so sie es nicht thun wollten, so sollte solches die Herrschaft schaffen und verordnen. Aber ich weiß durchaus in Deutschland, daß die Schulen in keinen Städten weniger geachtet und bestellt sind, denn da die reichen Stift sind, so doch diese Güter vornehmlich zu Pflanzung und Erhaltung göttlicher Lehre und anderer löblicher Künste dienen sollten. Ich habe aber nicht Zweifel, Gott wird diesen großen Unfleiß hart strafen. Wir Schüler können nichts dazu thun, begehren auch ihrer Güter nichts, denn Gott ist unser Erbe, spricht Sirach. Aber dennoch sollten gottfürchtige Obrigkeit bedenken, wie diesen Sachen zu rathen. Es sei nun mit Euern Stift wie es wolle, so mögen E. Weish. etwa so viel zusammenbringen, daß man eine Kinderschule anrichte, wenn gleich alle Güter, so die päpstlichen Pfaffen inne haben, verbrannt wären, so müßte dennoch eine christliche Versammlung darauf gedenken, wie sie Kirchen und Schulen für ihre Kinder und Nachkommen unterhalten wollten; wie ich auch weiß, daß in Hochdeutschland viel löblicher Städte sind, die nichts von ihren Stiftgütern einnehmen, und dennoch ihren christlichen Predigern und Schuldienern aus eigenen Gütern ihre Besoldung geben.

Dieses ist schwer und thut frommen Leuten die Ungleichheit wehe, daß ein großer Hauff unnützer Personen da lieget, und fressen die Güter auf, die zu Kirchenämtern und Schulen gehören, und thun keine Hülfe zu Bestellung der nöthigen Aemter. Ob auch diese Ungleichheit allezeit also bleiben kann, das mögen sie selbst bedenken. Denn Ungleichheit ist Unrecht, das Gott zu seiner Zeit zu Boden stößet. Gleichwohl sollen fromme gottfürchtige Regenten mittlerzeit die rechten Aemter nicht fallen lassen, und obgleich in Eurer Stadt etliche sind, die gern Verhinderung dieser christlichen Sachen anrichten, wie an vielen Orten auch solche Meuterei und Untreue ist, so hoffe ich dennoch durch Gottes Gnade, der größere Theil im Rathe sey zu dieser löblichen Sache geneigt. Der Kaiser Iulianus, da er zu schwach war, die Christen mit dem Schwert öffentlich zu verfolgen, wie zuvor Diocletianus und andere gethan, da erdacht er diesen neuen Tück: er ließ sie zu keiner Regierung kommen, und verbot den Christen die gemeinen Schulen, hoffet also, er wollte sie zu nichte machen, wenn sie keine Regierung und keine gelehrte Leute hätten. Also gedenken die jetzigen Iuliani auch, sehen, daß die großen Güter bei Ihnen sind, und wo sie weiter uns nicht schaden können, so drücken sie uns doch, und wehren mit Ränken, daß die Jugend nicht in diesen Studien auferzogen werde. Damit, hoffen sie, wollen sie dieses Sturmwinds auswarten. Diese ihre Gedanken sollen gottfürchtige Regenten merken, und dagegen desto fleißiger arbeiten, daß die Jugend christlich und in guter nützlicher Lehre auferzogen werde, daß auch Leute daraus werden, die man mit der Zeit gebrauchen muß.

Eben diese Meinung schreibt S. Paulus zu Tito [3,14] mit diesen Worten: Es sollen aber die unsern lernen, daß sie ehrliche Sachen regieren können, zu nothdurftigem Brauch, daß sie nicht unnütze Leute seien, das ist zu Christen: lasset eure Kinder ehrliche Künste lernen, daß man sie zur Regierung gebrauchen könne in Sachen, die gemeinem menschlichen Leben nöthig sind, als in Gerichten, Räthen, Kriegen, Kirchen, Schulen etc. In diesen Ständen soll der Glaube leuchten, daß man Gottes Kraft an ihnen erkenne, und daß Andere von ihrem Bekenntnis und von ihren guten Erempeln zu Gott belehrt werden. Darum sollen wir uns die Iulianos nicht irren lassen, sondern wider ihre heimliche Tücke und Praktiken öffentlichen Ernst und Fleiß üben, und was zu Gottes Lobe, und zu Besserung der Jugend dienet, dasselbige treulich fördern, und so wir Fleiß thun, wird Gott desto gnädiger Hülfe thun, und seine Gaben mehren; wie Christus spricht [Lk 19,26]:

Wer hat, dem wird gegeben; wer nicht hat, der wird auch das wenige, so er hat, verlieren. Werden wir fleißig seyn, gute Lehre zu erhalten, und unser gegeben Pfund treulich anzuwenden, und zu mehren, so wird Gott seinen Segen dazu thun. Werden wir aber faul seyn, und nichts thun zu Erhaltung und Ausbreitung der großen herrlichen Gaben, die jetzund Gott besonders gegeben in so reicher Offenbarung des Evangelii, und in Besserung vieler nützlicher Künste; so wird warlich die Strafe folgen, Irrthum, heidnische Blindheit, Zerstörung der Lande und ewige Verdammniß.

Matth. 13. [52] spricht Christus: Ein jeder Schriftgelehrter, der zum Himmelreich unterwiesen ist, ist gleich einem Hausvater, der aus seinem Schatz hervorbringt neue und alte Gefäße. Diese Worte sollen wir nicht gering achten, sondern daraus lernen, daß des Herrn Christi Gebot ist, daß man Schulen und Studia habe, darin man diese Lehre übet, die zum Himmelreich führet; und besonders ist dieses denen geboten, welche zur Regierung kommen sollen. Diese nennt er hie Scribas. Denn in ebräischer Sprach ist diese Weise gewesen, solche Personen in die Regierung, die wir jetzund Doctores nennen, die die Schrift ausgelegt, Urtheil und Edick gestellet, welches bei uns durch die Doctores geschieht, Scribas zu nennen. Nun spricht Christus, dieser Scriba oder Doctor muß auch zuvor von Andern unterwiesen seyn, daß er wie ein Hausvater einen Schatz und Vorrath bei sich habe, das ist, daß er die Summa nöthiger Lehre recht wisse, nicht allein ein Stücklein ergriffen habe, wie die blinden Papisten ein Stücklein haben, sagen vom Gesetz und Werken, und wissen nicht, was eigentlich das Evangelium ist, und die hohe nöthige Lehre vom Glauben, daß man um Christi willen Vergebung der Sünden erlangt durch den Glauben, und nicht von wegen eigenen Verdienst etc., und wie dieses alles zu verstehen sey, was rechte Anrufung Gottes sey; und dieweil sie keinen Vorrath haben, so laufen sie um, und stehlen den Heiden ihre thörichten Ceremonien, lehren zum Götzen laufen, Heilige anrufen, Mönch werden etc., welche Stück nicht im Schatz göttlicher Lehre gefunden werden, sondern sind sonst aufgelesen bei den Heiden. Aber ein christlicher Scriba und Prediger soll Vorrath haben, das ist, die Summa der reinen christlichen Lehre; daraus soll er hervortragen neue und alte Gefäß, das ist, er soll die ganze Kirche vom Anfang der Welt bei sich betrachten, und die alten wunderbarlichen Zeugnisse Gottes zum Evangelio halten, und den Glauben damit stärken, wahre Gottesfurcht und herzlich Vertrauen und Gehorsam gegen Gott damit erbauen.

Es ist nicht ohne besondern gnädigen Rath Gottes geschehen, daß dieses Buch bleibet, welches Anfang und Ausbreitung der Kirche mit großem göttlichen Zeugniß vom Anfang der Welt uns vorhält, damit wir wohl und gewißlich lernen, daß eine einträchtige Lehre des Evangelii ist, dadurch vom Anfang die Erwählten selig worden, und für und für bis zu End durch dieselbige Lehre selig werden. Item, daß Gottes Volk allezeit unter dem Creutz gewesen, und doch wunderbarlich erhalten und getröstet worden, wie in Aegypten, zu Babylon, und fast zu allen Zeiten, in mancherlei Verfolgung, daß auch endlich die Verfolger schrecklich gestürzt sind, etc. Dieses Zusammenhalten der alten und neuen Historien gibt großes Licht und großen Trost, und wäre dieses noch weiter zu declariren in allen Artikeln des Glaubens, wie nützlich ist, Gezeugniß vom Anfang her zu betrachten. Wie großen Trost geben die Historien, David, Manasse, Nabuchdonosor, Magdalene, Petri, Zacchäi und andere dergleichen, so wir bedenken, wie gnädiglich sie Gott nach ihren öffentlichen Uebertretungen, da sie sich zu Gott bekehret, wiederum angenommen, und daß Gott solche Gnade allen anbeut. Solches zusammenhalten und erklären ist nicht möglich, so man göttliche Schrift nicht lesen, und nicht studiren will.

Und sind dieser Sprüche noch sehr viel, die das Studium gebieten. 1 Timoth. 4. [13] spricht S. Paulus: Halt an mit lesen, mit vermahnen und mit lehren. In welchen Worten nicht ohne Ursache diese drei Stück nämlich ausgedrückt sind. Denn alles Predigen ist in diese drei Stück getheilet. Wir sollen nicht eigene Fantasien erdenken. Die Kirche hat ein Fundament, der Propheten und Apostel Buch, das sollen wir lesen, davon sollen wir nicht weichen. Davon redet S. Paulus, da er sagt: man soll anhalten mit lesen. So man nun dieß Fundament hat, soll man's erklären; das nennet er lehren, als wenn man im Fundament anzeigt, was Gesetz und was Evangelium ist etc. Nach der Lehre soll folgen affectus, daß man das Herz mit Anzeigung der Strafen und Gnaden zu Furcht und Vertrauen erwecke und treibe, wie alle Rede auf diese zwei Ende soll gerichtet seyn, daß man wisse, was recht sei, und folge demselbigen, oder, daß sie lehre und bewege.

Weiter ist auch beschrieben 2 Petr. 1. [19]: Wir haben eine feste Rede der Propheten, an welche ihr euch halten sollt, als zu einem Licht in der Finsterniß. Item Röm.15. [4]: Alles was geschrieben ist, ist uns zur Lehre geschrieben, daß wir, in Geduld durch Trost der Schrift, Hoffnung haben sollen. Dieses scheinet den wüthenden Wiedertäufern, die die Schrift sehr verachten, und rühmeten ihre eigne erlogene Erleuchtung eine seltsame Rede, daß S. Paulus spricht: wir sollen Hoffnung haben durch Trost der Schrift. Soll doch das Herz auf Gott hoffen, und bei Gott Trost suchen; dieses ist wahr. Aber S. Paulus lehret dich, wie du Gott suchen sollst, nämlich durch seine Schrift. Sein Wort sollt du dir vorhalten, und diesen einigen Gott anrufen, der sich dir also durch sein Wort und in Christo geoffenbaret hat: du ewiger Gott, Vater unsers Heilandes Jesu Christi, Schöpfer aller Creatur, der du gesprochen hast: so wahr ich lebe, ich will nicht daß der Sünder sterbe, sondern daß er sich bekehre und lebe, dich, der du diesen deinen Willen also geoffenbaret hast, rufe ich an, um deines Sohnes Jesu Christi willen sey mir gnädig, gib mir deinen heiligen Geist, lehre mich, schütze und bewahr deine Kirche, diese Stadt etc., und sollst wissen, daß Gott solch Gebet um Christi willen gewißlich annimmt und erhöret. Diesen Willen Gottes erkennt niemand außer der Lehre des Evangelii, und sind Heiden, Juden, Mahometisten, Papisten weit von dem Verstand und Trost kommen, darum daß sie die göttliche Schrift verlassen und weggeworfen haben. Darum laßt uns Fleiß thun, den theuern Schatz, die Bibel, zu erhalten.

Und was soll ich doch lang erzählen? Zu beklagen ists, daß menschliche Natur so steinerne und verstockte Herzen hat, daß sie nicht bedenkt dieses große Wunderwerk, daß Gott um der Menschen willen alle andre leibliche Creaturen geschaffen hat, und die für und für um unsertwillen erhält, und darin für und für unsertwillen arbeitet. Ueber dieses hat er seinen Sohn gesandt, zum Opfer gemacht, und eine kräftige Verheißung und Wort gegeben, uns dadurch ewige Seligkeit zu geben. Diese große, unaussprechliche Wohlthaten werden verachtet und vergessen, so man Schulen zerfallen läßt, und der Propheten und Apostel Schrift nicht studiren will.

So spricht auch S. Paulus Eph. 5. [4,10f]: Christus sey vom Himmel gefahren, habe uns Gaben gegeben, Propheten, Apostel, Hirten und Lehrer, und habe solches darum gethan, daß die Kirche mit gewisser Lehre erbauet werde, und wir nicht wie die Narren hin und wieder schwanken und fallen, und uns durch menschlichen Betrug von Gott abführen lassen, welches so oft und viel geschehen, und geschiehet, sobald man dieses Buch verachtet, und darnach eigen Gauckelwerk erdichtet, wie die Heiden, Ketzer, Mahometh und andere abgöttische gethan, und noch thun. Ach helft doch, die Gaben, die Christus uns erworben, das ist dieß Buch, Predigtamt und ewige Seligkeit, wie wir alle schuldig sind, ehren, lieben und erhalten; wie auch die Apostel Schulen angerichtet, daß gewisse Zeugen wären, welche Bücher sie der Kirche gegeben hätten; item, was ihr Verstand gewesen sey, und zu Erhaltung derselbigen christlichen Schulen sind erstlich die reichen Begabungen gestiftet worden; aber es haben die Stift die Studia nun lange verlassen, und die Gaben, die Christus erworben, nichts geachtet.

Darum sollen die christlichen Regenten arbeiten, daß sie sonst christliche Schulen anrichten und erhalten, welche, so sie rechte Lehre pflanzen, sind sie ohne Zweifel der Gaben eine, davon S. Paulus spricht, daß sie Christus der Kirche erworben und gebe. Und obgleich ein wenig Geld darauf gehet, so bedenket doch die reiche Verheißung Christi [Mt 10,42]: wer dem Geringsten unter den Meinen um der Lehre willen einen Trunk Wasser gibt, dem wird es belohnet werden. Wie wollen wir ewige Güter von Gott hoffen, so wir ihm nicht vertrauen, daß er uns in dieser kurzen Zeit dieses Lebens nicht versorgen werde? Es sollte der Glaube in diesen kleinen Dingen leuchten, und geübet werden, daß er stärker würde, und ewiger Güter warten könnte. Gott heißt uns, Frommen, Elenden und Dürftigen mittheilen, Priester und Schulen erhalten; so will er unsre Güter, Haus, Vaterland bewahren. So wir nun in Hoffnung seiner Zusage diese Hülfe erzeigten, so folgte ohne Zweifel Friede, Schutz und Mehrung der Güter. Aber das heidnische Herz gedenkt, diese Zusage sind Worte; was in Schulsachen ausgegeben werde, sey verloren. So denn das Herz göttlicher Verheißung und Gebote nicht achtet, wie kann es anders gehen, denn daß Strafen folgen müssen? So man nicht zu Gottes Ehre gar ein Geringes wenden will, so kommen darnach jämmerliche Kriege und andre Plagen; die treffen die Güter ganz auf. Salomo spricht [Spr 3,9]: Ehre Gott von den ersten Früchten, so wird sie Gott reichlich mehren. Was soll er

Lust dazu haben, Nahrung und Güter zu geben, wenn man nichts zu Erhaltung seines Namens wenden will?

Diese und dergleichen viel mehr Ursachen, die Ew. W. selbst auch bedenken können, wollen E.W. betrachten, und dieß löbliche und christliche Werk, diesen rechten Gottesdienst vornehmen, nämlich Anrichtung der lateinischen und christlichen Schule, dazu ohne Zweifel Gott seine Gnade geben wird, so Ihr solches zu seinem Lobe und Ehre anfahen werdet, und wird dazu dieses heilige Werk mit leiblichen Gütern auch hie auf Erden belohnen, mit Frieden und Mehrung eurer Nahrung. Es werden euch auch eure Kinder und Nachkommen hie und Ewigkeit Lob und Dank dafür sagen.

4. Ein kurzer begriff der lere, so itzund, also were sie neu, wird angesehen, Philippi Melanchthons.

Daß man sich alwege uber dem glauben und Euangelio gezengt hat und nie hat vertragen konnen, zeigt Sanct Paul an, da er sagt, Das Euangelium sei ein Ergernis denn Juden und ein torheit und spott den heiden [1 Kor 1,23]. Uber das, so sein unter den, die denn glauben und Euangelion bekennen, etlich, die alles darumb thun, daß sie ja nicht hungers sterben, sondern hie gut leben haben und fullen den bauch. Auf die weise stehen dem Bapste bei der groste haufe der Bischoffe und weltlicher fursten, die nun das ihre, nicht des volks selickeit hirinne suchen. Der gemeine mann hangt dem Luther an, allein daß es scheind, als solten sie aller ding frei sein. Denn sie horen gerne was neues und sein dem alten brauch feind, ab er auch schon gutt ist. Die prediger, die doch aufs wenigst solten hirinne christlich handeln, sein offtsmals dem glauben schedlicher denn furderlicher. einer understehet sich des predigens auch an allen beruff, auf das ehr eine ehr erjage. Ein ander denkt: es ist neue dink, und das volk horts gerne, du wilt dich dran machen, auf daß du futer und mael habest. Etliche sein so gar in werken ersoffen, daß sie auch, auf daß ihr ding nicht gar nichts sei, sich unterstehen, widder Gott ihr heuchelei zu verfechten. Der wenigst teil auf erden nimpt das Euangelion an aus furcht des zorns gottes, auf daß ihn mit der predigt vom glauben mocht geholfen werden, wenn sie ihr leben und gewissen darnach richten.

Nun ist es jhe war, daß Gott umb keiner sunde willen also sehr zornt, also wenn man sein wort und Euangelium veracht und nicht annimpt. Darumb sollen fleissig aufsehen haben alle, die etwas in dem Lutherischen handel setzen und absetzen wollen (denn daß Luther das Euangelium lere, ist unlaugbar), auf daß sie ja dem Euangelio kein unerhe thun. Denn Christus wort ligt da, damit er für schaden warnt alle, die an in laufen und sein wort lestern: „Wer auf denn stein felt, der wird zuschellen, auf wilchen aber er felt, denn wird er zermalmen“ [Mt 21,44]. Derhalben ist das der beste radt, daß man inn disen leuften Gotes wort und gepot fur augen habe, wie denn Gott befolhen hat Esaie viij [19f]: „Von Gott sol das volk gesicht foddern von denn lebendigen und todten und zuflücht haben zum gesetz und zeugnis Gottes.“ Alle, die sich itzund zu unser zeit unterstehen, dise sache zu urteilen, bringen mit sich denn alten brauch unser vorfarn, der veter sprüch, die sie nie recht verstanden haben, und ihrer tullen vernunft blindes urteil. S. Paul wil, wir sollen nach Gottes wort in denn sachen, die Gott angehen, urteil fellen. Denn er sagt, Gottes wort sei uns vom himel herab gegeben, auf daß wir durch dasselb gelert, unterricht werden und erkennen, was Got von uns fodert und haben wil, darinne wir im mugen dienen [2 Tim 3,16f]. Und S. Peter befilht, der schrift und Gottes wort zu volgen als einem brinnenden liechte, das uns denn weg weiset in diser finsternis [2 Petr 1,19].

Zwen punct sein, darumb man sich zu unsern zeiten haddert. Der erst, wodurch man doch recht früm und Christen werde. Der ander, was man von menschen lere und satzung halten sol. Hie seind nun viel, die es dafur halten, man fechte nur mit worten, sonst sei die lere und sache fast eins, und sei ane not, daß man also leichtfertig und nerrisch hieruber sich hadder. Es sei auch darumb angefangen, daß, die es angefangen haben, ein namen uberkommen.

Aber wan man die sache an tag leget, daß sie iderman verstehet, so eugen sich treffliche, grosse, nottige ursachen, dise lere, christlich zu leben, allerwelt an scheuen zu eroffen. Derhalben wil ich nun mein meinung sagen von dem ersten punct, Worinne do stehe ein rechtschaffene fromkeit, die fur Gotte gilt.

Christus gepeut am ende des Euangelii Luce [Lk 24,47], zu predigen aller welt Buß und vergebung der sunden in seinem namen. Daraus man lernt, was das Euangelium sei, und waser art die gerechtickeit sei, die durch Christus und der Apostel predig der ganzen welt offenbart ist.

Zum ersten: das Euangelion ist eine predige von der Buß und von der vergebung der sunde. Zum andern: Christliche gerechtickeit und frumkeit besteht in dem, wann das unrugig gewissen getrost wird in einer trostlichen zuvorsicht zu Christo, wan es entpfindt Gots gnade und vergebung der sunde umb Christus willen, umb wilchs gehorsams willen unserm ungehorsam und sunden verschont wird. und dis geschicht nicht mit einem eusserlichen schein, wann man sich stelt, als büsse man, und ertichtet ihm selbs ein gute meinung, Sonder, gleichwie das Euangelium rechtschaffen denn glauben leret an alle lugen und menschlichen zusatz, also verdampt es alle heuchlei und getichte frumkeit, es sei in büssen oder sonst in menschlicher vernunft erweltem wolmeinen. Des heiligen geists art und eigen werk ist es, eim itzlichen menschen seins herzen grundsuppe und sunde zu entdecken, damit er schrecke und verzagt mache die gewissen, auf daß sie, dieweil kein hulf bei ihn ist, verursacht werden, Christus zusagen zu vertrauen, der fur unser sunde genug hat gethan und sagt uns zu vergebung der sunde an alle unser verdienst aus lauter gnaden und barmherzickeit. Uber das, so ists ein sonderlich werk des heiligen geistes, wan sich jemand fur Gottes gericht furcht und darnach widderumb trost, fride und freude entpfehet. Denn wu er das herz nicht rurt, so wird niemand seiner sunde gewar, furcht Gottes gericht nicht, gedenkt auch nicht einmal sein leben zu bessern, als Christus selbst sagt Johan. vi [44]: „Niemant kommet zu mir, denn der vater nicht zeucht noch locket“, und Esaias [64,3]: „keins menschen herz hat noch nie begreifen mogen, was gott zugericht hat denn, die ihn lieben“, und Paulus [1 Kor 2,14]: „Ein mensch, der nach der vernunft lebet, erkennet nicht, was der heilige geist wirkt und treibet“. Denn ab du wol hörest, wie greulich got zu straffen drauet, widderumb, wie gnedig er hulf zusagt, Dennoch kan dein herz derem keinen gleuben, stelle dich, wie du wilt, wu der heilig geist dich das nicht innerlich lernt. Ist es nit also?: Wans uns wol gehet, so gedenk wir, Gott sei so gar unser freund, daß er auch nicht konne zurnen, ab er schon wolde. Widerumb, so uns etwas anficht, halten wir Gott also fur ein strengen richter, daß er unser nicht einmal gedenke, wan wir ihn auch tag und nacht bitten, werden auch eigentlich und gewisslich nimmer gewar, daß er fur uns als ein vater sorge in leiden und sterben, wie auch die thun Ezech. vij [8]: „Gott sichts nicht, Got hat die erden gar verlassen“. Darumb brauchet dises kampfstucks der heilige geist, daß er die sunde gros mache, mit Gottes gerichte, damit Gott die sunde straffen wil, die gewissen erschrecke durch die predige der büsse und mache die gewissen widderumb frolich durchs Euangelion, das ist: wann sulchen elenden geengsten gewissen verkundiget wird vergebung der sunde.

Wann nun des sunders herz denn ernst des zorns Gottes und seiner barmherzickeit reichtumb erkennet, alsdenn hebet es an von Gott viel zu halten, gleubt und trauet ihm, helt sich an ihn, wenn es im ubel geht, furcht ihn auch, Summa Summarum: Es helt ihn fur den, der sein augen auf uns gericht habe, der do kan und wolle rechen und seligen, die auf ihn trauen. Auf die weise gebirt der heilige geist im herzen den glauben, Gotesforcht, verleugknung unsers selbs, keuscheit, erlichen wandel und die fruchte, die S. Paul erzelet Gal. v. [22] Und da wirds war, das Hieremias [31,33] verkundigt hat: „Got wird schreiben sein gesetze nicht in steinerne Taffel, sondern mit dem finger Gottes in der gleubigen herze".

So ist nün die Christliche und Euangelische frumkeit nichts anders, denn so das erschrocken gewissen getrost wird durch den glauben an Jhesum Christum, in welchem wir erkennen, wie geneigt Gott sei, sich unser zu erbarmen. So hat Christus selbst das ewige leben beschrieben Johan. xvij [3]: „Das ist das ewige leben, daß sie dich, daß du alleine warer Got bist, und den du gesand hast, Jhesum Christ, erkennen".

Das ewige leben ist dieselbige rechtschaffene frumkeit, die das Euangelium predigt, welche Christus nennet seins vaters und sein selbs erkentnis. Hiraus kanst du schliessen, daß das nicht ist Got kennen, wie die heuchler und menschlich vernunft sich euserlich stelt, wann sie Gott nennet und viel von ihm redet. Auch heist das nicht Gott kennen, wie man uns bisher gelernt hat, daß du weist, was Got gepoten hat, odder sich aufs wenigst stellen, als wissest du es. Die Juden kandten jhe Gottes namen, sie wusten und verstunden auch Gottes gesetz und trieben damit eitel affenspiel, da sie es mit euserlichen werken, darinne sie sich fast ubeten, wolten erfullen. Nach sagt Christus: sie kennen Got nicht, da er spricht Johan. viij [18]: „Es ist mein vater, der mich preiset, welchen ihr euern Gott nennet, und kennet ihn nicht". Die aber Gott recht kennen und sich recht fur seinem gericht furchten, die werden also mutig, wann es ihn ubel gehet, daß sie sicher und gewis sein, Gott werde ihn helfen. Der glaube gebirt im herzen ein sulche sicherheit und rue, daß das herze guttis muts wird uber Gotts gnaden, welchs die krefte des freien willens keinerlei weise mugen geben. Und dis ist der rechte Gottesdienst, wie der xlix.[Ps 49(50),15] Psalm lernt: „Ruff zu mir am tage der betrubnis, ich wil dich erretten, und du wirst mich preisen". Hie heist David nicht Gottsdinst messhalten oder dergleichen narrenspiel, auch keine werk, Sondern, wenn man Gott anrufft in der not, wann es uns ubel gehet, Und das darumb:

dann wann es uns ubel gehet, so meint vernunft, Got hab unser vergessen und habe unser kein acht, Der glaube aber erweckt und reizt das herz, daß es von Gottes mus viel halten und Gott sei ihm in leiden und sterben neher und gnediger denn in gutten tagen.

Bisher hab ich etlicher massen entworfen, wurinne stehe ein Christliche und innerliche frumkeit. Aber ich weis wol, es wird manchem verborgen und tunkel sein, mancher wirt sein auch hönisch lachen. Nun, wie sal man ihm thun? Paulus hats lang zuvor gesagt, das Euangelium sei ein ergernis denn Juden und ein torheit denn heiden. Das sollen aber gewis sein alle, die dis verlachen, daß es Christus richten wird und die lesterer greulich straffen, und wie er sich hat sehen lassen, wie gros sein zorn ist, da er Hierusalem zurstöret hat, also wird er an zweifel zu unsern gotlosen wesen nicht still schweigen und durch die finger sehen.

Hie mus ein ider selbs bekennen, daß es ein grosser trost sei einem zurschlagenen gewissen, wenn man die gnade predigt. Denn wie solt ein armes gewissen nicht gutter ding sein, wann es erkennet, daß gleuben in Christum, der unser sunde auf sich nimpt an alle unser genugthuung, an all unser verdienst, sei die gerechtickeit und frumkeit, die er von uns foddert, damit wir ihm gefallen? Ich habe leut kendt, die ganz und gar an ihr selickeit verzweifelt hatten, dieweil sie mit all ihrem genugthun und ertichten werken nicht mochten eins augenblicks lang rueg in ihrem gewissen erlangen. Da aber das Euangelium widderumb ihr herze und die welt erleuchte, haben sie trost und gnad entpfangen, auch sterke und uberwindung widder ihre sunde. Also viel ist dran gelegen, daß man das Euangelium recht erkenne.

Etlich stossen sich, wen man alles dem glauben gibt, und wolten lieber, man triebe die leute auf die werk. den wil ich geantwort haben, daß wir auf dis mal nicht reden von dem glauben, den menschliche vernunft ihr selbs erticht, den auch alle heiden und turken haben, Sonder von der rechtschaffnen erkentnis Gottes, die do gebirt Gottesfurcht und andere gutte fruchte. Uber das so fodere wir die busse, die, wu sie rechtschaffen ist, denn sunden und bösen werken weret und zu gutten werken reizt. Dise frumkeit, die ich itzt beschrieben habe, wil Christus haben; ausserliche werk und was Ceremonien sein, acht er nicht, da er spricht. „Das reich Gottes ist in euch"

[Lk 17,21]. Er foddert auch nicht die Ceremonien und eusserliche werk, die Gott selbs durch Mosen gepotten hat, und hat in unser wolgefallen gestelt unser Ceremonien, seins fleischs und bluts zu gebrauchen, wenn wir wollen und ihrer bedurfen.

Von menschlicher gerechtickeit odder frumkeit.

Sanct Paul spricht [2 Thess 3,2]: der glaube sei nicht eine gemeine gabe aller leute. Derhalben auch die Christliche frumkeit nicht aller menschen ist, sonder der alleine, die Gott fur andern leuten herfurzeucht und der welt nimpt. Was wilt du nun mit denn machen, die dise frümkeit des herzen nicht haben? sollen die also frei unverschampt und ungestrafft thun, was sie gelustet, bis sie Gott frum macht? Bei leibe nicht! Denn Sanct Paul lert [1 Tim 1,9], Das gesetze sei gegeben umb der bösen willen.

Darumb ist neben der Christlichen frümkeit eine menschliche frumkeit, die mit euserlichem zwang und gewalt erhalten wird. Dise frumkeit pflege ich eine kinderzucht zu nennen, wie auch S. Paul Galla. iij [24] das gesetze ein zuchtmeister nennet auf Christum, und ein kind sol also lange unter dem gesetz alse unter furmunden sein, bis es in Christus erkentnis erwachse. Diselbige kinderzucht ist ein weltliche auserliche frumkeit, die do gutte sitten lernt, wie man frid und einickeit, wan eins dem andern dient und hilft, in stedten und lendern erhalten sol, Daß man die jungen kinder zu Gottes dinste in furcht aufzihe und gewene und das unertige, unerfarne volk unterrichte, übe und treibe, auf daß sie sich euserlich von bösen werken enthalden, als Salmon Prover. xxvi [3] gebeut: „Dem pferde ein geissel, dem essel ein zaum und dem narren ein rute auf den rucken“ und Prover. xxiij [13]: „Las nicht abe, den knaben zu zuchtigen, denn ab du ihn mit ruten heuest, stirbt er doch nicht darvon“. Hieher gehort auch das schwerd und weltlich gewalt, welche zur furcht der bösen gesetzt ist und zur ehre der frumen, Roma. xiij [3]. Und dise weltliche frümkeit mus man weit vom glauben und Euangelischer frumkeit absondern. Aber etliche predigen itzund die Christliche frumkeit, daß sie ein neu gotloss wesen darneben aufrichten. Denn etliche gottlose leute ertichten ihn selbs ein glauben und rhumen sich des Christlichen titels und machen ihn ein fleischliche freiheit, durch wilche sie in grosse sunde fallen, und meinen, das Euangelium habe ihn ein sulch rauchlos, wildes leben erleubet. Unterdes gehet under aller gutten ding versehung, der jungen kinder hat niemant kein acht, fallen alle gutte ordnung und dergleichen mehr. So doch Gott wil durch dise euserliche kinderzucht alle, die nicht Christen sein odder nach schwach sein, underworfen haben, wie S. Paul spricht Gal. ii und iiii [3,23; 4,3]. Im gesetz Mosi [Dtn 6,8f] gebot Gott, man solte im eingange des hauses die zehen gebot schreiben, auch in die seume der kleider. Wilchs nichts anders war denn ein kinderzucht, dadurch dem frevel und furwitz der kinder und die den kindern gleich sein, gewerет wurde, und auf die weise sol auch unterweiset, regirt und gezemet werden mit gesetzen und gewalt das volk und die welt. Und ich halts darfur, man habe etwan darumb Closter gestiftet, daß sie zuchtschulen weren, in wilchen die kinder zucht und redlickeit lernten. Und wiewol dise kinderzucht von Gott gebotten ist, so macht sie doch niemant frum fur Got, Sondern es ist ein lauter bettelei, das ist ordenung und satzung, welcher wir, dieweil wir hie auf erden leben, nicht mangeln konnen, damit wir nicht erwerben vergebung der sunde, gnade odder daß uns Gott denn heiligen geist gebe. Denn also sagt S. Paul Ephe. ij [8f]: „Aus gnade seit ihr selig wurden durch denn glauben, und dasselb nicht aus euch, Es ist Gottes gabe, nicht aus denn werken, auf daß sich jemand rhume“. Und wan der zusatz dreinfellet, daß man dis helt fur die Christliche frümkeit, so hat man Gottes und des glaubens gefeilt, wie wir denn sehen, daß in Clöstern geschen ist, Darinne man dise kinderzucht in einen gotlosen und ertichten Gottesdinst verwandelt hat.

Das ist mein meinung, die ich angezeigt habe. Nu will ich auch kurzlich melden, warinne sich die schullerer mit diser lere stossen. Sie sagen, wir konnen aus unsern kreften und mit unserm vleis und genugthun gnade und vergebung der sunde verdienen, durch wilche lere Christus genugthun werd aufgehaben. Was hat aber dieweil das gewissen fur trost und hoffnung, so wir aus unserm verdienst und nicht aus Christus gnaden sollen selig werden? Sie achten auch in der Büsse und in der gerechtickeit oder frumkeit des heiligen geists nicht fast sehre, sondern lassen sich an ihrer vernunft und ubung geneugen, wilchs nichts anders ist denn ein lauter gleissen und lugen, wie Paulus sagt und zeugt [1 Kor 2,9]: Es ist in keins menschen herz nach nie gestigen, wenn sie sein alzumal sunder und mangeln des preisses, den Gott an ihn haben solt, Roma. iij [23].

Hiraus kan man leichtlich schliessen, ab sich der hadder hebe umb der wort willen, odder ob es die sache und not erfoddere. Das Euangelium macht froliche gewissen, so es vergebung der sunde prediget umb Christus willen lauter umbsonst. Die schullerer aber mit ihrer lere von menschlichem verdienst treiben die leute in verzweifelung. Das Euangelium lernt, wie die herzen rein und neu werden durch den heiligen geist, auf daß sie Gott kennen, trauen und fürchten Gott. Die schullerer sagen, vernunft muge das alles verdienen. Dise unterscheit ist verborgen, dieweil man sie mit leiplichen augen nicht sehen mag.

Von dem andern stucke.

Wiewol das erste stuck billich mehr fleis haben solt, auf daß es erkand wurde, darumb daß es nicht also leichtlich verstanden wird als die lere von menschlichen satzungen, Nach weis ich nicht, wie es kompt, daß dise lere viel mehr rumors in der welt anricht denn jhene. Auch wiewol der Luther mehr treibe die lere, die wir droben angezeigt haben, von der Büsse, von der vergebung der sunden, die umbsonst aus lautern gnaden geschicht, vom glauben, von der hoffnung, darinne do leit, wie er stedts lernt und treibt, das haubtstucke des Christlichen glaubens, nach sein ihr viel, die do meinen, D. Luther lerne nichts denn wie man weltliche satzung solle verachten. Und dieselben halten sich seer from und heilig, wenn sie Pfaffen und Monche schelten konnen odder am freitag fleisch fressen, welchs Wolfe, Beeren, Hunde und Seu auch thun konnen. Ich wil hievon kurzlich mein meinung eroffnen. Gott sagt in Isaia [29,13], es sei umbsonst, daß man ihm diene mit menschengesetzen, und Christus hat den spruch angezogen in Mattheo [15,8f]. Darumb ist es widder Gott, daß man irgent ein menschlich gesetze aufrichte und halte fur ein Gottsdienst odder daß du dadurch frum werdest. Christus spruch ist jhe klar genug: Es sei verloren, daß man ihm wolle mit menschengesetze dienen.

Nun sind gleichwol etliche satzung, di man on sunde wol kan halden, als was geboten ist von kleidern, speise und von dem narwerk. Dir ist gnug, daß du von den also viel weist (wie dich das Euangelium lernt), daß sie niemand frum machen, wenn man sie helt, auch niemand schaden, wenn man sie nicht helt, wie S. Paul sagt [Kol 2,16]: „Auf daß ihr euch mit menschengesetzen nicht last martern". Doch ists nott, daß man sie helt umb euserlichs frides willen, Nach der regel: „zwingt dich imands zu tausent schritten, gehe mit ihm nach zwei tausent" [Mt 5,41]. Item: „wer in der beschneitung beruffen ist, der bleib also, wer unbeschnitten ist, der las sich nicht beschneiten" [1 Kor 7,18]. So auch widderumb etlich, die man on sunde nicht kan halten. Der art ist die unkeusche keuscheit, die der Bapst von denn seinen widder Gott und vernunft foddert. Christus sagt [Mt 19,11], es sei nicht ein idern geben, und Paulus schreibt [1 Kor 7,9], Es sei viel besser zur ehe greifen denn börnen. Darumb sollen dis gesetzt nicht schauen alle, die sich zum ehestand zuchtig finden. Denn widder gottes wort sal dich kein menschlich gesetz binden. Es ist nicht allen gegeben.

Gelubde gelden auch nicht in denn sachen, do man sie an sunde nicht halten kan. denn wie woltest du thun, das du gelobtest jemand zu erwurgen? Aber der gelubde ist eitel sunde, die keuscheit nicht halten konnen und die do meinen, wenn sie die münische regel halten, so sein sie from fur Got, und hie sol man frisch hindurchbrechen und nicht halten, dieweil S. Paul offentlich sagt [1 Tim 4,1], Es sein lugengeister, die denn ehelichen stand verbieten. Diser geister henker und stadtknechte sein die fursten, die des Bapst regiment und unchristlich gesetz verteidigen. Und wie Micheas sagt [7,8]: „Der furst gepeut, so thut es der richter". O des erbarmlichen bundes, O des unseligen vereinigens, dieweil die fursten sehen, daß der Bapst offentlich unverschempt widder Gott ficht, und es am tag ist, daß der Bapst eigentlich denn glauben veracht und unterdruckt, und doch nicht bewegt werden, ihrer selen heil zu bedenken, daß sie ihm in seinem greuel und grim dienen! Es mussen warlich steinerne herzen sein, die Gottes willen so gering achten und in wind schlahen.

Es ist nach dahinden von der messen, davon ich hie nichts wil reden, Dieweil auch die Papisten selbs schelden mussen denn jarmarkt und missbrauch, der durch die messknechte geubet wird, wiewol sie es ihn dennoch nicht wollen nehmen lassen.

Hiraus wird E.F.G. mein gutdünken verstehen der Christlichen leer halben, die Gott widderumb uns von neuem geben hat. hab dis gutter zuversicht, es werd E.F.G. gefallen, sintemal man einem itzlichen nach seines glaubens möss soll zuhören. und E.F.G. hies mich, ich solt etwas davon schreiben, ab der auch sundiget, der das sacrament des altars nicht nheme. Nun kundt ich vom brauch der eusserlichen Ceremonien nicht fuglich reden, auch von der freiheit, aus wilcher macht wir ihr brauchen und nicht brauchen mügen, ich hette denn die ganze sache zuhauf verfast. So gehort es auch mir, daß ich E.F.G. der ding erinnerte, daran E.F.G. seelen selickeit und ihres landes zeitlicher fride gelegen ist. Horatius sagt [Hor. ep. I 17,4], man sol auch eim blinden folgen, wu er eim denn weg kund weisen. derhalben ich E.F.G. auch bitte, sie wolte dis, wie gering es sei, uberlesen, das ich jhe gutter meinung ihr hab zugeschrieben. Man sicht fur augen, wie sich die welt uber den eusserlichen werken haddert, das denn ganz ferlich ist, und allein umb menschlicher satzung willen. wenn hie die fursten folgen wolten und ihn sagen lassen, so wer der sach wol zu ratten. Der gemein haufe wird auf beiden seiten durch aufrurische prediger verfurt. die auf des Bapsts seiten stehen, erbittern nund der leute herzen mit unchristlichem predigen und schreiben. Etlich der falsch Lutherischen richten allenthalben aufrhur an mit ihren unnützen, schwermischen schreien, wenn sie her omnes an sich hengen, der sunst gern etwas neues horet. denn der heilige name des Euangelii mus manchen schalk decken und eigengesuch menteln. Ich hab etlich gesehen, di do sagten, man solte denn zehend und andere dergleichen der gewalt odder denn, die von der uberkeit bestelt waren, nicht geben. Solche prediger erregen sich unterdes auf beiden seiten, dieweil die fursten die hand nicht anschlahen, mit vernunftigem gutten radte der sachen zu helfen. Die fursten, die das Euangelium mit gewalt wollen dempfen, werden gar nichts schaffen. Das Euangelium ist also gethan, daß es sich mit menschliher gewalt nicht lest unterdrucken. widderumb, die aus furcht odder unwissenheit dem haufen zuviel zulassen, fordern das Euangeliums nicht, sondern sterken das wansinnige volk, der welt zu schaden. Also, wann der haufe sich also des Euangelium missbraucht, so thut er dem Euangelio mehr unerh, denn die aufs allerhertest darwidder fechten. Derhalben solten die fursten Das Euangelium predigen lassen (denn so man das recht predigt, lernt es frid und einickeit, nicht aufrhur) und weren dem wuten und frevel des volks, das also unter einen gutten schein also rumort und wil andern leüten das ihre mit gewalt nehmen. Darumb tragen die fursten das schwerd, daß sich die bösen fur ihn furchten sollen, Roma. xiij [2]. Fride ist ein sonderliche gabe Gottes, denn man nicht kan erhalten, wenn die fursten, indem daß sie dem Euangelio widdersein, Gott erzurnen. Die schrift preiset [2 Chr 17,7ff] den konig Josaphat, daß er Leviten bestalt, die das volk Gottes wort lereten, welchem exempel die Fursten folgen solten und gutt, früm, erbar menner zu sich bringen, die die schrift lereten. Der jungen kinder solt man auch gros acht nemen, dieweil sie der same sein, daraus alle gutte ordnung und regiment geistlich und weltlich wachsen sol. Auch solten die künste mit grossem vleis unterhalten werden, wilche die lere des glaubens und kindliche zucht, als nottig, nicht entperen kan. Ich solt wol hievon weiter reden, aber ich habs wollen kurzlichen anzeigen, denn ich wolt E.F.G. nund diser ding erinnern. Befhele E.F.G. gewissen die sache des glaubens, wilche so sie wird zu herzen nemen, wird sie lieber Josaphat sein denn Pharao. Ich wunsche E.F.G., daß sie Christus wolt erleuchten und ein herze geben, ihr selbst und denn ihren wol zu ratten und furzustehen, daß sie nicht das Euangelium hindere, auch nicht Tyrannisch handel mit dehn, die aus not und anliegen ihrer gewissen dringt etwas anzugreifen, das der Bapst in seinem gesetz verbotten hat.

5. Ain urtail Philippi Melenchthonis von Doctor martin Luthern, dem Cardinal und pebstlichen Legaten gen Stutgart zugeschickt.

Die welt irrt, wann sie maint, doctor Luther gang darauf allain umb, daß er die Ceremonien, so allenthalb gebraucht werden, abthun wölle. Derhalb auß verdruß ab so vil Ceremonien tregt der gemain Gotloß hauf grossen gunst zu D. Martin luthern als zu ainem anfenger der freihait. Die gelerten, denen das glaubig leben unbekant, lachen darab und achtens ain abergläubig ding sein, daß man sich umb der Ceremonien willen so vast auf baide tail engstet. Die tyrannen, so gemaine sitten, gewonhaiten und frid beschirmen, wolten, der luther wer außgeleschet.

Aber doctor luther streit nit umb die Ceremonien, er handelt und leert vil grössers, Nemlich, was unterschaids sei zwischen menschen frumkait oder gerechtigkait und Gottes gerechtigkait (man muß je die wort der schrift brauchen), mit was weg des menschen gewißne wider die porten der hellen zu sterken sei, In welchen dingen die recht bußfertigkait stande. das sein die ding, so zu diser zeit götlich durch D. Martin luther angezaigt werden. darzu seind zu allen zeiten etlich gewesen, die er hie als zeügen seiner leer fürbringen mag, damit niemands meine, Doctor luther hab erst dise ding von neuem erdacht.

Dieweil nun volbringung menschlicher satzungen und Ceremonien von menschen aufgesetzt nichts dienen zur gerechtigkait, die vor Got gilt, hat D. luther uns söllichs ermant. Doch wa sie nichts schaden und nit böß seind, erfordert er, daß man sie umb liebe und frids willen halte, wie dann diß sein mainung das biechlin von Christlicher freihait, auch die form der Meß zu halten neulich außgangen, bezeügen.

Ich wolt auch, daß gut sitten, gewonhaiten und Ceremonien umb frids willen gehalten würden, so ferr es Christlicher glaub zulaßt.

In der Meß und keüschem stand der gaistlichen ist so vil böß und irthum, daß man nimer kan zusehen.

Nun kan aber gemainem frid nit baß geraten werden, es fürsehe dann ain öberkait mit fleiß, daß frum und gelert leüt in der kirchen predigent. So aber das nit geschicht, würt der hauf durch des Luthers feind, die thorechten Münich, geraizt, und vil geben sich auß vor dem gemainen volk für lutherisch, die gar nit lutherisch seind.

Es ist ain Gotloß leben und unsinnige weiß, daß man on allen unterschaid allen menschen den tod dreut, die den luther nennen. Es ist auch ain Gotloß ding, vermainen, daß die macht ains Christlichen lebens ganz und gar daran allain gelegen sei, daß man die Ceremonien aintweders veracht oder halt.

6. Die fürnemisten Unterscheid zwischen reiner Christlicher

Der Erst unterscheid: vom HErrn Christo und dem Glauben.

DAs Evangelium leret, das uns Gott aus unaußsprechlicher gnaden seinen Son, unsern HErrn Jhesum Christum gesandt hat, für unser sünd ein Opffer zu werden, Sünd und den ewigen Tod weg zunemen, Und das dieses der ewige und unwandelbare Gottes wille ist, das wir gleuben sollen, das wir warhafftiglich allein umb des HErrn Christi willen vergebung der sünden haben und für gerecht gehalten werden und nicht durch unser verdienst.

Der II. von der Anrüffung.

Das Evangelium leret, Man sol Gott anruffen mit Glauben und nicht zweiffeln, er wölle unser gebet annemen [Mk 11,24].

Der III. von guten Wercken.

Das Evangelium leret, das dieses allein gute Werck und Gottes dienst sind, die Gott gebotten hat: Gott fürchten, an jn glauben, jn lieben, bekennen, predigen, anruffen, dancken, sein Lere fördern, fleißig sein in aller Regierung und diensten zu Gottes lob etc. laut der Zehen gebot.

Der IIII. wie gute Werck Gott gefallen.

Das Evangelium lert, wie gute Werck Gott gefallen, so sie doch unvollkommen sind und sünde in Heiligen in diesem leben bleibet. Doch gefalle der angefangen gehorsam in glaubigen, so wir unser schwacheit erkennen und widerstehen und gleuben, das solcher dienst Gott wolgefalle umb Christi willen, der der Mittler ist, durch den wir unsern dienst opffern.

Der V. von der Heiligen anrüffung.

Das Evangelium leret, man sol allein Gott Vater, Son und heiligen Geist anruffen, Das auch allein Gottes Son, unser HERR Jhesus Christus der Mitler sei [1 Tim 2,5], umb welches willen gewißlich Gott unnser gebet annimpt. Dagegen verbeut das Evangelium aller Heiligen anruffung.

lere des Evangelii und der Abgöttischen Papistischen Lere

Der Erste Unterscheid.

DAgegen sagen die Papisten nichts vom Glauben, ja leren darwider, man sol zweifeln, ob man habe vergebung. Item, Die ehre Christo gebürend geben sie den Wercken. Erlange jemand vergebunge, so erlange ers durch verdienst eigener Werck, Lestern also Christum und lassen dazu das Gewissen im zweiffel stecken.

Der II. von der Anrüffung.

Die Papisten leren: Man sol Gott im zweiffel anruffen, wie jn Heiden und Jüden anruffen. Darumb ist aller Gottes dienst eitel falsch, heidnisch ding bey jnen.

Der III. von guten Wercken.

Die Papisten machen eigene gute Werck und eigene Gottes dienst on Gottes bevelh, als Möncherey, unterscheid der Speis, Kleider, Eheverbot, und setzen solche werck uber Gottes gebot, heissen sie volkomenheit, achten sie höher denn das Predigampt, Ehestand, Land und Leute regieren, Kinder ernehren und auffziehen etc.

Der IIII. wie gute werck Gott gefallen.

Die Papisten sagen: Es sei keyn sünd in den Heyligen in diesem leben. Ja, man könne noch uber Gottis Gesetz höhere Werck thun, Und sagen gleichwol eynem jeden, er sol zweiffeln und im zweiffel bleiben, ob sein leben Gott gefalle. Das ist auch ein böser Heydnischer jrthumb, so tieff eingewurtzelt, das man jn schwerlich außrotten kann.

Der V. von der Heiligen anrüffung.

Die Papisten leren, man sol die Heyligen anruffen, Und schmücken solche anruffung mancherley. Sie bleibet aber im grund eyne Heydnische Abgötterey, daraus viel Gottis lesterung gefolget.

Der VI. vom brauch des heiligen Sacraments des Leibs und Bluts Christi.

Das Evangelium leret, das, so die Kirche zusamen kompt, ein Communio sol gehalten werden [1 Kor 10,16], darin etliche das Sacrament des Leibs und Bluts unsers HERRn Christi entpfahen, Nicht für andere zu opffern oder andern damit zu helffen, Sondern wie unser HERR Christus spricht, zu seinem Gedechtnis [Lk 22,19].

Das ist, zur gedechtnis seines leidens und seiner Gnaden, uns erworben und zugesagt, Welche ein jeder durch eigne Gedechtnis und Glauben jm selbs annemen mus und bey diesem zeugnis gleuben, das jn unser HERR Christus für sein glidmas halten wölle Und jn mit seinem Blut am Creutz gereiniget habe, und jm dafür dancken.

Dieser brauch ist in der Babstischen Meß und Canon gantz verendert. Dieweil denn das Sacrament ausserhalb dem eingesetzten brauch nicht Sacrament ist, im opffern, jn privat Messen, im umbtragen, ist offentlich, wie schreckliche sünde es seind, Christi ordnung zu verkeren und falsche Gottis dienst und anbetung anrichten. Und HERR Christus hat auch geordnet, das das Sacrament gantz gebraucht sol werden.

Der VII. von der Buß.

Das Evangelium leret, das ernstliche rewe und schrecken für Gottis zorn wider die sünde in uns sein sol. Dazu sol aber auch das gewissen getröstet werden durch die verheyssung Christi und glauben, das uns wahrhafftiglich die sünde vergeben werden auß gnaden, on unnser verdienst umb Christus willen etc. Und das uns, so wir also durch den selbigen glauben trost empfahen, der heylige Geyst geben wird etc.

Es fordert nicht sünde erzelung in der Beicht Und verwirfft gentzlich die schentlichen Lügen von menschlicher gnugthung und Satisfaction, damit die gnade Christi und der Glaube gantz vertunckelt ist.

Es leret auch, wie man das Gewissen recht und warhafftiglich trösten sol mit dem Evangelio und der Absolution, dadurch wir erinnert werden, das das Evangelium wahrhafftiglich vergebung der sünden verkündiget, Und das die selbige vergebung nicht alleyn in Hauffen geprediget werden sol, sonder das ein jeder für sich selbs solche stimme anzunemen schuldig sei, Sol und müß glauben, das das Evangelium jm vergebung der sünden anbiete und gebe. Diese tröstliche Lere von der Absolution haben die Papisten gantz vertilget, wie in der gegen lere zu sehen ist.

Es leret auch, das der bekerung volgen müß ein angefangener gehorsam in Gottis gebotten. Und diese werck belohnet Gott mit allerley gaben vnd hülffe, wie geschrieben stehet: „Bekeret euch zu mir, so will ich mich auch zu euch keren“ [Sach 1,3].

Der VI. von der Mess.

Der Bapst mit seinen Pfaffen und Mönchen hat auß dem Sacrament ein Opffer gemacht Und leret, dieses werck verdiene dem Messehalter und andern lebendigen und todten vergebung der sünd, glück und wolfart in allen sachen. Derhalben die Messen zu allerley sachen, auch für die todten, gekaufft und verkaufft seind worden.

Darüber haben sie gesagt, die Messe verdiene solche gaben, der Messehalter sei frum oder unfrum.

Item, Sie haben disputirt, ein Messe für viel gehalten, verdiene nicht so viel, als so für ein jglichen eyne eygene gehalten würde.

Weiter haben sie das Sacrament geteilet, und umbgetragen zum anbeten, so doch on den eingesetzten brauch und wort nicht mag gesagt werden, das es Sacrament sey.

Diese jre lere und brauch ist der fürnemisten stücke eins, da Christus von saget aus dem Propheten Daniel, Es werde in der Kirchen ein Grewel auffgerichtet werden, da durch die rechte Lere und rechter Gottes dienst verwüstet werde [Mt 24,15]. Denn Christus ist selbs der Priester, der sich geöpffert hat, Und sein einiges opffer hat für alle Heiligen gnug gethan Hebre. X. [12]. Und wir erlangen vergebung durch den glauben, nicht durch des Messehalters werck Roma. 4 [5]. Auch ist unrecht, das sie den Leyen nur einen teil des Sacraments reichen, sagen noch trotzlich dazu, es geschehe darumb, das man des Messehalters werck höher achten sol.

Der VII. von der Buß.

Die Papisten nennen das wort Rewe und leren wenig darvon. Vom Glauben, da durch man vergebung der sünden hat, sagen sie gantz nicht, Heissen zweiffeln und leren also verzagen und Gott unwarhafftig schelten und lestern und verfolgen das Evangelium von diesem glauben, dadurch man vergebung der sünden entpfehet.

Item beladen die Gewissen mit sünde erzelung.

Item sie machen die Absolution untüchtig und sagen, sie sey nichts, so der Mensch nicht verdiensts gnug habe.

Item sie gebieten eigene werck und menschen satzunge, damit für die sünd gnug zu thun und zu verdienen erlösung der ewigen straffe.

Und wenn gleich kein ander Artickel were, der halben man nötige ursach hette, sich vom Bapstumb zu trennen, denn allein dieser jrer jrthumb, das sie unrecht von der Buß leren und die gantzen Kirchen auff ertichte, erlogene Satisfaction füren, So hette man doch gnugsam ursach wider sie. Dazu sind durch diese Satisfaction viel ander mehr jrthumb gestercket und gemehret als Messe halten, anderen damit allerley zu verdienen, Möncherey, Walfahrten, Indulgentiae, Fegfewr etc. Welche stück alle vol Lügen und Gottes lesterung sind.

Der VIII. von gewalt der Schlüssel.

Das Evangelium leret, Das die Schlüssel seind bevelh und gewalt, das Evangelium zu predigen, die Sacrament zu reychen, Offentliche sünder zu straffen [Mt 16,19], also das sie hören, das sie nicht gliedmas Christi sonder des Teufels und verdampt seind, so sie sich nicht bekeren, Item, die jenigen zu absolvieren, so sich bekeren.

Und das die Schlüssel nicht seind gewalt, Menschen satzung zu machen, Weltliche herrschafft an sich zu ziehen, Die excommunication zu weltlicher regierung zu gebrauchen.

Der IX. von Menschen satzungen.

Das Evangelium verbeut Gottis dienst on Gottis wort und bevelh zu machen, Und diese künheyt und vermessenheyt, Gott eyn werck für zustellen und zu erdichten, alß müsse es jm gefallen und bey diesem werck wölle er genedig sein, ist eyn erschreckliche, heymliche sünde, die wenig leute erkennen oder achten.

Darumb ist die Welt allezeit in sölcher blindheyt fort gefaren, Hat newe seltzame ding ertichtet, wie die Heyden, Eyner Jovem, der ander Martem, der dritte Junonem etc. erticht. Also auch die Bäpst, Bischoffe und Mönche haben ertícht unterscheid der Speis, Kleider, Eheverbot, Orden, Heiligen Bilder, Processen, gewelte Fastage etc. In solchen dingen allen ist nicht allein auffs werck zusehen. Fleisch essen oder nicht essen ist ein geringe sache, Aber das Haubtstück in allen solchen dingen ist hoch zu achten, das Gott nicht haben will, das wir Gottes dienst machen oder halten oder den Leuten fürstellen on sein Wort und bevelh. Viel weniger sol mans halten für werck, die vergebung der sunden verdienen etc.

Wider alle solche jrthumb schreiet Gott: „Vergeblich ehren sie mich mit Menschen geboten“ [Mt 15,9]. Darumb soll man keine sünde daraus machen, so man solche heucheley nicht helt. Und ist ergerlich, mit ernst darob zu halten, denn die einfeltigen werden jrr und mainen, es sind Gottes dienst.

Der VIII. von gewalt der Schlüssel.

Der Bapst füret die Schlüssel im Schild und schendet die selbigen schrecklich. Erstlich raubet er der gemeinen Kirchen jre gewalt und spricht: die Schlüssel sind dem Bapst fürnemlich gegeben, das er Herr und Richter uber alle Kirchen, Pfarherr, Bischoffe, Könige und Welt sein sol in geistlichen und weltlichen sachen, Das von jm alle Bischoffe sollen jr Ampt empfahen, Das er und andere Bischoffe in krafft dieser Schlüssel mögen Menschen satzungen machen, Newe Gottes dienst etc. Mögen mit dem Bann ein weltliche regierung anrichten, Könige setzen und entsetzen, Welches alles unrecht ist.

Der IX. von Menschen satzungen.

Der Bapst, Bischoffe, Pfaffen und Mönche treiben diesen Artickel hefftig und hart, Das werck on Gottes Wort und gebot von Menschen gewelet hohe, heilige Gottes dienst seien, Setzen dazu, das es volkommenhait sey. Item, Wer solche jre gebot nicht helt, der sey ewiglich verdampt, Sey ein abgeschnitten, verworffen gliedmas von der Christenheit, Sey auffrhürisch, Ketzerisch, Schismaticus und Hereticus. Mit solchen schrecklichen worten treiben sie die Leute, zu halten jre falsche, unrechte werck.

Und wenden ein welt weißheit für, Es sey ein schöne ordnung, disciplin, das die Kirche also geordnet sey mit Prelaten, mit stenden, mit besonderm gespreng inn Kleidern, der zeit, Speis und allerley gespreng. Und ist war, Ordnung scheint schon, Aber es will Got nicht haben, das man jm in sein Regiment greiffe. Er wil jm selbs Gottes dienst allein machen. Er wil nicht leiden, das wir sein Wort aus unsern augen setzen und volgen eigenem wahn, daraus jrthumb komme. Wie die Egyptier Katzen und Schlangen anbeten. Dahin fellet man, so man Gottes Wort aus den augen lesset und schmückt Menschen satzungen.

Zu dem, so wais man, welche große beschwerung den forchtsamen Gewissen diese last gewesen.

Der X. von der Priester Ehestand.

Das Evangelium leret, man sol den Ehestand keinem Menschen, der dazu von natur tüchtig, verbieten, und nennet das verbot Teuffels lere [1 Tim 4,3]. Darzu preiset es den Ehestand, das er bey den rechtgleubigen Keuscheit und reinigkeit sey, Gott gefellig, Und gebeut allen Personen, sie heissen Priester oder andere, ehlich zu werden, welchen solches von nöten. j. Corinth. 7. Paulus redet auch deutlich von ehelichen Priestern ad Titum j. [6].

Der XI. von Möncherey und Closter gelübden.

Die Gelübden und viel stücke im Mönchen leben sind stracks wider das Evangelium und Gottes Gesetz. Denn Möncherey vertilget den Glauben, raubet Christo seine ehre und gibt sie den menschen wercken, Macht aus eygnen gewelten wercken Gottis dienst, Treibet zu Messe halten, zur Heyligen anruffung, Hebet solche heyligkeit uber werck und stende, die Gott gebotten hat. Welches alles wider das Evangelium ist.

Der XII. von der Sünde.

Das Evangelium leret, das nicht alleyn eusserliche böse Werck sünde seind, sondern das menschliche natur verderbet, das sie Gott nicht ernstliche furcht, nicht auff jn vertrawet etc. Und vol böser neygung ist wider Gottis Gesetz. Diese schwacheyt ist wahrhafftig sünd. Rom. vij. [14 ff.].

Der XIII. von unterscheyd des Gesetz und Evangelij.

Unterscheyd des Gesetz und des Evangelij zu wissen, ist hoch von nöten, wie es Paulus gelert Rom iij. und vij. Und ij. Conrinth. iij. Und ist eyn Liecht durchaus in Gottis Wort, dasselbige recht zu verstehen, Nemlich Das Gesetz leret gebot, fordert volkummen gehorsam, straffet alle Heyligen und gibt nicht vergebung der sünden on verdienst, nimpt nicht sünde noch Tod weg. Aber das Evangelium prediget also Buße, das es auch tröstet und vergebung der sünden gibet umb Christus willen on unser verdienst und fahet eyn newes, ewiges leben und geystlichen Gottis dienst an etc. Doch diese hohe Artickel wöllen wir hie nicht alle anziehen.

Der X. vom Eheverbot.

Der Bapst hat den priestern die Ehe verbotten wider Gottes bevelh und damit schreckliche vnzucht in die Welt eingefüret und gemehret. Und wiewol die alten Canones die Priester, so sie Ehelich worden, nur entsetzeten, so ermördete sie doch jtzund der Bapst und seine Tyrannen. Welches alles grewliche sünde sind und ein besonder zeichen des Antichristi, wie Daniel spricht: Er werde die Frawen verachten [Dan 11,37], das bedeut Ehe verachtung und schreckliche Unzucht.

Der XI. von Möncherey und Closter gelübden.

Die Mönche leren, Jre Gelübde verdienen vergebung der sünden, Sind heiligkeit und vollkommenheit vor Gott, Verdienen ewiges leben, Sind der Propheten Elie vnd Elisei stand, Welche doch Prediger gewesen und inn großen sachen, inn verfolgung und anfechtung die last der Regirung getragen und haben nicht Menschen satzungen gehabt, So dagegen Möncherey eitel lügen, sanfft leben und Abgötterey ist.

Der XII. von der Sünde.

Die Papisten leren: Der angeborne ungehorsam und naigung wider Gottis gesetz sey nicht sünde. Darumb könne man Gottis gesetz gnug thun. Verblenden also die lere von der Buß, Sünde und gnade.

Der XIII. von unterscheid des Gesetzes und des Evangelij.

Die unsinnigen Papisten schreiben in allen jren Büchern, Es sind drey Gesetz: das Natürliche, Jüdische und Evangelische, und leren dabey, Ein yeder sey also zu seiner zeit durch sein Gesetz selig worden, Wissen gantz kein unterschied zwischen Gesetz und Evangelium, Machen darnach Affen aus dem Gesetz Mosi, Wöllen im Evangelio ein solch Priesterthumb, solche Ceremonien, solche Opffer haben, wie im Mose. Aus disem grund wollen yetzund die klugen die Messe erhalten.

Der XIIII. von Walfarten.

Das Evangelium leret: Man sol Gott alleyn anruffen, wie droben gesagt, und jn on sein Wort an keyne zeit und stat binden, wie Christus spricht Johan. am xiiij. Viel weniger sol man gedencken, die Heyligen seind krefftig bey diesem oder jenem bilde, denn sie seind nicht almechtig.

Der XV. vom Fegfewer.

Das Evangelium spricht: die in Gott gestorben sind, seind selig [Apk 14,15]. Item man sol den todten gespensten nicht glauben, Item Rom vj. [7]. So der Leib todt ist in den gerechten, so ist die sünde weg. Darumb ist der Papisten lere vom Fegfewer eitel Lügen, die da sagen, man müssen erst im Fegfewer gnug thun.

Der XVI. von der weltlichen Oberkeyt.

Das Evangelium leret: Die weltliche Oberkeyt sol eusserliche laster straffen an allen unterthanen [Röm 13,4], Priestern und Leyen, Item sie sol als eyn gliedmas der Kirchen aller Abgötterey abthun und schaffen, das rechte Lehre und rechter Gottis dienst gehalten werden.

Gala i. [8]
Si quis aliud Evangelium docuerit, anathema sit.
Fugite Idolatriam. i. Cor. x. [14].

Der XIIII. von Walfarten.

Die Papisten leren: Gott wölle bey diesem Bilde gnediger und krefftiger sein etc. Das ist offentlich wider Gottis gepott, das Bilder zu ehren verpotten. Darnach machen sie Götter aus den Heiligen und sagen, die Heiligen wöllen auch gnediger und krefftiger sein bey diesem Bilde. Das ist offentliche Abgötterey, nicht anders, denn wie die Heyden gehabt mit Diana Ephesia [Apg 19,27] und dergleichen.

Der XV. vom Fegfewr.

Die Papisten sagen: Man muß für die sünde gnug thun. Auff diese falsche Lere haben sie das Fegfewr gebawet und darnach den Messekram darjnne auffgericht, Welches alles unrecht ist.

Der XVI. von der weltlichen Oberkeyt.

Der Babst hat sich und seinen Hauffen außgezogen, das sie frey alle unzucht getrieben, Item, Er will macht haben zu setzen, zu schließen, was er will, Künige und Fürsten sollen jm nichts einreden. Item sollen nicht haben Voces decisivas etc. Und zu dem, das er diese jrthumb helt, mördet er und sein anhang die jenigen, so diese jrthumb straffen, damit sie sich beweysen, das sie des Teuffels diener sind, der ein Lügner und Mörder ist [Joh 2,44]. Darumb sollen sich alle Gotßförchtige von den Papisten mit hertzen wenden und Gottis Wort und rechte Gottis dienst lernen und halten. AMEN.

ZEITTAFEL

1497 Am 16. Februar wird Philipp Melanchthon in Bretten geboren.
1508 Er lebt als Lateinschüler in Pforzheim und zwar bei der Schwester des Humanisten Reuchlin, der 1509 seinen Namen „Schwartzerdt“ ins Griechische übersetzt.
1509 Student an der Universität Heidelberg
1512 Student in Tübingen, 1514 Magister und Abfassung einer griechischen Grammatik
1518 Melanchthon wird Professor für griechische Sprache in Wittenberg, hält eine programmatische Rede über die Studienreform und wird Luthers Kollege und Freund.
1519 Wahl Karls V. zum deutschen Kaiser; Melanchthon begleitet Luther zur Disputation in Leipzig.
1520 Heirat mit Katharina Krapp aus Wittenberg
1521 Reichstag in Worms; Wormser Edikt und Reichsacht für Luther und seine Anhänger; Erste Ausgabe der „Loci communes“
1522 Unter Melanchthons Mitarbeit erscheint Luthers deutsche Übersetzung des Neuen Testaments, 1534 der gesamten Bibel.
1523 Als wichtigste Kraft der Universitätsreform wird Melanchthon Rektor in Wittenberg.
1524 Reise nach Bretten und Begegnung mit Landgraf Philipp von Hessen; vergeblicher Versuch des Kardinals Campeggio, ihn von Luthers Seite abzuwerben.
1526 Erster Reichstag in Speyer und Mitwirkung bei der Gründung der oberen Schule in Nürnberg
1527 Sacco di Roma: Rom durch kaiserliches Heer erobert; Melanchthons Einsatz bei der Kirchen- und Schulvisation in Thüringen
1528 Melanchthons „Unterricht der Visitatoren“
1529 Teilnahme am 2. Reichstag in Speyer und beim Marburger Religionsgespräch; die Türken stehen vor Wien.

Familienwappen von Philipp Melanchthon
(In blauem Feld ein aufgerichtetes goldenes Kreuz,
Querbalken und Stamm von einer Schlange umwunden)

1530 Reichstag in Augsburg mit Überreichung der Confessio Augustana und Melanchthons Apologie

1531 Schmalkaldischer Bund der evangelischen Reichsstände

1532 Nürnberger Anstand: Die Protestanten erhalten bis zu einem Konzil das Recht freier Religionsausübung, da sie Mithilfe beim Krieg gegen die Türken versprechen.

1536 Melanchthons Reise nach Bretten und Tübingen (Universitätsreform) und Beteiligung an der Wittenberger Konkordie (Einigung in der Abendmahlsfrage)

1540 Verstrickung in die Problematik der Doppelehe des hessischen Landgrafen und schwere Krankheit in ~~Jena~~ Weimar

1541 Religionsgespräche mit Eck in Worms und Regensburg

1546 Tod Martin Luthers am 18. Februar; Melanchthon hält die Gedenkrede.

1547 Schmalkaldischer Krieg: Flucht der Familie Melanchthon nach Zerbst und Nordhausen; Übergang der Kurwürde an Moritz von Sachsen nach der Schlacht bei Mühlberg

1547/48 Augsburger Interim mit herber Kritik an Melanchthons Verständigungsbemühungen

1552 Kaiser Karl V. wird zum Passauer Vertrag und zum Ende des Interims gezwungen.

1555 Augsburger Religionsfrieden mit reichsrechtlicher Anerkennung der Anhänger der Confessio Augustana

1557 Melanchthon beim zweiten Wormser Religionsgespräch und in Heidelberg (Universitätsreform) / Tod seiner Frau am 11. Oktober

1560 Tod Melanchthons am 19. April in Wittenberg und Beisetzung in der Schloßkirche

ANSCHRIFTEN DER AUTOREN

Professor Dr. Irene Dingel
Bergheimer Straße 105, 69115 Heidelberg

Pfarrer Dr. Walter Fleischmann-Bisten
Jahnstraße 9, 64625 Bensheim

Privatdozent Dr. Jörg Haustein
Ernst-Ludwig-Straße 7, 64625 Bensheim

Dr. Stefan Rhein
Promenadenweg 15, 75015 Bretten

OKR i.R. Professor Dr. Rolf Schäfer
Würzburger Straße 37, 26121 Oldenburg

Dr. Dr. h.c. Heinz Scheible
Hermann-Löns-Weg 2, 69207 Sandhausen

Professor Dr. Reinhard Slenczka
Spardorfer Straße 47, 91054 Erlangen

Professor Dr. Siegfried Wiedenhofer
In den Eichen 85, 65835 Liederbach

BEMSHEIMER HEFTE

Heft 65: Walter Fleischmann-Bisten/Heiner Grote
Protestanten auf dem Wege
Geschichte des Evangelischen Bundes
1986, 240 Seiten

Heft 66: Erich Geldbach
Ökumene in Gegensätzen
Mit dem Memorandum „Reformatorische Kirchen und ökumenische Bewegung" in deutscher und englischer Sprache
1987, 232 Seiten

Heft 67: Reinhard Frieling/Walter Schöpsdau
Lehrverurteilungen damals und heute
Eine evangelische Arbeitshilfe zum Ergebnis der Gemeinsamen Ökumenischen Kommission
1987, 56 Seiten

Heft 68: Eugen Hämmerle, Heinz Ohme, Klaus Schwarz
Zugänge zur Orthodoxie
3., überarbeitete Auflage, 1989, 304 Seiten

Heft 69: Gottfried Maron
Zum Gespräch mit Rom
Beiträge aus evangelischer Sicht
1988, 316 Seiten

Heft 70: Erich Geldbach
Freikirchen – Erbe, Gestalt und Wirkung
1989, 262 Seiten

Heft 71: Gerd Lüdemann
Texte und Träume.
Ein Gang durch das Markusevangelium in Auseinandersetzung mit Eugen Drewermann
2., durchgesehene Auflage, 1993, 280 Seiten

Heft 72: Ökumenische Studienhefte 1
Eckhard Lessing
Abendmahl
1993, 160 Seiten

BENSHEIMER HEFTE

Heft 73: Beatus Brenner
Europa und der Protestantismus
1993, 292 Seiten

Heft 74: Ökumenische Studienhefte 2
Hans-Martin Barth
Spiritualität
1993, 192 Seiten

Heft 75: Ökumenische Studienhefte 3
Wolfgang Lienemann
Gerechtigkeit
1995, 226 Seiten

Heft 76: Heiner Grote
Was verlautbart Rom wie?
Eine Dokumentenkunde für die Praxis
1995, 168 Seiten

Heft 77: Hans Jochen Genthe
Martin Luther
Sein Leben und Denken
1996, 344 Seiten

Heft 78: Ökumenische Studienhefte 4
Harding Meyer
Ökumenische Zielvorstellungen
1996, 186 Seiten

Heft 79: Ökumenische Studienhefte 5
Erich Geldbach
Taufe
1996, 214 Seiten

Heft 81: Reiner Marquard
Buß- und Bettag – Umkehr und Erneuerung
Eine Arbeitshilfe für Gemeinde und Schule
1996, 122 Seiten